U0500977

化成整体生命智慧

毓老师说

易传

爱新觉罗·毓鋆 / 讲述

陈絅 / 整理

花山文艺出版社

河北·石家庄

图书在版编目（CIP）数据

毓老师说易传 / 爱新觉罗·毓鋆讲述；陈絅整理
. 一石家庄：花山文艺出版社，2019.11
　ISBN 978-7-5511-5006-4

　Ⅰ.①毓… Ⅱ.①爱… ②陈… Ⅲ.①《周易》一研
究 Ⅳ.①B221.5

　中国版本图书馆CIP数据核字(2019)第228091号

书　　名：**毓老师说易传**
讲　　述：爱新觉罗·毓鋆
整　　理：陈　絅

责任编辑：贺　进　林艳辉
责任校对：梁东方
美术编辑：胡彤亮
装帧设计：棱角视觉
出版发行：花山文艺出版社（邮政编码：050061）
　　　　　　（河北省石家庄市友谊北大街330号）
销售热线：0311-88643221/29/31/32/26
传　　真：0311-88643225
印　　刷：三河市嘉科万达彩色印刷有限公司
经　　销：新华书店
开　　本：880×1230　　1/32
印　　张：11.75
字　　数：261千字
版　　次：2019年11月第1版
　　　　　　2019年11月第1次印刷
书　　号：ISBN 978-7-5511-5006-4
定　　价：68.00元

凡例

一、《易经》向来分作经、传两部分：经分上下，上经三十卦，下经三十四卦。传分《系辞上传》《系辞下传》《文言传》《序卦传》《说卦传》及《杂卦传》，与《彖上传》《彖下传》《大象》《小象》合称"十翼"。本书依此分类，但依毓老师所讲授，将《文言传》分置于乾、坤二卦中，《彖上传》《彖下传》《大象》《小象》则跟随各卦，列于经中。

二、本书名《易传》，所指为《系辞上传》《系辞下传》《序卦传》《说卦传》及《杂卦传》，以1994~1998年间毓老师在奉元书院讲述内容为主，亦有2000年后补充，综合整理而成，并无严谨的时间先后次序，但自文中时事可窥知时间点。文中容有阙漏、讹误者，尚祈方家惠予指正，并俟来日补苴罅漏。

三、毓老师经长年研究《易经》，看过四五百种《易》注，最后对《系辞传》重排，共分为四十章，附录于后，谨供参考。

四、经文以宋三体呈现，如"**天尊地卑，乾坤定矣**"；毓老师讲述以宋一体呈现（如本文），经文字词注释以括号小字表示，正文引文出处以括号楷体显示。

五、文中有关背景及说明以仿宋体呈现，如"恭亲王，清朝世袭亲王"，参考资料略交代出处。如有疏漏之处，尚祈指正。

目录

　　讲义理，特别重视"十翼"。按正规，讲《易经》应先讲《系辞传》，以十翼解释六十四卦。《易经》真正懂，就因《系辞传》，才知其所以。

　　要脚踏实地好好读书。冷静看，不要看得很难。任何人写东西，都怕别人不懂。

　　读完《原儒》，但能做多少？懂得儒了，那行为就应像个儒。一个人如真有知识，器质绝对不一样。读完书，必要得益，要改变器质，否则白读了！

　　老同学与我说话都语无伦次。讲学是要解决问题，书必要自己读，说什么都没有用。

　　要练习解决问题的智慧。要培养有智慧，解决自己的问题。演卦，是练习脑子的运用，在培养智慧。我不语怪力乱神，绝不索隐行怪，想正常事，反对讲鬼话。

　　《金刚经》《坛经》有智慧。《易》为变经，变其所适，故"学而时习之，不亦说乎"（《论语·学而》）。最近几年，台湾地区到处是佛教徒；讲《易经》的，皆知其然而不知其所以然。所以，没有能救灵魂。我教你们用头脑，才能有智慧。

我不愿意对驴弹琴。金童玉女办不了事，就是没脑。你们应好好培养自己。

《焦氏易林》善用脑，以算数方式演《易》。

《焦氏易林》又名《易林》，十六卷，西汉焦延寿撰。《四库全书》将之列于子部术数类。《焦氏易林》源于《易经》，然与之有迥异独特之处。每一卦各变为六十四卦，六十四卦变四千零九十六卦。卦爻辞较之增加十倍之多，各系以文辞，皆四言韵语。有人赞曰"古雅玄妙""世人无识，但以占卜书视之""异响幽情，深文急响""简妙"。《易林》以理数立言，文非所重，然其笔力之高，笔意之妙，有数百言所不能尽，而藏裹迥翔于一字一句之中，宽然而余者。

什么是"易"？要依经解经。

一、"生生之谓易"："之谓"，就是，生生就是易。

二、"易有太极，是生两仪"："是"字有深意，肯定的，如"在明明德"之"在"字。"太极生两仪"，第一个"生"；"两仪"，即乾坤，也就是阴阳。"阴阳合德，刚柔有体"，第二个"生"。"生生就是易"，刚与柔皆无数，乃成万物。太极→阴阳，一变为二。生生就是变，故《易》为变经。

三、"一阴一阳之谓道"："一"，当作动词。太极，为两仪之所从出，"道"亦即太极。

四、"继之者善也，成之者性也"：此有了作用。虽没有明说性善，却含性善之义。

五、"元者，善之长""成性存存，道义之门""乾坤，其《易》之门邪"。

你们如一无所知，就没有得益。

作《系辞传》者，不得而知。孔子跟老子学过。老子说"道生一，一生二，二生三，三生万物"；孔子"改一为元"，元生两仪。乾元、坤元，是一东西的两面。元的两仪：乾元与坤元。

要练达思想的思维。

《易经》之道在什么地方？尊生，《大易》之体。"君子体仁，足以长人"，其用为仁，所以特重"仁"字。仁者爱人，而无不爱；仁者生人，而无不生，天有好生之德。元，为生之本。元的奉行，所以"奉元"，因此反对暴力、战争及一切不合理的事。

战争并不能解决问题，要以智慧化解战争。《孙子》讲全人之国、"上兵伐谋"与"不战而屈人之兵"。

我们伊始就没有落空，从"天德"到"奉元"，真完成了即是"华夏"，"夷狄进至于爵，远近小大若一""舟车所至，人力所通，天之所覆，地之所载，日月所照，霜露所坠；凡有血气者，莫不尊亲"，即天下"大一统"。

何以"一统"？"不嗜杀人者能一之"，"定于一"。仁者，不嗜杀人者。"大一统"，"大"是赞词，"一统"是仁统。以仁统天下，为一而统，大家都一。

战争，为统而一，此为霸道。反对暴力，因为不合乎仁。中国的道统是仁。孔子是"圣之时者"，孔子思想是时，有根据。

"大哉乾元、至哉坤元"，"生生之谓易"，生生即终始之道，终而又始，终而又始。始→壮→究（极、终），"大明终始，六位时成。时乘六龙以御天"。"六位"，即代表终始之道，是无穷数。"终始"，无穷，永远没完没了。全在《易经》中，我将之串在一起。会用了，则可以取之不尽，用之不竭；据此，可以建树许多思想。"经，常道也"，人人必行之道。了解《易》，则思路可以无穷。

听完课，回家一定要构思一遍。今人讲《易》，并不是自己有所发现，而是根本不知《易》是什么，净造谣。学《易》，必须言行一致。跟师母学的学问，不伦不类。

现成立"中国家庭文化研究会"。

中国家庭文化研究会成立于 1993 年 9 月，宗旨是弘扬中华民族优秀文化传统，倡导科学、文明、健康的生活方式；致力于开拓符合中国传统文化又适应现代科学生活方式的研究工作和各种活动；积极参加与促进该领域学者、社会工作者之间的合作与交流。

因为人性事，谁也毁不了、改不了，别人的老婆绝不是咱们的。

狂风暴雨不终朝。上梁不正下梁歪。人要有分寸，绝不可以掩耳盗铃。"善教者，使人继其志"。拜师是事实，唱的仍没派，可非一日之功。

盂，漱口盂。中国东西均有专有名词。有专名，就有专用，名副其实，体用不二。

人生不要自欺，最笨！"人之视己，如见其肺肝然"（《大学》），伪装，不要脸！要发深省，修己，不必管别人的好坏。

点→线→面。中国文化是自一点开始，人开始思想、动脑。一画开天，已是以后了。社会上不都一样，乃又加一点，即"——"；再由两个符号"—"和"--"，衍成八个符号：

☷	☶	☵	☴	☳	☲	☱	☰
坤（地）	艮（山）	坎（水）	巽（风）	震（雷）	离（火）	兑（泽）	乾（天）

一边背八卦，一边画，必熟才行。

爷爷与孙子想法必有代沟，又何必尽抄书！"盘皇另辟天"，皇是后人加的。"圣之时者"，"学而时习之"，时圣，人人都是，因"人人皆可以为尧舜"，"有为者，亦若是"。人人皆可成佛，"人同此心，心同此理"。只要悟了，众生平等。

文化加一点，即造端，"执其两端，用中于民"。

今天受《易》的启示，怎么画第一点？有功夫抄书，何不自己来？"乾坤，其《易》之门"，为父母卦。读古圣，造时圣。可惜五十年尽造石圣！大象可训练得会表演。你们一举一动代表欲，并无代表智慧。想任何事都把自己摆在前头，有多少是为别人着想的？

应用文化领导宇宙，因为物资有时而竭。中国现正走入建设轨道时，必将精神用于有用处，下博学、审问、慎思、明辨的功夫。没有"明"的功夫，也不能"辨"。

三清观，道家讲"三清"，为天下之模范，即观（guàn）天下。看者学之，称观（guān），仰观。

自明代以后，学《易》多自来知德（1525—1608）的《周易集注》

入手，但其义理实不若程子的《程氏易传》。讲义理，自王弼《周易注》和《程氏易传》下来。

"乐其可知也""政其可知也"，乐、政均有律。"始作，翕如也；从之，纯如也，皦如也，绎如也，以成"（《论语·八佾》），什么都有开头，即始奏、纵之……连交女朋友都有几部曲，否则也不会成功。开始做事，最要即合，一万人一条心，王爷的图章"万民同心"。

我做人参，挑八百罗汉，必"和"与"信"。想当领袖，先问自己：有几个好朋友？以情合，自己有什么价值，必自试。

"纵之、纯如也"，"文王之德之纯"，是一步骤、一步骤的功夫。在政治上，"纵之"，即扩展组织，如几种乐器演奏；"纯如"，纯而不乱，纯一不杂，才能清清白白；"皦如，绎如"，还要继续不断，才"以成"。一成，即演奏完一个组曲，都做完了，才叫"成"。搞政治，是少数服从多数。大小事都必经过这几个步骤。

脑中什么层次都没有，有学历，未必有脑子。我永远面对现实，永不躲藏。真读明白了，很不容易。智慧的东西放哪儿都行，如不龟手膏药。先见，有一定的行情。做事要有步骤，同床异梦能够成事？

我犹有三件事要做，要后继有人，培养接班人。

以德成功，非以花招。证严，清白；星云，机心。

证严，慈济基金会创办人，皈依印顺长老，1966年于花莲县创立慈济功德会，即慈济基金会之前身。

星云，汉传佛教出家僧侣，为临济宗第四十八代传人。佛光山开山宗长，国际佛光会的创办人。现任国际佛光会世界总会长、世界佛教徒友谊会荣誉会长，被尊称星云大师。除宗教领袖身份外，星云法师还是中国国民党党员。

老年人等死，最可怜！年轻，一时冲动出家，等上极乐世界？人就是人，不相信有超人，在人的范围内做人。不出家永不犯戒，一出家就犯戒。千万别自欺，念佛，就忘了一切？定很难，念十句佛，能不动心？十句，一心不乱，就能上极乐世界，证明不易。

儒讲"定、静、安、虑、得"，佛用"戒、定、慧"。最难的是"知止"，知止，而后有定、静、安、虑、得。止于"一"，哪有止于"三"的？如不能知止，则什么都没有。懂得"决定不移"了，才能"戒急用忍"。

孙子那么小，就懂得好名、作伪，上图书馆还带笔记本。"大人者，不失其赤子之心"，但赤子的时间太短了，有了欲，就不是赤子了。我不满人性问题，此必自根上下功夫。

"知进退存亡而不失其正者"，我五十年可到此一境界，骂我者今皆不如我了。私心，是与生俱来的。一生能做几个像人的梦都不易。做人不干净，连做梦都不干净。自己不是大才，就不要妄想，应好好治家，造就好第二代。我离家时，儿子九岁；回家时，儿子已近六十岁了。

一个人如不懂自己之止，就如同走马灯，净是为人，怎会有成就？有人生的经验，旁观者清，对你们说真话。知止后，拼命受苦，而后有成就。知止，不但不发财，还要饭。

残废人不一定残废，不少人完整无缺，却心残，等死。试问自己有无心残的毛病？身残不怕，就怕心残，成为人类的消耗品，没有贡献。

学者有用？应先知止，好好读《学》《庸》的经文。"真儒不是郑康成"（陈白沙说"真儒不是郑康成，只对青山不读书"），看武训（1838—1896，终身行乞办学，身边不留分文，为群众办学的先驱者，著名平民教育家）的成就如何。

要做于人有好处的事业，以利他为目的，利他即利己。做人，好名者必作伪。成就事业得知止，即先发心愿，有行（héng）力。人就是要做，五年后可看到成就。做事赚钱，但不一定自己花到。

中国确实有无尽的宝藏。做事不要一窝蜂，时太可怕了。要做既福国又利民的久远事业，先做文教、医和药。把中国弄好了，即解决人类五分之一的问题。

做事得先安排，外行得找内行。我说："你的待遇太低，给你一万（十倍），下班后帮忙。"货高价出头。既是国宝级人物，主要人物应尊重他。制药的地方在京郊，离北京二十分钟。

有守，然后才有为。我在台失业五十年。

搞政治，长短、是非都得知道。知止，得吃苦头。

陶行知，编儿童读物，苦尽甘来，有成；其子亦办儿童读物，今有成。

陶行知（1891—1946），本名陶文浚，因欣赏王阳明"知行合一"学说改名为"知行"，后认为"行是知之始；知是行之成"，又改名为"行知"。中国著名教育家。

每天要四问:"一问我的身体有没有进步,二问我的学问有没有进步,三问我的工作有没有进步,四问我的道德有没有进步。"

梁漱溟与晏阳初,乡建派。晏好名。

梁漱溟(1893—1988),现代著名思想家、哲学家、教育家,现代新儒家的早期代表人物之一。梁受泰州学派的影响,在中国发起过乡村建设运动,并取得可以借鉴的经验。一生著述颇丰,有《中国文化要义》《东西文化及其哲学》《唯识述义》《中国人》《读书与做人》与《人心与人生》等。

晏阳初(1893—1990),四川巴中人,中国平民教育家和乡村建设家。早期开展平民教育运动时,认为中国的大患是民众的贫、愚、弱、私"四大病",主张通过办平民学校对民众,首先是农民,先教识字,再实施生计、文艺、卫生和公民"四大教育",培养知识力、生产力、强健力和团结力,以造就"新民",并主张在农村实现政治、教育、经济、自卫、卫生和礼俗"六大整体建设",从而达到强国救国的目的。著有《平民教育的真义》《农村运动的使命》等。

"能以美利利天下,不言所利大矣哉"(《易经·乾卦·文言》),活着一定要有价值。有接班人就不老,社会才见进步。"传,不习乎?"习了,就是承,传承。做,有错,改了,慢慢就会有进步。

创业必要有人才,必养之,让他有吃有喝的,要大方些。有些人一看到别人吃饱,心里就不舒服。破大家有规矩,暴发户不懂规矩,拼命剥削人。

9

不做外行事，必要找内行人。做人要"宽以居之"，如没有好处，谁愿意帮忙？货高价出头。会买的绝比不上会卖的。刻薄成家，难以持久。慈济做志工有美名，既是拿钱又何必少拿？

做人不要自欺，民国以来之所以失败，在于自欺。

在大学教书，不过是职业，未必真有学问，得博士也没有用。你们年纪不小了，犹不知自己要做什么。

没有读历史，怎会有经验？历史是面镜子，"周监于二代"，即以前代作为镜子，则少犯错，所以"郁郁乎文哉"。

根据《论语》，孔子的思想有三变。人不舒服时，愈是多梦，"甚矣，吾衰也"，吾道衰也，"天下之无道也久矣"！"久矣，不复梦见周公"，道之所以衰，即没有行。"不复梦见周公"，必有所梦，至于所梦为何，不得而知。"吾岂为（助）东周乎？"孔子生在东周，却不助东周。

历史，视智慧如何判断。人必做人事，否则不是人。真理永远存在，有时为乌云所遮。乌云一过，真理自出。

金门，昔日的养马场。朱子曾在金门管理。齐天大圣（孙悟空）曾管马，当马官。读书，自前人智慧的结晶，启发自己的智慧。

历事煅智，没做过事，对事的处理就不完整。历事煅智，经历了事情，就煅出了我们的智。"煅"，千锤百炼，铁杵磨成针，是功夫、时间、痛苦，受过百般的折磨，智慧自此出。历事愈多，才能锻出智慧。自擦桌子，可以看出一个人的修养与智慧。说三道四，没经事智慧如何出？

历灾锻勇，"见义不为，无勇也"，见义必为，何以遇事就逃避？求知易，行难！贵乎行。

《心经》云"行深般若波罗蜜多时，照见五蕴皆空，度一切苦厄"。见了就动心，乃偷。没历事，乃盲从。

人愈老愈慈悲，心残则无可救药。我现在做事是修行。有人看似完整，其实是放僻邪侈，无不为也。

曾文正看似乡巴佬，但在一人之下，其嫁女却只二百金。"一言偾事，一人定国"（《大学》），不能守口，这辈子别想有出息。

成功不在言语，而在德行。清海无上师（俗名张兰君，信徒称她为清海无上师。生于越南，创立新兴宗教观音法门，提倡纯素食），无一清净相，最通俗之人。与她打坐，岂不是迷？

"言"与"语"有何区别？"子所雅言""子不语怪力乱神"。《论语》为救普天下之人，什么都讲。扬雄作《法言》，"莽大夫扬雄死"，一字之贬！今天有多少人还想做"莽大夫"。言为世法，自己不干净，如何为世法？"扶风马融"，并非守分的读书人；"真儒不是郑康成"，两代都是假的。

马融（79—166），年少好学，精通经籍。他编辑注释了《周易》《尚书》《毛诗》《论语》《孝经》等，并著有《三传异同说》。除注经书外，他还注释了《老子》《淮南子》《离骚》《列女传》等书籍。他有千余学生，比如郑玄、卢植，就是他的门生。但郑玄只在毕业时见过马融一面。马融颇好美色、音乐，讲学时，前列男学，后列女乐，中间用绛色丝帐相隔，人称"绛帐教授"。

郑玄（127—200），字康成，北海高密（今属山东）人。东汉经学家。曾入太学受业，后从马融学古文经。游学归里，聚徒讲学，弟子多达上千人。《世说新语·文学》载：郑玄家奴婢皆读书。尝使一婢，不称旨，将挞之；方自陈说，玄怒，使人曳着泥中。须臾复有一婢来，问曰："胡为乎泥中？"答曰："薄言往愬，逢彼之怒。"其家风雅如此。桓帝时，因党锢事被禁，潜心著述，遍注群经，自成一家，为汉代经学之集大成者。

为人师最可怜，误人子弟。好好认真学，毋自欺，如好好色，如恶恶臭。一个人懂得自己不懂，就离"真知"近了。"真人"，"人之生也直"，一点都没改变即真。

讲学，必讲自己明白的，不要专做自己不知的。"举尔所知"，讲尔所知。我没有一张文凭。

中国文化确有来龙去脉，有源有本，要好好深思。"一点开天地"，由"点"成"线"成"面"，社会由此进步。好好培己智，不必尽抄书。"学而时习之"，悦己有所得。圣之时者，"不可为典要，唯变所适"。中国百余年受蹂躏。

《原儒》必读；《乾坤衍》要仔细读，是读《易》的基本书。民国以来，中国学术有成就者，熊十力一人而已矣。《新唯识论》绝对有功夫，是其年富力强时的著作。年富力强，火候强劲十足时。唯识，佛学中最难读的。

思想家必不着相，客观地多接触，问别人为何要这样想，不必墨守成规，不可为典要。圣之时者，不要不合时的。

但做事必有律。不变的，称经，按此去做。织布，要挂经，无经焉有布？有经有纲。"钓而不纲"，粗绳，以穿网。纲，纲要、凡例、目录，均一定。织布，要挂经。律不对，织出就不对。花纹光烂，功夫即在纬上。经纬天地谓之"文"，经纬天地，经纬

12

家庭。突破传统，但要守纲、经、律，才能制造出光辉灿烂的纬。

我喜听程派戏。

"乐其可知也：始作，翕如也"，政其可知也，无论家政、国政，必要合。乐、政均有律。开始做事要合，要懂人心，非一下就能合，必费许多功夫调弦，一拍即合太危险了。"羊羹虽美，众口难调"，调众是一个功夫，如何叫天下人都听你的？

"乐其可知也：始作，翕如也；从之，纯如也，皦如也，绎如也，以成"（《论语·八佾》），"从（纵）之、纯如也""文王之德之纯"。香油说是纯油。纵之，即扩展组织，如几种乐器合奏，要纯而不乱，纯一不杂，其深意即功夫，一步骤、一步骤的功夫。其后，还要"八音克谐，不相夺伦"，明明白白，继续不断，才成。一成，奏完一个组曲。做事，均由几个曲成一组，都做完才叫成。

大小事都必经这几个步骤。脑中要有层次。智慧的东西放诸四海而皆准。

天天在一起，不注意，反没"明辨之"。对社会事，少达"皦如"的境界，认为一看即明白。何以天天做事还出毛病，大而化之？每天有做利他的事？如证严。非不能也，是不为也。

这次做错，是下次做对的保证。做事时要抢着做，不怕错，总要练习。

黄埔校训"亲爱精诚"。做事焉能藏怨于军、藏怨于民？人就怕积怨，报复就特别厉害。

人情世故，历事锻智。大智若愚，有办法者绝不显己。乱扯，最后没有转圜的余地。好好用心思，诡计多端，不要呆头呆脑。做事有目的，要达目的得有术，诡计多端是术。

"行不由径"，行必由径，达到目的要如何？佛亦讲"权巧方便"，佛教是智慧的产物。净土，六声佛号成佛。和尚不在乎你信佛，在乎的是布施。吃素更讲究。名称不一，目的均在走快捷方式。

非要你们欺世盗名，有经有律，"以文会友，以友辅仁"，最低限度也得是个智者。

自己要做什么，自己应知。努力建设，建设需多端，不要钻尖取巧。多练达，有智慧解决问题，也不一定能成功，成功得有德，立德立功立言，"有德者必有言，有言者不必有德"。人绝不可妄为，否则不配讲中国文化。读书要活读，看完《原儒》才不下地狱。

来知德深下功夫，《周易来注》讲爻的变化清楚。但杭辛斋以爻变即卦变，卦变即爻变。杭是鬼才，人聪明，智慧高于常人。但社会上成功者都是有功夫的，脚踏实地才有成效。

同学每个人得的都不同，见仁见智。百姓日用而不知，故知道君子之道者少。知道的人就作假，不做。

文化的发展：点→线→面→体。第一点，即造端。怎么画第一点？伏羲"一画开天"，现在要"另辟天地"。

读书必要冷静，能读多少就读多少。上句不懂，不读下句；这行不明白，不读那行。读一句，找遍所有有关解释。依经解经，一以贯之。

程朱之所以成为学派，乃是有权势者利用之。康熙喜朱子，用朱子说，非他说。朱子影响近千年。提倡思想，必得仔细，要经分析。

冷静学，可以学很多。每个读书人都想成为孔明，必得实际。每天用脑，自己摆棋子，坐山看虎斗，看怎么斗法，要怎么拉开。

得病，必知病根之所在，才能投药。不能病急乱投医。

宇宙现象，乃"神之德"；继续不断，为"明之用"。

读书，是自己读，跟着读，慢慢就明白。水到渠成，乃是积渐的功夫。到念，才有用，"念兹在兹"，念必熟，熟能生巧。

所学不能用在生活上，就没用。读书在变化器质，好发脾气，整天把家庭气氛弄坏，即没变化器质，还能谈其他？

一个自知的人才叫真知，别人的好坏于你何关？先问自己是属于哪一类，中国人对每一物均有专词。利令智昏，既是人类，又是人中的哪一类？自人性了悟，元，自根上了悟。《易》为体，《春秋》为用。

《论语》中将人分成"善人、士、君子、贤人、圣人、大人"。大学者，大人之学也，"大人者，与天地合其德，与日月合其明"。

不必深山访名师，世间法就能解决世间问题。知理不难，知所以用理为难，权也，"可与适道，未可与权"。

看一人的学与行，有真改变器质的和尚？改变器质难，没能改变器质，半点用也没。成大事者必有纳气，无此功夫能忍？

做事要达目的，非什么也不怕。自知，知自己居什么地位。学懂多少，能用多少。学了，必变成生活，否则没用。

练习有担当，第一步必要有纳气。能忍，不生病，因为有纳气。小（稍）不忍，则乱大谋。你们不但不能"忍"，更不懂什么叫"谋"。

"古之学者为己"，慢慢学，没用上，还得学；"今之学者为人"，学计算机，好找职业。人是为吃饭活着？做人不易，做不好即成"八"。我大门被写"王八"。偶一不慎，即成"八"，就怕成"忘八"，八德。

善人，什么都没学，就按人性做事。人有流品之分，未入流，则连边都没沾上。自知，做事有分寸，不要将妄想当成志。

社会就是"势"与"利"。想任大事得先训练自己，必要有修为。没有修为，是谁的儿子都没用，必要自己能，成己之能，就看你能不能，"能者在职"。

先自"自知"入手，看自己能够担多大的分量，就做多少事。一个不自知的人又如何自保？有风向球，自此测风势，看自己该怎么说话。什么都不怕，是流氓；什么都怕，是圣人。

自试，要改变自己，得"习"也。"学而时习之"，学而能试之。读完书没能成智者，那读书做什么？人必得有点术，才能成功。学，就有术；不学，就无术。

"谋"，是几个某人在一起，可以胜过一个诸葛亮。孔丘，即孔某人。一个诸葛亮一个谋，十个某人则成十个谋。问自己有几个好朋友，人合在一起太难，"夫妇以义合"，否则为同床异梦。

一个人想成事都得千锤百炼。怎么练智、仁、勇？

历事煅智：铁杵磨成绣花针，故曰"智者不惑"。孔明之智是自隆中十年躬耕来的。每一为人父者无不望子成龙。历难煅仁：有智解决问题，但不一定能成功，成功得有德，得，有道者得。仁者爱人而无不爱。我经过四平之役后，绝对反战。天之历数在中国，这是气数。历灾煅勇：见义必为，勇者不惧人势。

《易》为智海，取之不尽，用之不竭，是智慧产物，不是迷信。"伏羲象男女之形以画卦"，近取诸身。中国人讲法天敬祖。《春秋》讲微言大义。拿出真的，拨乱反正。讲实学，绝不讲怪力乱神。

细看书，才能深入；深入，才能真知。有些人就是肤浅，根本没有下功夫。今天谈学问，完全是自欺。来知德一辈子就注一部《易经》。我看过《易》注四五百种，但无一满意。

作书真叫人懂，得不厌其详。多读，就能触类旁通。养生之道，即天天教书，人到中年后，心自沉静。

我是看同学的表情讲书，你们知道得太少了。以现在这个表情，至少十二亿中国人不会原谅你们。不做中国人，读书人必与你们画鸿沟。必要自知，才不自欺。

《通鉴辑览》是小廿五史，如能看一遍，至少懂得治事之道。

《御批历代通鉴辑览》，简称《通鉴辑览》，为清朝官修编年纲目体通史，乾隆三十二年（1767）乾隆帝敕命傅恒等人撰修，以康熙《御批资治通鉴纲目》、明朝李东阳《历代通鉴纂要》为架构重修，重新考证并重订凡例，记录自三皇五帝至明朝灭亡，共一百十六卷，附南明唐王、桂王纪事本末四卷。体裁以编年为主轴，引领纲、目，详注训诂、典故、考证，并乾隆帝亲自作批注附加于上。乾隆三十三年（1768）正月成书，由傅恒、尹继善、刘统勋、阿里衮、刘纶、于敏中、舒赫德联名上表进御。

书中共有乾隆帝御批三百余处，计一千九百余条，达二十万字；史评内容广泛，包含史书体裁义例、朝代兴衰更迭、储君嫡庶、君臣伦理、文化道德纲常等主题，反映出乾隆帝各方面的思想及政治理念。在刊刻颁行后直到清末，一般士人与学子大都用此书与《纲鉴易知录》为历史教材，对教育有深厚影响。

作为在乎自己，必要拼命往前求。不能合作，那众智从哪里来？孤军奋斗，易于被各个击破。必要合作，用人海战术，前仆后继。心里、内部怎么斗不管，但是一出门，口径绝对一致。

有智之士应为未来谋。"知人则哲，惟帝难之"，知人太难了，未入流又如何成事？不是捧一人至高境，即能发挥作用。想法与做法，因时与势而有变。江山代有才人出。

懂得自己不知人，选人特别重要，看他怎么做，显其才智，不必告诉他怎么做。坐井观天，所见者小，环境很重要。台人自私，绝不为别人着想。要破除一个"私"字。你没有"公"的观念，就不知别人有公的想法。

知人，懂得"时"与"势"，得"天时、地利、人和"才可以做事，中国人善于谋，知三者缺一不可。人生真想有成，三者缺一不可。"最难斗的是纯中国人"，中国有兴衰，但没有亡国。喜一子书，专攻之。

人一富贵，或布施行善，或做尽坏事。人要坏，四十开外，六十多好是办不到了。违时，绝不能成功。冷静慢慢看，要有点耐力，求真明白。

连字都不认识，讲什么《易经》？此非真下功夫不可。《论语》真懂了？只直观，根本没下功夫。学问之道无窍门，必要认真，融会贯通，身体力行了，才知其所以。

人就是人，没有超人，就过人的生活。有遗德在民即为神，祭神在报恩。祖师庙,文明的信仰,自茹毛饮血至今,有不少祖师留下遗德,对之报恩,故祭祀他们。中国人开始即无迷信,无求神保佑的观念。真有鬼,被害者何不自己报仇? 中国人头脑清楚,故产生高深文化。"无适无莫",求客观,不主观。

自己读,愈读愈有趣,《大易》与《春秋》最是有趣。学问必要切磋琢磨,才会有进步。教五十年了,应可以成立"公羊学会"。

人生即失与得,求其所得。落空,有所失,有求不得之苦,应知足,才能常乐。随遇而安,非将就、马虎,乃是"造次必于是,颠沛必于是,素富贵行乎富贵,素贫贱行乎贫贱"。知足常乐,知止而后有定、静、安、虑、得。知止后,得拼命做。乐此不疲,乐道也。

法自然,是天人境界,人与自然合而为一。大宇宙、小宇宙,"人与天地参矣",此必自何入手? 中国思想,尽己之性→尽人之性→尽物之性,所以可以"通天下之志"。

何以可以尽性? 说"东西用尽了",尽,乃一点保留都没有。非讲文字,是讲思想。尽性,完全将性发挥出来。因为是自一个根上——"元"来的,所以可以尽性。奉元,自根上认识,要另辟天地。

"性相近,习相远",根一样,但环境不同,乃有别。习性,各地区不同,得下类情功夫。通了,非明白而已! 通人,通神明之德。生生不息,必然的事。也有接种,但变了。

何以要类万物之情? 为了画一。天能生物,神明之德;人能役物,支配物的智慧,可以尽万物之性,因"天命之谓性",都具有同一根源，元。人，禀受人性；物，禀受物性。各正性命。

生的地方不一，习性乃不同，此即情。人的情不同，在大自然环境中，各是其道，家自为俗，焉能不乱？得类万物之情，大社会才不乱。求一，一天下。类万物之终极目的，在一天下。一天下者，必贵通天下之志、贵除天下之患。能尽性，乃能尽情，通天下之志，除天下之患，归于一。

旧时说小孩剃"鬼见愁"，才能长命百岁。

"鬼见愁"用来形容人或物某一方面之厉害，以至于连鬼见了都要发愁，比如有些山的顶峰就被称作"鬼见愁"。小孩儿头部，或左或右，剃发时，留发成三角形的"鬼见愁"，可保平安。"鬼见愁"其实是"无患子"的俗称，无患子是无患木的果实，可做中药，也是佛教的重要道具。

《易》，以简御繁，"易则易知，简则易从"。一致百虑，殊途同归，归于一。虑，定静安"虑"得。始于元，终于元，以简御繁。发于元，归于元，改一为元。

回去必要想，非只是看字面，是要造思想。

"唯圣人为能属（zhǔ）万物于一，而系之元"，圣人所以"改一为元"在此。

《春秋繁露·重政》：惟圣人能属万物于一而系之元也，终不及本所从来而承之，不能遂其功。是以《春秋》变一谓之元，元犹原也，其义以随天地终始也。

20

《春秋繁露·玉英》：谓一元者，大始也。知元年志者，大人之所重，小人之所轻。

今天没有人性，你造就一人，他非骂你不可，表明他和你没有关系，绝对不会对你歌功颂德，感恩图报。不信人性唤不回！不在骂人，在举例子。今天想使社会好，必先作牺牲，舍肉喂鹰。净争权夺利，焉能有志？

想一天下，最难的是类情。成就多少是一回事，能教出几个人都不易。男无义，女无情，能成功是做梦。想生存，必得有人性。只知有自己，根本不知有别人。

类情，己之所欲，必施于人；己所不欲，勿施于人。政治家、思想家是牺牲的。连圈中都无通志、除患，还能谈其他？父母以外，最近的莫过于老师，过年过节有想到？

要明辨是非，绝不可以感情用事。问："她对您好吗？"答："比你好，你又没帮我烧过一次开水。"

烂仗打完，究竟是吉是凶？扫黑，积怨于心。弄不好，鬼都见愁。

中国思想的"天人境界"，即人与自然合而为一。把心放宽，问自己："看别人好，是否嫉妒？"要"人之有技，若己有之；人之彦圣，其心好之"（《大学》），无此一境界，则是凡夫，能够一天下？

仁者"先天下之忧而忧"，当然不忧己私，是忧天下。凡夫能领导天下？领导天下的必须忘我，还能要"克拉"？

人合自然，成天人境界，"大人者，与天地合其德"；道合天

21

地，"生而不有，为而不恃"。此为功夫，而非言论，看林觉民的《与妻诀别书》。政治就是牺牲，伟大的事业绝非凡人所能办得到的。中国人有中国人的道德，有一个标准，与西方不同。许多人忽略了对方的立场，所以遇事必要前后考虑。

应树立学风，不只是在学校，应在人世中。做人得致密，要慎思之、明辨之，然后笃行之，小事也会有大影响。想要儿女好，得自小影响，言教不如身教，为儿女作模范。"非不能也，是不为也。"察微，并非空话。再忙，过年也必给长辈拜年，儿女从小跟、看着做。道是实行。证严讲经，本事并不高，就是做。人必得行。

中国人好面子，昔日进贡，厚往薄来。培养中国人的智慧，振兴中国文化，得重整旗鼓，要好好努力。

青年就是好奇，没有慎思、明辨，只是盲从。

应有福国利民之责任，见学生必要说真话，遇事必慎思、明辨。一个举动，即教育的成功。乘时，时来非利用上不可。真明白，才知怎么"煅"炼自己。

同学搞政治，最缺谋。绝不可有勇无谋，必能忍受一般人所不能忍的，牺牲享受，即享受牺牲。忍，阿Q精神，"燕雀安知鸿鹄志？"如没有志，就不必忍。吵架并不能解决问题，无谋绝不能搞政治。

政治必得忌惮，战战兢兢，如临深履薄。时一过，就完了！认识不清，马上失败。错过一点，就不行。要有耐力，忍人之所不能忍。

不搞政治，但不能不了解政治。隐、显，体、用。隐、显，体、用。小可以修身，进而齐家治国平天下。《易》，体，由隐之显，一致而百虑。《春秋》，用，由显之隐，殊途而同归。

必知"患"之所在，虽不可以除天下之患，但非掩耳盗铃。办报的目的何在？没有办法，就完全处于变动。一叶落而知秋，尘埃已落定！

读书，当思想读，非当文字读。自《大易》重视重视人类开始有思想时是怎么想的。

系辞上传

第一章

天尊地卑，乾坤定矣。卑高以（因）陈，贵贱位（动词）矣。

此乃"夺尊宣言"，是男人吓唬女人，由母系社会转向父系社会的宣言。"天尊地卑，乾坤定矣。卑高以陈，贵贱位矣"，忽而至，若夫妇吵架，根本不伦不类，没严谨的逻辑可言。

按传统讲，自伏羲画卦后，《易》分为三个阶段：《连山》、《归藏》（《坤乾》）、《周易》（《乾坤》）。郑玄以"周"为普遍义。原为"坤乾"，是母系社会，"阴阳"为其遗迹，因那时人人都讲阴阳，尊坤元。《归藏》首坤、乾，《礼记·礼运》"吾得坤乾焉"，可见孔子见过"首坤乾"的《易》。

古时人知有母，却不知有父，是母系社会。社会变化太大了，一进步，知有父了，由"坤乾"到"乾坤"，必得找一理论根据，叫它摆动不摇。显事，必要有说服力的理论基础。要定位，得有理由。

父子关系永断不了，所以说"不孝有三，无后为大"。夫妇以义合，不义就离了，因为不可久，乃断了。仰观，即上，故曰"天尊"；俯察，即下，故曰"地卑"。男人就以自然现象威胁女人，说"天尊地卑，乾坤定矣"，"乾坤，其易之门邪"，尊卑、上下、高低。有了"天尊地卑"之说，那男女之道也就定了，以确立自己的尊位。

《周易》首乾、坤，《系辞传》第一章解释由"坤乾"到"乾坤"。思想是由经验得来的。建树思想，不可以离开实际，要按自然的成长说，否则成为玄学。所以要养智慧。

此段证明《周易》立卦，必得说很多道理，从自然现象到人的现象，"坤乾"乃退位。此为时代的演变，是懂得有"父子之情"了。男人就自私，勉女子要贞。

此为古之演变所用的智慧，今之演变也得用智慧。

动静有常，刚柔断（duǎn）矣。方以类聚，物以群分，吉凶生矣。

"动静有常，刚柔断矣"，动静言用，由动静→刚柔。刚柔，性情。做事，一动一静，一对（主动）一待（被动）。社会上亦相对，一你一我，一益一害。仁，人与人的关系处理得和顺。常，常道，既不伤风，也不感冒。

"方以类聚"，方，一、事；二、各方。方，非指东西南北中。事因类而聚，各方因类而聚。

进贡，进方物，乃地方特产。台湾地区的历史博物馆藏有清朝时贡方物的奏折，上批"番石榴下次不必再进了"。以前台湾的桃子用冰糖煮，闭眼吃，有点滋味；现在肉厚，味没了。天下事用人工改造，就变了。

"物以群分"，物，包括人、事、物。人群，人因群分，臭味相投才在一起，"不识其人，则视其友"。

"吉凶生矣"，君子聚在一起，言必及义；小人则言不及义，怎能不败坏？谁来这儿，放肆不得！前天警告，不许多说话。左右有贤者与不贤者。下贱，不是人，就不把你当人看，乃咎由自取也。别人骂我，和夸我一样，不在乎！见贤不能举，见坏人不能避，都不行。五十年如一日，没人敢破坏这个团体。到狠时不狠，姑息就是养奸。

人的忍耐是有限的，老百姓也是如此，如不能忍了，就都投反对票。一个人的一举一动显出其高低，而不在于地位的高低。何以人的质量降至此？成什么样子了！"天爵自尊吾自贵"，何以不懂得自贵？你们是要饭的，谈不到人品。

在天成象，在地成形，变化见矣。

"在天成象，在地成形"，"品物流形"，形是可摸得到的。

"变化见矣"，何谓变、何谓化？变化自哪儿来的？阴阳，为一物的两面，"反者，道之动也"。阴极曰"变"，阳极曰"化"。

是故，刚柔相摩，八卦相荡。鼓之以雷霆，润之以风雨。日月运行，一寒一暑。

"刚柔相摩"，乾刚坤柔，即阴阳。生一次，老祖宗就睡觉去，知道两个阴阳自会相摩相荡（阴阳合德），而生生不息。

"八卦相荡"，乾坤生六子（坎、离、震、巽、艮、兑），一家八口。

"鼓之以雷霆，润之以风雨"，什么是生之机？雷霆、风雨，缺一都不能生生，是一步一步来的。

"日月运行，一寒一暑"，日月之运，四时有序，寒来暑往。

乾道成男，坤道成女。

"乾道成男，坤道成女"，由自然环境，马上看到人。近取诸身，乃取男女。昔合婚，合八字，称"乾命、坤命"。

男女有了关系，才能作出孩子，因为"顺之至也"，坤顺至极点了。夫妇未能够生育，即顺未至也。坤，顺之至也，与《孝经·开宗明义章》"先王有至德要道，以顺天下"之"顺"字同。

"乾坤定矣！"那今天到底要怎么定位？欲语还休。今天伦常乖谬至此，乾坤倒置，还有礼法可言？得"不易乎世，不成乎名，遁世无闷，不见是而无闷。乐则行之，忧则违之，确乎其不可拔，潜龙也"（《易经·乾卦·文言》），做个顶天立地的人物。

学《易》，天天讲些什么？今为定位。

外面的环境多可怕。知不重要，行才重要。人必要表里如一，体用不二。读完熊十力先生的《原儒》，对你们的生命有作用？知识如果不能变成生命，那就没有用！

说我讲的与《易经》没有关系，是你没有智慧。

乾知大始，坤作成物。

《系辞传》开始有问题。应自此开始，才是人话。

第一章应是讲乾坤，自"乾知大始"开始。

乾用什么来知？坤用什么来作？乾施，知；坤受，作。独阳不长，知是原料，还必得经许多步骤——"含、弘、光、大"，然后"品物咸亨"。

"乾知大始"，乾施，公，知，大始，"元者，善之长也"，第一个开始的，生生之主；继，终始，明，终而又始，生生不息。宇宙现象，神之德；继续不断，明之用。

"坤作成物"，坤受，母，"作"，资生，妈妈把小孩生出，"成物"。人亦物，乾施坤受，坤代乾终其事，"代有终也"（《易经·坤卦·文言》）。天地之生化，就在于施受。

乾以知来始，坤以作成物。两性的配对，"气"通其间，"阴阳合德，刚柔有体"，乃生生不息。阴阳之气如有所隔，则不合德，就不成形、不生。

乾以易知，坤以简能。易则易知，简则易从。

乾、坤，是父母卦，乾知坤作。乾以"知"为原动力，能大始；坤以"作"成物。但孤阴不生。坤顺承乾，顺之至也；顺未至，故不生。

乾凭什么来知？用易来知。坤的作，即坤之能，坤以简来表现其大能。易知简能，一易一简，是两个原动力，自然之道。

易简，既容易又简单，易知易从，比恋爱都容易。不必空想、往难处想，就那么简单，"未有学养子而后嫁人者也"（《大学》）。

易知则有亲，易从则有功。

易知就有亲，故生生不息。乾知大始，以易大始万物，亲戚乃多。

易从就有功，"没什么了不起，就给你生几个儿子""没有我，你祖宗三代断了香火"。昔日结婚可慎重了，男子必要亲迎，乃为了承继嗣。

有亲则可久，有功则可大。可久则贤人之德，可大则贤人之业。

人与人相亲才可久，有功就可大。看多么亲切！有功，故"瓜瓞绵绵"（《诗经·大雅·文王之什·绵》"绵绵瓜瓞。民之初生，自土沮漆"），为贤人之业，自有人类以来传至此，永不间断才可久，所以中国人才说"不孝有三，无后为大"。

要引申至无量义，活用之！

易简而天下之理得矣，天下之理得（得于易简），而成位乎其中矣。

天地之道，易简而已矣！这段多么严谨！懂得"易简"之真义了，则做什么都能成功。必知其要道，"易则易知，简则易从（顺承）"，天下之理与"易简"有直接的关系。

易与简，"易简之理得，而成位乎其中矣"，此为乾坤之真髓，多么重要！乾用"易"来知，坤用"简"来作。

《论语·雍也》云："仲弓曰：'居敬而行简，以临其民，不亦可乎！'"孔子绝对讲过《易》，弟子才懂。旧时代在政权下解释问题，任何朝代都有钦定书，要"学校钦定之枉，道正率性之元"。

"成"，是自了解"易简之理"而来的。《说卦传》称"和顺于道德而理于义，穷理尽性以至于命"，据理行事，则"各正性命"，最后可以"与天地参矣"！宋儒自《大易》偷出了"理"字，故一直讲理学。朱子所谓"成人之位"，即《论语》"成人"。

　　"成位乎其中矣"，因"易简之理得"了，"成"才位乎其中。"成之者，性也"，是性促成我们的成。"成性存存，道义之门"，成性之后，还得下"存存"的功夫，存而又存，才是"道义之门"，否则照样伤品败德。

　　慢慢地玩味，此完全讲人生。易简，代表乾坤、公母、男女、两性。孩子，是父母的成品、爱的结晶。佛，也是男女的成果。性能无边，作用很多，"圣人成能"（《系辞下传》第十二章）。

　　成之德行，即坤，"坤作成物"。中国人的学问，即一与二、祖与宗。伏羲象男女之形以画卦，法自然。"天下之理得"，才可以尽性、役物，"与天地参矣"！成位乎易简之中。忙了半天，即一"成"字。

　　天地以下之乾、坤指什么？乾元统天。乾、坤，代表两个东西，是相对的。在社会上做事，都是相对的。出门碰的就是对象，有了对象就有事。有社会经验就能体悟，年龄很重要，加上细心，就能真懂。

　　《易》要静心去读。心静了，行坐皆禅。禅宗，即《大学》的功夫，自内到外，诚、正、修、齐、治、平。心要静，什么环境有何关系？六祖就吃肉边菜，因为他心静。现在和尚吃素鸡、素香肠，习以为常，天天犯罪，此即机。还在乎荤的、素的？我天天吃青菜豆腐，乃是由内清静。

冷静从头至尾看一遍，这就是你们的生命力。如胸无点墨，当然就无主宰可言了。

什么叫易简之理？要上下玩味。"易简之理得"，《大学》"定、静、安、虑、得"。

同学的程度不一，所以不能三五年就将五经串在一起，应有几个肯求学的，要好好下功夫。

无论任何事都要成，必要了解易简之理。会背书也没有用，又不是《大悲咒》，念念就可以消灾去难。要用脑，贵乎有得，是自"定、静、安、虑、得"来的。

知止，最难！知止，而后有"定、静、安、虑、得"。止于一，焉有止于三？知止了，决定不疑，才能戒急忍。如不知己之所止，就如同走马灯，怎会有成就？知止后，拼命受苦，而后能有成就。成就事业得知止，即发心愿，有行力。有守，然后有为，有守有为。行，有错，改了，慢慢就能进。非不能也，是不为也。

尧之功，最后为"安安"。百姓求的就是安，所以安邦之策最要。动荡不安之际，乃转机之所在；升沉殊易，如何使之能不沉？虽不一定达到，但"心诚求之，虽不中，不远矣"（《大学》）。

读书，是为了改变器质，此为第一步。今天这些人何以笑话百出？就因为器质不像。要实际，要会用头脑。

要什么都不斗，就得顺水推舟，随波逐流。抓不到机要，如何成事？如真会用脑，绝对有丰功伟业。

从开始就有伦有序地讲。"易"和"易之为书"，是两回事。

不能当作笑话看，应知应世之道。社会事发展，均有一定的规则可循，冷静按轨道，都可以先时。留心，才能通灵。时事，必新陈代谢，有时与势，时转势移，事变。必认清四崇势，才能与事周旋。每天必多花点时间，对时势演一演，如同摆棋子，要假设事情发生了，要如何解决，要有策有略。每天用脑，自摆棋子。

"国家兴亡，匹夫有责"，此非谁的专利。

说的都与你们有关。在动摇之时，必要有不摇的理论基础。

我来台五十年，绝没教出一领袖人物。最低要不自欺，才知自己懂什么、缺什么。不懂，必要求真知。真知，才能骗尽天下人，故曰"大盗盗国"。以不知欺有知，要命不要命？就自我陶醉罢了！外行人净讲内行话，野心家则绝不自欺。

善用智慧，要出手打人时，先考虑挨打。尽物之性，真知，以真知欺天下人。玉皇大帝碰上孙悟空，就完了！因为"悟空"，所以能够大闹天宫。人要一着相，就完了，就是有蟠桃，你也未必吃得到。智慧之言，难对愚人道。

第二章

圣人设卦观象，系辞焉而明吉凶。

"设"，假设，设想。"设卦"，乃为了解他要解决的问题，当时的问题。"设……"，皆为解决问题。

一"设卦"，二"观象"，别人不一定尽知，所以要三"系辞"。有了动作后，必要说一说。

当母亲的每天不知要设多少防，还得说明吉凶，每天做事的步骤。如搞股票的，也必要观象设卦，还要分析说明。如王永庆说自己是分析师，还可以相信。现在的分析师都是卧龙，就骗人！

"系辞"，是主观的。伏羲画卦，绝对是主观的。宗教主创宗教也是主观的。我不信有来生与地狱，没有地狱，人死如灯灭。哪种人才相信这套玩意儿？根据主观立论，总会有人接受。许多立说都是主观的，不能用化验瓶化验。

"吉凶"，没有绝对的，丑与美亦然，并没有绝对的标准。每一个朝代的审美观不同，都是主观的。每一时代人有每一代人的审美观，我看的美，你们未必认同。

刚柔相推，而生变化。

"刚柔"，两性；"相推"，而"生变化"。要使环境变化，必使两方面造成"刚柔"，即矛盾，才能产生变化。

想叫环境"生变化"，必得主动，要造刚柔，还要有推动之智。孙中山在清末，就顺势而起。

制造矛盾，不生变化也得变化。社会就是对立的，如对我们不利，就必要推动，使之变成对我们有利。

光有成天下之志，但是没有成天下之才，所以没有玩意儿。你们要充实自己，反观自照。

今天完全疯言疯语，是"设卦"？说太多，都漏了，行家知你桶饭的多，可见这帮人的智慧如何。愈弄愈糟，最后就作茧自缚了。就是要抹黑，也得有智慧，否则成抹白。原先设计太高，现在都得降低。

看今人之智，想不出道道，脑子完全没横竖，就胡扯。甘地的成就是自坐牢来的。坐牢太静，用功就不得了，应使之服劳役、浇水果。

是故，吉凶者，失得之象也。悔吝者，忧虞（乐）之象也。变化者，进退之象也。刚柔者，昼夜之象也。

"吉凶"，是失与得。真明白道，失得都是苦事。吉凶，有什么了不起，也不过是失得的象，愚人才趋吉避凶。受苦太久，也过去了。懂得自己有错，就是得。

"悔吝"，小疵，《易》为悔吝之书"，故为忧乐之象，所以"五十以学《易》，可以无大过"（《论语·述而》）。

"变化"，进退之象，"进退无恒"，因时进退，当进则进，当退则退，"知进退存亡不失其正者，其唯圣人乎"（《易经·乾卦·文言》）！

白的可以变黑，但黑的永远不能变白。昼则夜，夜则昼。刚柔，不是一定的，是运动的。《系辞传》读完，一点迷信都没了。

吉凶、悔吝、变化、刚柔，是失得、忧乐、进退、昼夜之象，"见乃谓之象"，"象也者，像此者也"。《易》曰"象"，《春秋》曰"况"。

几千年即有此深体悟，绝对是有智慧的民族。因为有智，闭眼一体悟，即明白了。冷静读，就满肚的道道，谁也对付不了你。

六爻之动，三极之道也。

"三极"，天地人，始壮究，终始之道，生生，"生生之谓易"。

"极"字特别发人深省！一般人没到极，与动物没有区别。人是万物之灵，如不灵即为动物，不是站着走的就是人。

何以要"止于至善"？即立人极。"大哉乾元、至哉坤元"，坤绝对不落伍，跟定了，不管乾有多大，坤就多大。至，止于至善，亦"极"也，即立人极。"主敬立人极"，"敬"，敬事、敬业，不是恭敬就完了。一个"敬"字，含"定、静、安、虑、得"。《尚书·尧典》"钦明文思安安"，"钦"，即敬。诏书"钦此"，即敬此。

钦，即敬的功夫。

"主敬立人极"，皇极。"极"字特别重要。"三极之道"，达到不易，只能说"止于至善"，用什么办法可以达此境界，马上就能行？至的境界，"至哉坤元"！坤元与乾元，有际而不分，用至。两个东西无论怎么近，也必有际。至，完全吻合了，但也不是一个。分际，意境很深。善，最高的标准，元也。

何以全世界的猫都一样，是从哪儿传去的？往幽深想。老祖宗就会想，在穴居野处的时代何以就有如此高的智慧？

是故，君子所居（守）而安者，易之序也；所乐而玩者，爻之辞也。是故，君子居则现其象而玩其辞，动则观其变而玩其占。是以自天佑之，吉无不利。

"易之序"，自然之序。守易之序，才能得其安。有盛就有衰，有善就有恶。

"爻之辞"，"辞也者，各指其所之一"，爻辞代表一个时、位，《春秋》"所见异辞、所闻异闻、所传闻异辞"。人之时、位不同，又何必发牢骚？在其位，必谋其政。玩其辞，必得其用。

"动则观其变"，双关语"观变"，变在其中，则知所进退；"而玩其占"，一爻叫一占，一爻变，卦亦变。"引而伸之，触类而长之，天下之能事毕矣。子曰：知变化之道者，其知神之所为乎！"（《系辞下传·第九章》）。

卜筮，在决疑。什么叫疑？因为相似（拟），才生疑，"阴拟于阳，必战"。天下事似是而非，乃是非不明，疑而不决。如是阴是阳，是黑是白，就不疑了。卜，要看是什么环境，用什么来卜，并不是固定的。

卜是在决疑，并不是神秘的，是智慧，不一定要用蓍草，要随机应变。很多事得随时卜，但必到最后才卜。

"自天佑之"，自然之道；"吉无不利"，成位乎其中。无所不用其极，无入而不自得，皆自得也。

你们如都读明白了，那老师就没饭吃了，脑子能够灵活？随天地转。要学会用脑。听我的课，老同学说是"做礼拜"。

人要健康，就什么也不痛。人必要勤，天天坐着不动，自然就衰退了。郎静山（1892—1995）就好动。

不"三更灯火五更鸡"时，能够读书？

要想，才能触类旁通。试问自己为何要读《易》？有所为、有目标，才能够深入。一个人能为自己的信仰坐二十多年的牢，早已将生死置之度外，因有所为，故活着有力量。

每天活着必要有所为，大为国家民族，小则为个人。投机分子最为卑鄙，往往见利忘义。

我天天喊，一定有所为，主张"华夏、大一统"，不可以逞一时之欲，而贻祸万民。

恭亲王（1833—1898）第四代死得惨！他杀肃顺（1816—1861）一家三百多口，为了抢政权，低估了慈禧。

恭亲王，清朝世袭亲王。道光三十年（1850），道光帝第六子奕䜣封为和硕恭亲王。同治十一年（1872）获世袭罔替。一共传了四代三位。

肃顺，字雨亭，爱新觉罗氏，清朝宗室，镶蓝旗人，郑献亲王济尔哈朗七世孙，郑慎亲王乌尔恭阿第六子，庶出，母是回人，其同父异母兄端华袭郑亲王爵。同治帝顾命八大臣之一。"辛酉政变"中被斩首于菜市口。

肃顺临刑前喊："鬼子六，要你代代不得善终。"人亏心不得，绝没有好报。

妄想不可以当志，即将不可能的事当志。做一事必先考虑失败，如可以胜得过了，再去做。虑败要用脑。如每个人都有所为，则中国下一个世纪（21世纪）绝对有成。

应仔细想，想完，一步步做。利欲令智昏，千万别自欺，二十年绝对有成。有所为，不会没有成就。中国治理好，世界就有幸福。中国思想的精神树立得住，可以自己做子弹，虽土气，但一样放炮。精神一到，何事不成？

生在今古文之争的时代，真伪之辨，争来争去。熊十力则说什么都是假的，说是"改窜"，那岂不是没书可读了？

我则"万物并育而不相害，道并行而不悖。大德敦化，小德川流"，什么都接收。如旧的、假的都不要，那太主观了。都要，故称"夏学"。"长白又一村"到"夏学"。今古文之争、真伪之争焉有定论？何不全盘接收，那岂不是取之不尽、用之不竭？中国就是书多，现在内地又要修中国的书。

《论语·尧曰》"允执厥中"。舜怎么"允执厥中"？"舜好问而好察言，遏恶扬善，执其两端，用中于民。"舜传禹："人心惟微，道心惟危。惟精惟一，允执厥中。"

不闹笑话，怎知他们圣洁、脑子单纯？都是中国人说的，怎么说是伪的？

何以要奉元？"道并行而不悖"。"率性之谓道"，都是人想出，都不悖。修《奉元录》，前有《近思录》《传习录》。

何不往前奋斗，要跟社会逐臭？每个地方风俗习惯都不同。当军人的没有不喜欢放枪，搞政治的没有不喜欢乱世，否则如何显出他的济世之才？胆小不得将军做，没有容不能搞政治，没杀气能搞政治？政治就是你死我活。

读过比较政治学、各国宪法学就能搞政治？是智、仁、勇，缺一不可。搞政治的都不是政治系毕业的，读书人能杀人？我念佛多年，仍然杀气腾腾，你们见我语无伦次。

想做什么，必训练自己。天下绝无白捡的事。领袖得有领袖的胎，否则不像。自基本着手。武则天读《金刚经》，其偈"愿解如来真实义"，真有智慧！

有志，必先预备工具。搞政治，先练胆。先练胆，没胆绝对办不到。一人定国，一言偾事。

我在台五十年，绝不改变作风，直至今天。要知如何拒绝，有胆。明知山有虎，偏向虎山行。一见政大有"果夫楼"，我推说有心脏病，不来了。没胆，不能做事。不可筑室道谋，否则三年不成。

不可多话，要含章。好多言者，永打不入团体核心，是打入核心者皆守口如瓶。打入核心才有权势，有治国、平天下的力量。

必要找志同道合者，"二人同心，其利断金"，不在多少，多了反足以败事。大事业，人愈少愈成就。

有章美，仍得含之，"含章可贞"，"或从王事，以时发也"。"时然后言，人不厌其言"，说的不是时候，就成破车。一个流氓团体都有规矩，一个团体如各自为政，岂不成窑子了？成就事业得有一套。

武则天学尧则天。西太后有武则天之狠，但无其智。

身体好最重要，人如弱不禁风怎能做事？训练好自己，搞政治必要有实际行动。《戴笠传》可好好看，无神秘，其胆量过人，头脑致密。你们没那个境界，怎看得出来？是俗人，看的都是俗人。是伯乐，才看出千里马。他和你不一样，所以他做的事，你不知。

今天最需要人才。孔子搞一辈子，得结论：才难！"伯乐不常有，千里马常有"，有千里马，但碰不到伯乐，因为识才、知才的太少了。韩愈《马说》是最重要的一篇文章，人不是马，不必辱于奴隶人之手。

彖者，言乎象者也。爻者，言乎变者也。

"彖"，一指彖辞，即卦辞；一指《彖传》，即孔子所作，解释一卦；"象"，像此者也，《象传》，孔子作的。"智者观其彖辞，则思过半矣"，"彖辞"，一、"卦辞"，断一卦的；二、《彖辞传》，即《彖传》，孔子作的。看一卦的彖辞，就了悟这卦一半了。

"爻"，即爻辞，解释一爻。一爻一爻，层次一变一变，即"变"也。六爻，六变，并不是死抠抠的。"潜龙勿用"，正是待其大用；到"见龙在田"了，就"德施普也"，有大用了。

能读超出文句，就其乐无穷了！如"春眠不觉晓"，念不到二十句就睡着了，这是何等的境界！广钦（1892—1986）没有欲，可达此，修成罗汉相。他讲道时，大家哈哈大笑，因为真明白，这是功夫。

超出文句，才能入圣。人何以会失眠？因为已经不醇了，事情愈多愈是失眠。醇，才能入境界。

今天投稿数字数给钱，那韩愈就是生在今天，也得饿死。为文，应是贵精不贵多。一般人做事总是想得好处，怎么会有境界？插秧的还懂得有所等待，政客做事往往只想立竿见影。

现在是真正的社会大学……完全是欲冲昏了头，乃不择手段，所以都没有人样。人必自侮而后人侮之。

诸葛亮在隆中十年躬耕，必有沉潜的境界，"宁静以致远"。要头脑清楚，读书才能有很多想法。求学的黄金时期，不要有太多的俗务缠身。在学校如无宁静的时间，净为人跑腿，那将来到社会上能有一技之长谋生？

超凡，才可入圣。文，就在凡之中，超出文字，就不得了。"元者，善之长也"，如今台之证严，无人能超过她。"体仁足以长人"，多少人靠证严得以生存。

刘半农（1891—1934）为赛金花（1870—1936）作传，作一半即故去。

刘半农去世前最"出格"的举动，就是采访名妓赛金花。早在几年前，刘半农就从报上了解了有关赛金花的事迹，但众说纷纭，蒙在她身上的迷雾一直让人不辨真假，有人把她说成"民族英雄"，有人认为她就是一个出卖肉体和灵魂的妓女。刘半农觉得她是一个值得研究的传奇人物，应该趁她活着时调查清楚，揭开事情真相。于是便带着自己的得意门生商鸿逵前往居仁里的"江西魏寓"亲自采访。

风烛残年的赛金花没有想到大名鼎鼎的刘半农会来采访她这样的人，非常激动，决定接受采访，公开讲述自己的生平事迹。通过多次采访，结合研究历史，刘半农基本拂去了蒙在她身上的历史迷雾。刘半农采访名妓赛金花的事件引起了轰动，赛金花一时又成了社会热门话题。

刘半农去世后，《赛金花本事》才由他的学生商鸿逵整理出版。这是刘半农采访晚年赛金花后所写的传记，最具史料价值。通过这些文献资料，作者努力在红粉褪去之后，还原赛金花的本真面貌。

读书要懂得如何读，要超乎文字才能得深意。

吉凶者，言乎其失得也。悔吝者，言乎其小疵也。

"小疵"，即小毛病。"《易》为悔吝之书"，做人连点小毛病都不能有，多么不易！

做事必看清，要"约之以礼"（《论语·雍也》），"以约失之者，鲜矣"（《论语·里仁》），以礼约身者，失败的很少，千万不可以欲导行。

为中国文化得正本清源。中国步上轨道，天下就太平。我今天作一打油诗，为这一百年写段历史。

知人多难！"虽曰天命，岂非人事哉？"

无咎者，善补过也。

人皆有过，应最会补己之过。"善补过"，"补"字特别美！最会补过，才"无咎"。

是故，列贵贱者存乎位，齐（等，平）小大者存乎卦（变），

辨吉凶者存乎辞，忧悔吝者存乎介，震（动）无咎者存乎悔。

何以有贵贱？视位也。"列贵贱者存乎位"，是"存"乎位，非"在"乎位。

小不永远小，大不永远大，"齐小大者存乎卦"，六十四卦，即变。

《易》以"未济"终焉。"既济"最为整齐，但接着就"未济"了。人生是以"未济"终焉。

"辨吉凶者存乎辞"，"辞"，以示人也。天天奋斗，在趋吉避凶；但许多人忙得半死，从没考虑自己的吉凶。天下没有不孝的人能上极乐世界。出家，不孝之大者也。要懂得"本立而道生"，"孝弟也者，其为仁之本与"，免得到社会后，自己就迷失了。

"忧悔吝者存乎介"，善恶已动而未形之时也，于此忧之，则不至于悔吝矣。介，"其介如石"（《易经·豫卦》），石头直线断开，一点也不含糊。

"震无咎者存乎悔"，动无咎者存乎悔，得"不贰过"，有限制。贰过，就没法悔。

现在改造教育，如比不上长得快，就糟！

是故，卦有小大，辞有险易。辞也者，各指其所之（往）。

人世吉凶、悔吝、无咎，各有不同。《易》为君子谋，不为小人谋"，视其人是否有德，"不恒其德，或承之羞"，必自求多福。

何以泛论胡扯？"修辞立其诚"，"修辞"，应立己诚，不可以乱说话。用什么方法立己之诚？"率性之谓道"，"诚者，天之道；诚之者，人之道"（《中庸》）。是好人，何必尽想办法批评人家是坏人？如此，则有失自己做人之本。

说孔子"时然后言，人不厌其言"，时然后取，人不厌其取。孔子怎么说的？"其然，岂其然乎？"（《论语·宪问》）还打个问号。绝不可以乱说话。

一个人本与你交往不频，突然接近你，可要小心，他想利用你。

《易》与天地准，故能弥纶天地（应是"下"，见《经典释文》）**之道。**

"准"：一、拟；二、平、齐、等（朱注、来注）。

准，平；规，圆；矩，方。准、规、矩，三者缺一不可。

此天人境界，"保合太和，乃利贞"（《易经·乾卦》），"致中和，天地位焉，万物育焉"（《中庸》），与天地参矣，即"与天地准"。《大易》与《中庸》相为表里。

"《易》与天地准"，《易》与万物准，"万物资始，乃统天"，故能"弥纶天下之道"，支配一切天下的事。《易》开务成物，冒天下之道"，"弥纶"，即"冒"，两者时或换用，即赅括之意。

《易》与天地平，没有高低，所以能概括天下之道，一致百虑，同归殊途，"唯圣人能属万物于一，而系之元"（《春秋繁露·重政》）。熟，才能以简御繁。

"弥纶天地之道"，"天地"，《经典释文》用"天下"。泛论不如专论，应讲得完整些。"天地"，自天到地之间的空间，即天下，包含万有。《坛经》以空为"无所不容"。儒，"君子不器"，故无量、无限。有人将"空"当"无"，与有相对。六祖有智，以"空"为"无所不包、无所不容"。"有生于无"，"有""无"两者是相对的。"空"则与"实"相对。

《易》与天地准，故能弥纶天下之道"，是真理，非口说，应"默而识之"，是心里体会出来的。真明白，就在不言中，故曰"默而识之"。注入式的解决不了问题。

"生生之谓易"一句话概括之，天地包括万物，生生之象。性都一样，"民吾同胞，物吾与也"，故要尽己之性，然后推己及人，尽人之性→尽物（包含事）之性；有成就了，就与天地参矣！

能生物，就能用物，不白浪费，如兰屿岛的人能物尽其用。如有一件不明白，就不能与天地参矣。参，平视，平等，参于前。所以"致中和，天地位焉，万物育焉"，即"与天地准"，天人境界，"保合太和，乃利贞"。

"元生共祖，仁无际界。万物备我，均享天福"，据此原理以建设21世纪。

现在太乱了，绝不能随西方起舞，各有文化，应发掘自己文化。

外国学生在我六十岁时编《无隐录》。我以前凶，要他们磕头了才教。外国人就喜怪，不怪他还不上道。西方人永远不能了解中国文化，反之，我们也难以了解外国文化。

任何一民族的文化都不简单，也有其深意，翻译必将其含义皆译出，不是照字面译而已。汉语到日本，东丢西丢就成日本语，如"南京虫"其实是臭虫，大概是从南京带回去的。中国文化一过海峡就不一样。跟从外国人读中国文化，绝对不行。席文是我的学生。

席文（Nathan Sivin，1931—），是美国宾夕法尼亚大学教授，专业为中国科技史、中国医学史、中国哲学和中国宗教。

读中国书得发挥经义，要超出文字，知其后面之深意。

佛家的"空"，宇宙是空的，故无不容也。以心中一无所存为空，错，真是土和尚！空，才无物不能容。无分别心，才能慈悲。说慈悲，一定有对象。如空无一物，谈何慈悲？应完全一体，完全无分别心。

法天地，在法天地之能容。德行与天地准，即"与天地参矣"！

要动脑，用古人的智慧启发自己的智慧，"生今之世，反（返）古之道"，那是招灾。

《易经》，变经也，"不可为典要，唯变所适"，不可一成不变，故曰"学而时习之"。"生生之谓易"，"生生"二字才妙！看未老，其实已老了！但变，亦不可乱变，得变得恰到好处。至今犹觉合理，真有智慧。

父子之亲，但思想亦有别，虽不可说不，但心中有不。"一个人何以能看到一个是好的？就因为他没有看到别的好的"，我阿玛所言。追女孩，为达目的就曲成，曲成就成功夫了！十次革命，再干即曲成。

社会已至此，知耻者应辞职以谢天下，此即无能、争夺、不公，乃与之同归于尽。

讲书，在教你们怎么会想。一个知识分子不能导之以正，书白读了！人生就是人生，最可怕的是说欺心之言。应将聪明才智用在利他上。

仰以观于天文，俯以察于地理，是故知幽明之故。

"有所以"研究一个问题。"仰以观于天文，俯以察于地理"，"以"字，不可以马虎过去。观看天象、自然环境，到哪儿必以自然环境作为基础，看一切的问题。"真儒不是郑康成"在此。

文章是昨天写的，但思想仍是几千年前的，根本没有超越的境界。要有致密的头脑。什么也不怕，净做梦，要实事求是，要有实力，无论个人或是团体。冷战，不说话，让你受不了。

看文章容易，细想，真懂其所以了？必要有专学，才知其故——所以明、所以幽。

求"幽明之故"，得"俯、仰"，此为两个动作。还必要有工具，即《易》。必注意层次。了解现象，得求现象之所以。

原（动词）始反（应为"及"）终，故知死生之说。

"反终"，《经典释文》以"反"为"及"。"原始及终"，原始、原终，才知"死生之说"。"事死如事生"（《中庸》），非迷信，是礼也。"未知生，焉知死？未能事人，焉能事鬼？"（《论语·先进》）

《易》，"百姓日用而不知，故君子之道鲜矣"，没有智慧，能知其所以的太少了！能入君子之道即为君子，此乃智高者。

天天教书，何以没将学生教明白？不懂教育之故。必真明白，知其所以。知其故，一部《茶经》就养了多少人。人无一德以报天，应时时检讨自己。智慧之重要。

精气为物，游魂为变，是故知鬼神之情状。

"物"，是"精气"构成的。物自气来，"阴阳合德，刚柔有体，生生不息"，不生，非缺精，而是缺气。

"气"，今已高度神化了！孟子称"其为气也，至大至刚……直养而无害"。天天喝饮料，不喝白水，是服毒，非"直养"。无按自然之道，完全按欲养。"直养"，顺自然，吃得愈粗愈健康，原始的。反对冷饮，小家伙天天吃，最后都出毛病。不顺自然，什么都改变。

阴阳之气，亦应顺自然，"直养而无害"。见好东西就吃，绝无考虑，坏！恋爱开始，就应检查身体，否则不生。造就一个孩子好麻烦，人生就一个"苦"字！人生绝没幸福可言，可能一个月一次自内心真愉快。就是好梦也难求，连梦都在苦境。人生不容易，不必自欺。好梦都没有，会有好的人生？

我自十三岁寄人篱下，哪有快乐可言？民国十三年（1924）以前，犹处处见有人性。我在这里绝看不到人性，才喊"不信人性唤不回"！

主张优生、优育、优教。有人之处就有华人，怎么堵？

慈济也界，有际有界都不好。中国人是有智慧的人。"天下一家"的思想，以有余补不足。今天还讲"独立""出埃及"，真是落伍！中国人在人类中是最有智慧的民族，包含好坏。把中国弄好了，乃世界之福、人类之福，要先天下之忧而忧。

老祖宗在那个时代何以有如此深的构思？今天应更仔细，每一问题谈得更为清楚。

"游魂"，《说文》称："魂，阳气也。""精气为物，游魂为变"，由小到大也是变，由小到老也是变。

"鬼"，归也，终也；"神"，始也，伸也，能妙万物。"情状"，类万物之情，情状，有喜、有不喜，非形状。形状，如器物、铁，各有形状。连植物，亦有情状。

幽明→死生→鬼神，想法多么致密。

与天地相似，故不违。

相似，就不违；违，就不相似。

既与天地相似，故不违天地。"不违"，距离不远。忠恕，违（离）仁不远，忠恕未必是仁。

"不可为典要，唯变所适"，变，必有本源，要变所适，建设21世纪即变所适。如塑成在屋中读一辈子书，还未用，就糟！

宗教则不能变，咒讲明白，就没人信了。能变所适，怎么说都可以。谁看都懂，才叫文化。伏羲以八卦教民，绝对易于明白。

《论语》冷静读，其实是白话。书读百遍自通。

知（智）周（包）乎万物，而道济天下，故不过。

"万物"，自然界天地所生。天能生物，人能役物。"道"，智周万物的结果，能济天下之不足。

"智周万物，道济天下。"宇宙是一大天地，人是一小天地，相似而不违，所以先尽己之性，以此普遍了解万物，以得出之道济天下，"故不过"，恰到好处。

人的智慧，只能跟自然界跑。"与天地参矣"，"参"，平视，同"准"，平的。役万物，使天下无废物。"不过""不流"，超不过，在自然界打转，将研究的结果，济天下之不足。

将《原儒》当小说看。我读书，必求明白，将引书查出注上。法古人如何用脑。

旁行而不流，乐天知命，故不忧。

有轨道可循，所以"旁行而不流"。

"天"，行健，"天命之谓性"。"乐天知命"，乐健知性，故"不忧"。"未若贫而乐"（《论语·学而》），乐天之道，行健为医贫之不二法门。什么都操之在己，还用忧？忧，乃不知己也。自试，有无尽的盼望。冒险，押宝，则输赢也没有把握。有自信、有步骤，故不忧。

"苟日新，日日新，又日新"（《大学》），"在天曰命，在人曰性"，"五十而知天命"（《论语·为政》），"五十以学《易》，可以无大过矣"，"性与天道，不可得而闻也"（《论语·公冶长》）。乐天之道，知天命之所在，故不忧己私，先天下之忧而忧。

安土（本）敦乎仁（生），故能爱。

形而上者谓之"元"，形而下者谓之"土"，即生之本。"安"字妙！"安土"，故能尽地之利，"小人怀土"。

"安土"，就能"敦乎仁"，所以"能爱"。"敦"字是功夫。仁，杏仁、桃仁、瞳仁。尊生，仁者，生之本；土者，生之用。仁者，己欲立而立人，己欲达而达人。"爱"，得有"土"与"仁"的本钱，还要有"安"与"敦"的精神。以智慧所得结论，帮助天下，同归于仁，"安仁者，天下一人"。

我有生以来，无如现在安定的环境。应多动脑，散步也可以想。古人凿壁偷光能有成，今人什么都不缺，就缺功夫。聪明，老想巧取，所以净抄袭。

不要有功利境界，当下棋、品茶，不急。品茶，不要太热，否则品不出味来。静时静，急时急。品茶、玩经，是最好的时刻。是好茶，什么点心都不吃。吃点心，是茶不好。先品茶香，再喝。

买茶末，至少是中等茶。会吃人参的，买参须，什么都有，一样有养。有些人吃茶，野蛮，根本不懂。文化什么都是固定的。

范围天地之化而不过，曲成万物而不遗（漏）。

"天地"，犹有范畴，故曰"范围天地之化而不过"。《易》与天地准"，当然能"范围天地之化而不过"。恰到好处即"不过"，在"范围"中。"不过"即"中"，何以不说"中"？

天下事，"毋固、毋我"（《论语·子罕》），顺物、事之性，方可"曲成"，"曲成万物而不遗"。不流、不过、不遗，"范围""曲成"，自然之德。一部《周礼》"体国经野"。

乱哄哄，即无知、无识，不知己、不识环境，怎能成事？

全部都得到，用什么方法？即下"曲成"的功夫。"万物"，包括万事。

屯卦，看篆字的结构"屮"，"一"即地壳硬，上面竖着的嫩茎、下面弯曲的细根，就是拐弯抹角也要达到"生"的目的。

有人往那儿一站，就知其不学无术。要有阴谋者如曹操，才能成功。"曲成"，不能走直线。"曲"，才能"成"，不开门见山。你大哉，我就至哉！看齐天大圣怎么变化，也跳不出如来佛的手掌心。所以"不过"，可以照常睡觉去。他跳不出，自会请你帮忙。

空，才能无所不容、无所不包。不想做先烈，你硬我就软，你软我就硬。达到目的而择手段，顺势、识时。如有一人上台都不骂，专讲治市之道，绝对成功。成功要有一"曲"字，达到成万物而不遗。包容万物之多、之繁，才不超出范围之外。天地之化都不过，况人事乎？要用知识范围天地。

知己、识时，是由"曲"而"成"的，一个也没有遗。应知如何办事，不是站在舞台上非打不可。要知"戒急用忍"，如同铸物之术。

万物生在天地之中，与天地参，一切都超不出自己的控制中。万物、万事不遗，必要拐弯抹角，则此成功是必然的，并不是侥幸的。如只有一半的把握，就不可以办事。一个也不遗，是上帝的德。处家也得懂得"曲"，看太太的颜色不对、声音大了，就要避风头，一个巴掌拍不响。

做事是要成功，一事都不可坏，即用"曲"字诀。

不可因为儿女是自己生的，有错就打，应多解释。孙子说："都十岁了！"我说："爷爷多个九……"

小到钻缝都可出来，胆大心细办事，此为老师不传之秘。如此读《易》，故一生净做铤而走险的事，仍能活至今。

《系辞传》应非圣人不能作，如此致密的头脑！你们应受启示，再进一步立说。21 世纪应有新哲学出。

通乎昼夜之道而知，故神无方，而易无体。

"通"，知其所以然。"昼夜"，幽明。

"无方"，无方所，无所不在。方所，东西南北中。"神无方"，神无所不在，所以"无方"。无方的，即神。神在妙万物，万物即神之用。神，体万物而不可遗也。

"易"，变也，刹那刹那在变。沙漠之上，犹有水草。白变黑，易；黑变白，不易。通神明之德，类万物之情。易，是生生的象；生生，是易的作用。"易无体"，无体有象的为易。

神之体，阴阳不测。神，妙万物而为言，到处都是神。哪一类的鸟、猫、狗叫声都一样，只有人方言多不一。

今天就是伏羲来听《易》，也必交学费。

吃什么犯戒，人立的规矩，乃人之为道。成佛不在吃素，而在不杀。无故侵害别人，即坏。没想，怎知想不可以？看小孩想些什么，要试验，不要主观，人性都一样。都有所求，哪有空？还有欲，想成佛？反对宗教造成许多人有罪恶感，人成熟了必想。反对未成年出家。

我结婚太早，没机会再想别的。师母长我一百多天，光绪三十二年（1906）生。乾隆生于雍和宫，我在此皈依九世班禅。

《静思语》婆婆妈妈，错字百出。讲《静思语》，还不如讲《论语》。

《易经》是讲唯物，无一空话，再现实也不过。多么真实！何以要讲成迷信？宗教是情操，不可以怀有罪恶感。

《易》为智海，必有面对问题的智慧。最近大局的变化，必要有面对的智慧，智慧，包含定力。培智的目的，在面对问题，适时、顺势、乘势、制势，乃至造势。曲成者，顺物之性，以自然之势，不加"固、我"之私而成就，乃求达目的必择手段，圣人虽不能生时，而必可造势，此宇宙之所以见新也。

读《原儒》，知儒者之当为；行为没有改变，白读！

第
五
章

一（管理）阴一阳之谓（就是）道，继之者善也，成之者性也。

什么叫易？一阴一阳之谓道。"一"，动词，管理、控制。管理阴与阳的就是道。道生阴阳，道生两仪（象），道生天地。太极生两仪，道生两仪，由隐之显，一致而百虑，殊途而同归。

讲义理，即思想，非卜筮。要学会用脑。脑死，就办糊涂事。

看《乾坤衍》，熊子（熊十力）不主张"乾坤并建"。所以此"一"应当动词用，"一阴一阳之谓道"，管理这个阴阳的就是道，即道是老爸。

讲"一阴一阳之谓道"时，尚无天道之观念。"一阴一阳之谓道"，是指道之体；"率性之谓道"（《中庸》），乃指道之用。

"大哉乾元，万物资始，乃统天""至哉坤元，万物资生，乃顺承天"。"一乾一坤之谓元"，元，含乾元、坤元；"一阴一阳之谓道"，道，含阴、阳。读书不易！元，如一个瓜，有阴阳两面。称"元"与称"阴阳"，亦非一个时代。"立天之道，曰阴与阳"（《说卦传》），三才（天、地、人）之一。

乾坤、阴阳，每个时代使用的名词不同。如自己都不明白，怎么讲明白《易》？

"继之者善也"，"继"，是主动的；"元者，善之长也"，"善"，是"继之者"，前有老祖宗——元。前为善，那跟着的岂能不善？"继"的原动力即"机"，亦即善。

中国把"善"看得重要，善人，"不践迹，不入于室"，自师其性，"率性之谓道"，性善。"善人为邦百年，亦可以胜残去杀"（《论语·子路》），没有残暴、没有杀戮，是什么境界？孔子说他为政，"三年有成"（《论语·子路》子曰："苟有用我者。期月而已可也，三年有成。"）。如真想学智，要好好读书，胡扯八瞎不行。

"成之者性也"，"率性之谓道"。"率"，即顺着；"率性"，顺着性。"之谓道"，"之谓"，就是，就是道，即人之道，以《中庸》作比方，即"诚之者，人之道"。"道也者，不可须臾离也"，"成性"，加上"存存"的功夫，"成性存存，道义之门"（《系辞上传·第七章》）。这些如把持得住，就能写书。必要脱胎换骨。

"元者，善之长"，元，是"善"的老大，故曰"止于至善"。父亲是善，儿子也是善。

中国东西实比佛教高明，但佛也是智者，自《金刚经》可知。我在家说《法华经》最好，我母亲高兴。宗教不许人争辩。

"性善说"有根据，但要举例。历代主张性善者，理论仍不足。

仁者见之谓之仁，知者见之谓之知；百姓日用而不知，故君子之道鲜矣。

"见"，音 jiàn 与音 xiàn，两个境界不同。仁者见仁，智者见智。百姓日用而不知，每个人皆有君子之道，但不知其所以。

学者看其专学，可以一天都不动，发呆。如不会用脑，早晚成"第一夫人"，哀家！

《中庸》云："夫妇之愚，可以与之焉，及其至也，虽圣人亦有所不知焉。夫妇之不肖，可以能行焉，及其至也，虽圣人亦有所不能焉。""率性之谓道"，由此看出"性善说"的重要，是与生俱来的，不用学。

显诸（语词）**仁，藏诸用。**

"显"，自内而外；"藏"，由外而内。显仁藏用。仁者，爱也。"安土敦乎仁，故能爱"（《系辞上传·第四章》）。"显仁藏用"，即指自然界（天地）。何以今天丑到极点？丑得都不能活了！

"用之则行，舍之则藏"（《论语·述而》），行仁藏用，如解成不用我就藏起来，岂不成兔子了？是"藏道于民"，"藏用"。成就在自己，不在乎别人抢夺。天地，"生而不有，为而不恃"。藏用之爱，生生之爱，"生生之谓易""生生之谓仁"，易，变也。自然界之爱，无量，能"鼓万物"。

我什么都不吃，才精神；你们净吃垃圾。每周上医院、每天吃药，不论有无病，妙不妙？

鼓万物而不与圣人同忧，盛德大业至矣哉！

"鼓万物"，乃自然界、道、天、宇宙。"鼓"字，用得妙，"生而不有，为而不恃"（《老子》），天德，生完，喝茶去了！

中国人的智慧，一字之妙！"鼓"万物。"万物皆备于我"，良心之言。鼓万物者，"生而不有，为而不恃"，生完万物，不自私，使人觉得"万物皆备于我"。自然界"鼓万物"，"万物皆备于我"，但无法忧天下，"不与圣人同忧"，所以被恶人霸占了，多取别人之所有。

圣人能忧天下，"先天下之忧而忧"（范仲淹语），见道之语。圣人忧天下，圣德，贵通天下之志、贵除天下之患。

"鼓万物"者，公，"生而不有，为而不恃"。生来，就面对生。家中有情，尚有障碍。有障碍，必然之事，何必忧？就是吃饭，也会碰到沙子。

"圣"，是个标准，达到即成"至圣"。没有一定的标准，视你的程度。见仁见智，每个人都认为自己代表真理。

圣人"通有无"，比自然界伟大。今天台北医生过剩，而乡下如何？慈济不必舍近就远，可以济全台。求真不易，按直道行事之人，即真人。

盛德大业，"富有之谓大业，日新之谓盛德"（《系辞上传·第五章》），见熊十力先生在《原儒》有关解释："富有之谓大业"，人能体现天行之健，而富有创造力，故屡成大业。"日新之谓盛德"，人之智虑、德行乃至一切制作，如群纪、政制及器械等等，皆日新而不守其故，是德之盛也。

"显仁藏用",《易经》多实际！得对别人有实际的好处。仁者爱人，仁者无不爱也。真正中国学者也不杀生。孟子是伪君子，"闻其声，不忍食其肉。是以君子远庖厨也"（《孟子·梁惠王上》），"亚圣"都没资格。孔明，实是最大的"伪君子"！历代皆如此，政客骗人，说什么"鞠躬尽瘁，死而后已"（诸葛亮《后出师表》）。

读书，要求真知。岳飞是大老粗，书没读明白，一出山就喊"迎二圣还朝"，将置"三圣"（宋高宗）于何地？并非秦桧要杀他，乃是三圣要杀他。政客不可以乱说话，有时就自毁了。

《易经》非对付死人，乃是对付活人。读历史，要以诸葛亮、岳飞作为前车之鉴。说千言道万语，就在说一个"伪"字。人不欺世盗名者，少！

慈济，显仁。中国有佛教以来，就一个证严。尼姑无一做事的，就证严真做事了。佛光山选一百个和尚，证严未在内，分明是"司马懿之心"，就嫉妒！智比不上鸡，德能及得上证严？嗜耍小聪明者，最愚！一个人最下贱的，是嫉妒。

仁，非用嘴说的，必要行出来。何不检讨自己？要做，不要没做事，先作秀。扁无政治智慧，"为治者不在多言，顾力行何如耳"（《史记·儒林传》），多言的是教书匠。

《易》之道，即君子之道，每天都用，显仁藏用。"百姓日用而不知"，都在日常生活中。冷眼观，社会事变化之快，究竟什么代表真理？不要自欺，真明白，太可怕了！

"大人者，与天地合其德，与日月合其明"（《易经·乾卦·文言》），设若无天地、日月，那宇宙会如何？宇宙没有了日月，则什么都没了。

要快快学，这块土最不了解中国文化，谁又从头至尾看过几部书了？你们太骄傲了，其实七百字都写不出。先问自己能做什么？人有一件事精，就有饭吃。不要件件通、件件松。要下精一的功夫，"惟精惟一，允执厥中"。

有无应事之能？一无所知，何以至此？万般不与政事同，不是干自己的本行，如何有成？自己要认识自己，不是做梦就完了！

天地无心而成化，"生而不有，为而不恃"，公。圣人有心，必得忧，"先天下之忧而忧"。有所不为，才能无所不为，绝非人家叫他做什么，就做什么。法天地之化、造物之妙。

有心就有欲，所以人一有好东西，就说是自己的。人一有了私，就完了！所以仁者不忧己私；智者要利仁，当然不惑于欲；勇者见义勇为，当然不惧。

得学天地的无私，盛德大业至矣哉！圣人不忧己私，而忧天下之私。

《易》自哪里来？伏羲何以要画八卦？

伏羲讲神、明，"以通神明之德"；要类万物，"以类万物之情"。每个物都不同，必有其情，"六爻发挥，旁通情也"（《易经·乾·文言》）。经过那么多的问题了，才知道生生之道。生生之谓易、终始之谓易，始、壮、究，终而复始，生生。第一卦乾、第二卦坤，即讲始、生。

易是什么？生生之谓易。八卦象征什么？"天、地、水、火、雷、风、山、泽"，都是自然形象，没有什么神秘。

船山的"乾坤并建"说，熊十力批评成为"二元说"。元，"大哉乾元，至哉坤元"，"一乾一坤之谓元"，"一"，是动词，管理、控制。

认为有问题，必要有证据。船山讲《易》，为其自家哲学，代表一家之言。要冷静地裁判一件事，不必盲从。人皆借题发挥，未必真明白。追问他何以如此说。认识不对，当然愈讲愈远。看注，比看经还难。

得了解一个学术的时间性。《易》开始讲"乾坤"，距离讲"阴阳"的时代已远，此乃学术的演变。

时间特别重要，"圣之时者"，过去的就过去，不必留恋，要追上今天，讲"学而时习之"。

我们生也晚，前人说法都接受。但读古书，得有裁判之智慧，要还原。《系辞传》中，有许多时代的东西凑在一起，并不属于一个时代。如："道"到元，"元"到太极，"太极生两仪"。

懂得要点了，则可见《系辞传》的演变。"两仪"，如仪仗队，是立体的；"阴阳"，则是看不见的。要知道怎么读书、怎么慎思。"易有太极，是生两仪。两仪生四象，四象生八卦……"都有层次，确能启发人之智慧，但要下功夫。

对一问题不深究，就靠一点聪明智慧乱扯，虽是怎么讲都可以，但如要研究一本书，则必须根据这本书，不可以掺杂其他的。

有智慧，做事可以有条不紊。如不能自理，乃没有真明白。是性分所固有的，乃有许多聪明智慧。但用上与否，又是一回事。

我讲"毓氏易"，怎么理悟、怎么讲，可能成《五经串珠》。

发而皆中节，良；发得不中节，不良。孟子称"良知良能"，就是主观。"良知良能"，用词有毛病。所谓好、坏，都是主观的。

人的性分中，就有"知"与"能"。知、能，喜、怒、哀、乐、爱、恶、欲，使之发而皆中节，即"和"。

"知、能"，在使之发而中节，并无所谓的良、不良。中节，即礼，谓之和。礼者，天理之节文也。《论语·学而》称："礼之用，和为贵。先王之道斯为美，小大由之。有所不行，知和而和，不以礼节之，亦不可行也。"

不要拿任何东西当成宗教般迷信。人不要存伪，必要说真话。中国人讲"存诚"。人没有什么区别，之所以有不同，乃"环境使然"（《孟子·梁惠王上》"富岁，子弟多赖；凶岁，子弟多暴，非天之降才尔殊也"，乃环境使然）。"闲邪"二字最美！"闲邪存其诚"（《易经·乾卦》），"闲"如同篱笆，要将"邪"围起来。存己之诚，并非没有邪。"闲"，是功夫。"致良知"，乃当作宗教信奉。闲邪、发而皆中节，皆功夫。

北京故宫外朝"三大殿"——太和殿、中和殿、保和殿，好名词都用上了。"保合太和，乃利贞"（《易经·乾卦》），"致中和，天地位焉，万物育焉"（《中庸》）。

人好话说尽，坏事做绝。我有不入耳之修养。你们太师母说："立贤孝牌的女人把情郎送，受戒的和尚开了荤，世界上哪有好人？"我至今犹未坏至此。今台天天有乱伦事，教书人应发挥作用。今天没有一家小孩不接送，真成"孝子"了！坐公交车，也有劫车的。不要再儿戏了，绝不能再等闲视之。许多人就每天大言不惭，而绝不检讨自己。

《易》的文章，真是无韵之骚体！自本文体会，圣人之书，不是要和我们捉迷藏，是要人一目了然。

我能教书，要归功于我老母，她天天琢磨我。我最怕晚上她一有闲，我就完了！昔人得每时都有用，使"经史子集"到一个境界。

船山之履历：为明末清初人物，为全德之人，读一辈子书，用功，亦会用脑，遍注群经。讲学的人必要有德，否则没有生命力可言。

"民胞物与"，不管人类，连动植物在内，都是"元胞"。元生共荣，千万不要有战争，战争多苦！

春秋战国时期，中国百家争鸣的时代，诸子百家兴，人才辈出。何以古人会想得那么美？《离骚》多会讲情，今人焉能懂得情？就如同猪狗般。

我喝茶，瞪眼想，借机温旧书。你们读书就如同獭祭鱼般，我对书可都是烂熟在胸，走路、散步时都可以想。也曾到德、日学军事。

要在"能"中成长，好好学、好好玩味，才能成长。大杂烩写出的，就语无伦次。

何以如此混乱？人性之乱，怎不令人惊心动魄？今天虽有智者，亦莫如之何矣！为子孙忧，将来怎么办？

我居心不良，来台无一天不和当地人在一起，因为要了解同学，必要和他们有接触的机会。

我养成"嗜欲浅"，所以头脑清楚。我在蒋家时代，绝不写歌功颂德的文章，守节是在守；我在日据时代不是汉奸，可以看出我有多古怪。你们后悔的日子在后头！要好好培智，"嗜欲深者，天机浅"。

凡事要有所守，知所节制，守分。人身体要好，要从年轻保养，否则老了都兑现。就自律，不必管别人，净东家长西家短的。我自己烧菜，少放油。暴发户没知识，无知，不懂得怎么卫生。我每餐必有姜。春天不吃酸，吃点甜的；夏天吃姜；秋天，稍进点补；冬天一定吃萝卜。绝不喝冷饮、洋玩意儿。"食时"，吃当令蔬果，既便宜又新鲜。

"精、气、神，人之三宝"（道教内丹学称精、气、神为人的"三宝"）。律己不严，还想有好的身体，做梦！要学我的精神！人皆有雄心与野望，身体强健才可达成。比我强的，现在都走了，曾约农（1893—1986）、鲁实先（1913—1977）。

什么神秘都没有，就必律己乃能健康。我就是心脏不好，因为以前人都是真干、拼命。我现在每个月看一次医生。

以前管儿子的都是母亲，母教之可贵在此。必要恢复华夏文化的本来面目。中国不强则可，醒来就精神饱满。

思路必要有层次。学术是演变的，随时而变。今后必用中国思维方式想问题。善思维，天天琢磨。中国东西确实高过别人，祖先有头脑，历代都有点成就。

我的一代之所以没有成就，乃因不善思维，净盲目接受。我，善疑。宗教主本身并不坏，是后人愈传愈乱。不能不分时代而乱为文，否则会语无伦次。我别无所长，来台就在屋中读五十年书，听新闻时也想，想成习惯了。但不要妄想，净把妄想当成志了。

真小人比伪君子好，大坏人比真圣人好。史上用坏而有成就的是曹操，几年建立魏朝根基，但又存在几年？读史，亦得读活史，才有用。清朝，康熙、雍正二帝值得研究。你们每天不知为什么活、没有目标，彷徨焉能成事？必要有目标，才能奋斗。人必要深思熟虑，不可以什么都不懂就批评。好自为之，必要有几部书好好读。

要有策、有略。明白了，才知道怎么认识真的，此为大智慧。智慧，是与生俱来的，但要加上后天的修养。看刘邦应世（事）之术，入关中，就"约法三章"而已；赶车的说迁都不行，他就不迁都。

汉初有三杰，不养才怎么行？曾文正即成功于幕府，善养天下士。

读书，是在解决问题。懂得"义之所在"，最是不容易！

环境不好，不一定死。怕死，要死也不行。我什么危难都经过了，但也不死。说有"日月菩萨保佑"，其实是自我陶醉！佛教是了生死。

中国人尊生，一部《易经》即讲尊生，"生生之谓易"。经，乃是后人尊崇所加的。《大学》"明明德"，要叫天下人皆尊生；"新民"，是在卫生，连动物亦都卫生；"止于至善"，是荣生。《大学》第一教我们要懂得"生"的伟大，下的功夫是"知止"，知止，而后有定、静、安、虑、得。

儒家讲解决人生的问题，"通变之谓事"，对"变"通了，就是"事"。书呆子，则只知其一，不知其二。批评者根本不认识一千个字，只认识六百个字还能处事？

遇事，必要用脑。物资有尽，要修无尽，佛家有"无尽意菩萨"。

无尽意菩萨，是东方佛国的大菩萨。无尽意菩萨，能含受一切佛法，发心无尽，欲将五浊恶世等无量世界，转化为佛国净土，又要调伏无限刚强众生，使他们成就佛果，故称为无尽意菩萨。

能见义，至少勇为，"见义勇为"（《论语·为政》"见义不为，无勇也"）则"近于仁"（《中庸》"力行近于仁"）。赞美文天祥（1236—1283）、史可法（1601—1645）忠义，是谁逼死文天祥、史可法的？

清末出一王国维（1877—1927），他部分殉清，实际是殉道。他早就见道了，知会有这么一闹，中国文化为之破产！王国维为中国文化而死，1927年6月2日自沉于颐和园昆明湖中，是为时代而殉。

一个没有文化的民族，是绝对站不住的。要冷静读历史，不懂知识，又如何求知识？就是求了，也不懂得用。何谓善知识？

"地势坤，君子以厚德载物"，是母亲之德。不能发掘人性，永远不能成大事。现在人很少有"人"的行为，再不自警，完了！禽兽，父子之情短，就弱肉强食。"孝弟也者，其为仁之本与！"本立而后道生，很有道道。

变，最难，不能一条道跑到黑。责难者的境界不高，头脑要清楚，"嗜欲深者，天机浅"，沾事者迷，是尾生之信！

都读过《论语》，何以用不上？怎么会买，也不如会卖的。天下没有尽占便宜、巧取豪夺之事。

人识机最难了，有欲就失机。依此类推，可以了解许多事。类情了，故通三昧（一、谓屏除杂念，心不散乱，专注一境。二、奥妙、诀窍）。真懂得人生三昧了，绝不吃亏。依此类推，都能发挥。怎么处事？"通变之谓事"。

《金刚经》破我执，不执我（《金刚经》"若菩萨有我相、人相、众生相、寿者相，即非菩萨"）。台人遇事想自己做主，错了。做判断时，要找幕僚。一方水土一方人。

我"长白又一村"。前一村，为中国划一地图；又一村，讲学绝不掺外来东西。成就的高低，在于功夫高低。"天行健，君子以自强不息"，"地势坤，君子以厚德载物"，做领袖必要有心胸，逐欲绝不能解决问题，要用智慧解决。

在书院读八年书，《论语》都没懂。读十八年，仍在幼儿园境界，净学口耳之学。

我今天所讲"用心"，此"心"非肉心，乃本心。

社会上无永远两个或一个的，要串门。变了，生了一个大儿子——震，"帝出乎震"，帝，一切主宰。阴阳不交，能生生不息？"乾施坤受"，机微，成形了。"时"与"机"有别，时不对，乃"苟合"。

文字，一时代有其观念。书有古今，智慧无古今。腐儒没有生命力。没智慧乃自陷，咎由自取。环境都能影响你，常人也。脑中自有审判，人各有格。

非讲文章，而是活学问。人有形形色色，标准在己，仁者见仁，智者见智。求真知很难，一知半解足以贻祸，比不上"百姓日用而不知"。

胡适会用时、用机，机心太重，是"怕老婆协会"会长，说江冬秀是"母亲送的纪念品，要好好保存"。

我没有什么大能，但绝对有心，因此绝对守身如玉。"长白又一村"，要好好奉元行事。读书，是没有毕业的，死了才毕业。

领导人绝对要真知，"得天下英才而教育之"，要定功课表，追踪。要对这块土尽责，力争上游。我天天啰唆，因为同病相怜。

十年至此，就因为不学无术。万般不与政事同，何等高深莫测！今天从幼儿园学到博士了，也不能治天下，赵普"半部《论语》可以治天下"。

盛情难却，义不容辞，义之所在；批评者愚劣，不学无术。学就有术，没有贵贱。

《孙子》读了，还没做"爷爷"。《人物志》读了，女朋友也没交好。《人物志》知人、知物、知事。《孙子》与《人物志》，有时间就看，熟能生巧。

"显仁藏用"："显仁"，爱人、爱物，为人所见的都爱；"藏用"，很会用心，用智慧。显用，即作秀，用要藏。

我讲这么多，是"忧"，传给你许多"术"。

学，学大。《学》《庸》好好悟，可成为处世高手。大学毕业，学大了？有无知"大人之道"？学生，要懂尊生、卫生、荣生。生存，可不易！一无所求，故一无所得。所学非所用，弄得一发不可收拾。没人管理，就不守时。

中国人是则天、法自然，要去私。可忧，面对生，不能不忧。但不忧己私，而是忧天下。天下观，无际界，中国人讲天下平。

华夏学菀：万物并育而不相害，道并行而不悖。

"菀"，万物丛生，秦汉时有上林苑。

上林苑是中国秦汉时期的皇家园林，秦朝始建，汉武帝建元三年（前138）加以扩建。上林苑地跨长安、咸阳、周至、户县、蓝田五县境，纵横约 124 千米，面积是日本九州岛的一半或是中国台湾地区大安溪以北的面积。

上林苑地域辽阔，地形复杂，有极为丰富的天然植被和人工栽植的树木。近旁豢养百兽，放逐各处。还设大量台观建筑及供应皇室所需的手工作坊。

司马相如（约前 179—前 117）作《上林赋》："终始灞浐，出入泾渭；酆镐潦潏，纡馀委蛇，经营乎其内。荡荡乎八川分流，相背而异态。东西南北，驰骛往来，出乎椒丘之阙，行乎洲淤之浦，经乎桂林之中，过乎泱漭之野……"可见其包含之广。

"天下一家，中国一人"，道不远人，鼓万物，哪里的猪都一样。"舟车所至，人力所通……日月所照，霜露所队（坠）"，此为中国，即中道之国。中，是道之标准，"入中国则中国之"。

《学庸》（《大学》《中庸》合称）皆讲"慎独"，明白后做人，自度自觉。

富有之谓大业，日新之谓盛德。

见《原儒》的说法，熊十力的解释甚好。

读书手要勤，所引的经找来，注明哪书第几页。引过这几句话，有利于后来著书。做卡片即是财富。

读书要细心，坐着慢慢磨，"学问之道无他，求其放心而已矣"（《孟子·告子上》）。孙子问："爷爷不考试，读什么书？"我不会心算，小孙女骂："小时候不努力！"

"富贵在天"，天爵。能日新，就是盛德，"苟日新，日日新，又日新"，"苟"，诚，真的。不自欺，就是真。人最大长处就是自欺。能欺人，高明！天下无笨人，想明白了，就不理你，"人之视己，如见其肺肝然"。最低限度，要下"可欲"的功夫；其次，为"克己复礼"。最聪明者最愚，聪明过度。

对一事，慢慢达目的，最后下定决心。克己之欲，人知欲不好，却天天用欲。欲如"可"不住，就不能成型。一举一动即告诉人，自己是哪一等人。为文，就看有无文德。

做事要低调，高调是作秀。天天算计人，心里不愉快。人生最苦的，就是求不得之苦。两条腿的人满街跑，真明的人太少了！真不怕死，就是英雄，何不死得光彩？不要糊涂，必要明。是人，推己及人，就能了解别人。冷静观，可以学很多事。说话，代表一个人的人格，各说各话。

世事就是一盘棋，棋子要怎么摆？

我对《易》烂熟在胸。你们会处理事，通变了吗？"通变之谓事"。

脑子培养固重要，本钱亦重要。世情瞬息万变，但百变不离其局（范）。

活《易经》，活学问。冷静读经文，注解皆画蛇添足。大纲明白了，智慧没有新旧，古人智慧的结晶，就看你怎么接受。要懂怎么以古人智慧启发自己的智慧。

待价而沽，是古玩店老板；待贾而沽，要找识货的，找好的婆家。两个境界。画假画的都说是"真"的。

自己好不够，必要注意左右人是否好。取名《经典》杂志，但中国人思想是"不可为典要，唯变所适"，适时位、适新。

昔日帝王不要人有脑，今天应是有脑子的人对中国文化正命之时，不可以再说糊涂话了。

《易》为中国文化之源，《易》为五经之源。何以要画八卦？要通神明之德、类万物之情，使每个物都能适应这个环境。

溥儒的书画，上品、绝品，用"羲皇上人"印；次级品，用"天下一腐儒"印；第三品，用"西山逸士"印；凡品，没章。但他的弟子所造的假画，也都有这些印。假画，图章齐全。

《金刚经》是智慧的产物。宗教主是圣者，可以见贤思齐。知识分子千万不要迷信，心净就是道场。

生生之谓易，成象之谓乾，效法（则天）之谓坤，极数知来之谓占，通变之谓事，阴阳不测之谓神。

"之谓"，就是。生生就是易。何以不说"生就是易"？两个生的层次是什么？"生生"与"生"不一在什么地方？应世用智慧，智慧是活的，"智者乐水"（《论语·雍也》），"逝者如斯夫，不舍昼夜"（《论语·子罕》），但水之德在牺牲，"盈科而后进，放乎四海"（《孟子·离娄下》），即填天下之不平，不是捡便宜。

生了又生，生生的象就是易。生生是终始，终始是明，"大明终始"，"在明明德"。

"生生之谓易"，就因有无量的藏用，才能生生。藏用，看不到的生机。第一个生，神，元神；第二个生，明。易，生生之谓，换了，换新，新新。自观察自然界而下的结论。

通神明之德，日日新，时时新，刹刹新。有福与否，皆操之在己，自求多福。

生生，换新、换班。一呼一吸，就是"新"。调节万物，使之适合这个大环境，使之发而皆中节，即"和"。

"致中和"，要下什么功夫？"通"与"类"。"中"与"和"合而为一了，才能"天地位，万物育"，"大人者与天地合其德"，人与天齐。知止，而后有定、静、安、虑、得。

我绝对主张统一，爱国。有守，足以有为，"十有五而志于学，三十而立"（《论语·为政》）。

《易》，不留，境界高。佛教，不着相。"逝者如斯夫，不舍昼夜"，唯变所适，以水形容。

《易经》，"经"是后人所加，为了尊崇。不易，就没法生生。《大易》之道，百姓日用而不知。不知其名，可知其实。圣人说话，是要叫人懂的，并不是要与人玩捉迷藏。真明白一年所讲的，应世绝对是顶尖人物。心之机，心机。人精神一到，何事不成？不用脑，乃没心，怎会成功？

"成象之谓乾，效法之谓坤"，乾为君，坤为臣，算命书老讲"君臣"，为主者为君。君臣，即主从。汉医亦讲君臣，《内经·素问·至真要大论》谓："主病之谓君，佐君之谓臣，应臣之谓使。"

"成象"，乾；"效法"，坤，顺承。象的是乾，受乾施而成物的是坤。"乾刚坤柔"（《杂卦传》），"阴阳合德，而刚柔有体"，不合德，就不能生生。"效法"，顺，跟着跑，"至哉坤元"，跟定了！"至"，有际而无间。说"这个人很能交际""挑拨离间"，"际"与"间"不同。

读一段，沉静两分钟，绝对明白。天天想，想习惯了，"瞪眼想什么？"自己训练自己，不要有功利境界。

越是穷人越有好报，没有盗墓者。人必要有自知之明，才不会受捆绑。人到无求品自高。年纪大，不生病，免得麻烦别人。求人，求谁都不行。担心老而病，但这是自然现象。

随时受启示，就为文，几十年下来就成书。得发疯，有境界，马上写，可以成有系统的思想，乃是日积月累的功夫。写在卡片，慢慢整理。读书四到——眼到、口到、心到、手到，缺一不可。当思想领导者谈何容易！"言为世法，行为世表"，怎么可以净胡扯？

当年，要将外国人赶出中国都不易，还谈何民主、自由？二鬼子最是可恨！早晚算账。你们千万不能挂上黑名单。

"极"，究也，研究。"极数知来"，没有"极数"的智慧，就不能"知来"。占卜，少灵。卜者察言观色，催眠。一般人光知"数"，"极"的功夫难。不疑，做事绝对成功。办事马虎，就缺"极数"的功夫。必真懂才去办，才能有成。不知懂去做，则成败未卜。

最近这么热闹，绝不谈，真"控固力"得过火了，愈来愈近。今后也不再谈，完全不足道，愚！

"阴阳不测之谓神"，"阴阳"，是变化之体。"变"与"化"，两件事。阴阳（两性）不测，真神！

"通变之谓事"，"通"，无阻；通事，会处理事。通其变，才能应变无穷。

"元"，是况，如耶和华，道家称"元始天尊"，一点神秘也没有。看得亲切，要将知识、智慧变成生命。如连热都没有，那爱从哪里来？想叫一个人做人，太难了！看看今日台湾地区。

讲占卜，不易，"极数知来"岂是易事？孔明，一半准，"借东风"；但"失街亭"不准，因"失街亭"，不得已施"空城计"脱身；受气报复，所以"斩马谡"。打人一巴掌，后面绝非只一巴掌，此《失空斩》。

恋爱，有几个是初恋成功的？我一生不做假事，"极"的功夫多吓人！你们等着挨两巴掌。上帝也不能决定一切，孙悟空也大闹天宫，哪有白挨巴掌的？训练你们用脑，看是花拳绣腿，或是钢拳铁腿？智者不吃眼前亏。

"继之者善也，成之者性也"，"易简之理得，而成位乎其中矣"，成位乎易简之中。"易简"，是自"乾坤"来的。

"知来"，并非迷信，必要有智慧。能把数知到了极点，如"借东风"。读历史，在知数。一个人的一生，看数，在数难逃。天数无亏，好的结果。测候，极数，事未来而先占。人之迷，太可怕！既知未来，那又何必卜？"先迷失道"，改过了，"后顺得常"，顺理、顺道，多有智慧！"先后"，是层次。"知所先后，则近道矣"（《大学》）。

同性的无法妙，有两个符号：乾坤。始、生，两个性。祖宗一开始，认为要有所变，必得是两个性。

丁肇中说："21 世纪中国人在科学上，应有很多成就。"

八国联军是哪八国？英、法、德、美、日、俄、意、奥。

一个民族必要有民族的气势。一个"私"字害尽天下苍生，成为千古罪人。有智慧的不争"独立"，而是要争福利。

绝不许嫉妒，台人不能合作，就是嫉妒，连同胞爱都没有。病根不治好，难以达目的。何以至此？乃不学无术。反之，学就有术。

女孩都怕嫁错郎，悔之晚矣！学了，都没有解决家的实际问题，还有什么学问？做鬼灵精，不要做聪明人。

修万里长城的目的何在？在防胡人南下牧马。但蒙、满皆入主中国了，可见挡不住是事实，太近视眼。有远见者以"怀柔政策"化之。清修庙，使其最聪明的孩子都出家，最笨的传种。现得用"又一村"的一套。

一个人要有志、有智，为自己活。各人有各人的人生观，走的路子绝不一样。人皆困在主观与自欺中，一辈子为别人活，许多人皆作茧自缚。

天德黉舍→奉元书院→华夏学菀。华夏，天下一家。菀，上林苑，"万物并育而不相害，道并行而不悖"，没有纷争，其乐也融融。全天下都叫"中国"，"入中国则中国之"，此为中国人的思想与梦。

智慧一升华，知错，这么旧！弘一曾荒唐过，不到四十岁出家，受不了心理压力。昔风流余韵，玩什么像什么。出家后修律宗，绝对守律。玩什么不像什么，就是自欺、欺心。玩真的，乃成祖师爷了。人生有苦，乃是主观、自欺。说千言万语，就在一个"真"！

注解，代表一个人的思想，皆自以为"本义"。要自"经文"本身理悟。

《水浒传》有民主思想，看是以什么角度看。

有石痴，或集邮……专一门学问，喜什么，一辈子研究。爱财，不一定发大财，卑鄙与否在于志。

要用智慧应世，有智慧者什么都怕，"一言以为智，一言以为不智"。

多琢磨，勤写笔记。是悟的功夫，"思之思之，鬼神通之"。

"配"，称孔子"德配天地"，配偶。独身没配，必了解"配"字的深意，才知真实之所在。

读书，最重要在培养正知正见，即不感情用事，《论语·子罕》"子绝四：毋意、毋必、毋固、毋我"。如果失败了，净站在自己立场检讨，仍然是主观。

每天的时事是最宝贵的活教材。人检讨自己最难！此一时，彼一时也。

要知怎样看事情，要认识真的。什么是真智慧？要冷静，真检讨自己。不用卜，"不恒其德，或承之羞"。扎纸草、孵小鸡活三分之一都不易！不要净做白日梦。要练渔人之智，培养正智。

第六章

《系辞传》非一人写的，亦非成于一时，以之作参考。

要知怎么读，一字可衍生……天下无难事，就怕有心人，下功夫都一样。没将所知变成生命，乃成"汉奸院士"，不能成文天祥第二。

夫《易》，广矣大矣！以言乎远则不御，以言乎迩（近）则静而正，以言乎天地之间则备矣。

《易》是象，要多大有多大。广大，无边。佛讲空，和尚以为什么都不想、不留恋，那岂不是等死？事实上，"空"如同儒家的"君子不器"（《论语·为政》），能容乃大。宇宙是空，无所不容，不分善恶、黑白、美丑。

天地之所以伟大，因为"生而不有，为而不恃"，所以说"父天母地"，父母之恩无边。

"广、大"，无所不容、无所不包。上面说的那段是小，因为不容。

"《易》与天地准"，易是生生不息的象，猫看像猫，人看像人。易无体，谁看到就像谁。如有形就坏，千手千眼，多一个就没办法。

不在批评"一把抓""赵半截"。人的审美观不同，"一把抓"也娶得到老婆。何以他会这么丑？完全不学无术，就靠与生俱来的智慧，和一点经验应世。

下棋，想赢一盘棋，必会看几步棋。都想打红牌，当然要打击红牌。不能容，整天斗。

我的买卖已做成了，基金会已经成立，祖宗的东西给满人。分三期，一亿五千万美金，现已有一亿美金。做事非为自己，活着必有目标。不留给子孙，万里江山都没有，笔筒八面格言都不看。

我自小就有华夏思想，行有余力，再慢慢扩大。遗嘱继承人无一姓我的姓，为自己的理想而活。实至名必归，好好努力。

"以言乎远则不御"，"御"，挡住；"不御"，没有际界，无远不到，"王者无外"，莫之止，没有力量能阻止你。"大哉至哉"，你大到哪儿，我就至哪儿，一样大，此"大至之要道"。

"以言乎近则静而"，"静"，在心，所以近。"近"，则无距，中间无半点纷扰，或第三者的参入。两个合在一起，就像一个，正好，谁也插不进手。"近"，则如胶似漆，分不开。

"静而正"，静才能正，"大道之行也，天下为公"。正位，素其位，按己之身份、地位做事。素己位，正位乎学。已正己之身份了，故能成功。来子解"正"为"利于正"，就绕弯了。一字之差，谬以千里。看书要小心。

儒讲"本心",即与生俱来的都没有变样。"静而正",保住自己的本色。佛讲"清净心","净心"是道场。"净心",赤子之心,一点污染也无。"大人者,不失其赤子之心",本净之心,生来之净。坐着不动,是静止,但心却动得很。动不动,不在人不动,而是心动不动,"如恶恶臭,如好好色,此之谓自慊"(《大学》),根本没有受污染,是与生俱来的赤子之心。

心不静,参禅能有用?"人之生也直",静能正其直。其人正直,怎能不伟大?骂人不正直,即专干邪事。

"以言乎天地之间则备矣",有无穷的富贵,非用钱买的,"富贵在天",贵,非用钱买的,天爵,大人、圣人、贤人、君子。天爵自尊吾自贵。人之大宝曰位,生来都有位,要正这个位。正直,"率性之谓道",没有离开人性。

天地之仁,为我们预备万物,"万物皆备于我"。而人的劣根性,则是浪费公物。懂得"万物皆备于我"了,可以活得轻松愉快,何必天天你争我争的?应大家共享,"大道之行也,天下为公"。

在社会上应学才能、表现才能,会使用天地间的万物。谁吃都可以,但是就不许扔。在天地之间,什么都无缺,《易》与天地准",只要天地有的,《易》就有。中国人的思想在此。

万物皆源于元,同元共生,所以皆完备无缺,因为"万物皆备于我",都有使用权,没有所有权。天能生万物,人能役万物。自己不完备,才看什么都不完备。天下物都有用,都完备。

"万物皆备于我",人绝不可以糟蹋自己,"天爵自尊吾自贵",

富贵在天。生时享受不尽，死时带不走，有享受权。有天德，乃有天爵；有天爵，就有富与贵。

了解愈多，许多事愈无法动你的心，一文不值！只要走得正、行得正，就一无所缺。陷阱都不入，焉要防范？我未进过百货公司，只买馒头。因没有正用，乃出毛病，净造孽。留给儿孙的钱多，他不会使，也是害了子孙。

夫乾，其静也专，其动也直，是以大生焉。夫坤，其静也翕，其动也辟，是以广生焉。

"静也专"，"静"，体；"专"，用的表现。专心向学，得有静的心。是心静，不是环境静。

"专"与"直"有关，就看领悟深否。无论怎么动，绝不乱。"动也直"，想伟大，有没有能"静""专""直"的修养？"静"，不分心，"专"也。人好作伪、嫉妒、自私，既不静、不专也不直。

"大生焉"，"大"，是自"静也专、动也直"的功夫来的。有多大的功夫，就有多大的成就，绝对没有白得的。

想明白，就要用上。"专"，有师专、工专、商专、体专等，自此去悟。政治学，要知多少做多少，为学并非会背书。

至今为止，与我斗过的，全都报销了！我与之斗，所要保存的也早已没了。孙悟空，悟了，就"了"，悟空不行。其实什么都没有，到我这年纪就知。

秦始皇陵以今之挖掘进度，需要一百年的时间。其实，什么皆如过眼之云烟！要善于役物，将物支配得有价值。"老年人戒之在得"，绝不放，要留给子孙。

悟空，还有"空"的观。真悟，就可"大道之行也，天下为公"。天道尚公，有私心乃不能静、专、直，又如何成其大？

"静也翕、动也辟"，"翕"与"辟"相对。蛤蜊吐沙必开阖，死了就阖。广，是自坤的"静翕动辟"来的。

乾、坤的体都静，但是用不同。何以乾要专？因其造物不二。"乾施坤受"，"大哉乾元、至哉坤元"，两者皆相等。

你们每天有无严格训练自己？如没有，那如何能有成就？

广大配天地，变通配四时，阴阳之义配日月，易简之善配至德。

"配"的观念要注意。

"广大"，与"天地"相配，天地无边。"变通"，与"四时"相配。"四时"的含义太深了，春、夏、秋、冬，细分析，而有二十四节气。四时之变，厚望无穷，有生民之利。古时何以能将自然界想得如此的致密？"变通配四时"，"变通"，得配合"四时"，节令时机。

一切行事，也得配合节令时机。小事亦如是，全视己之修为。没有步骤，还找顾问公司，钱真使人没有价值。

"大人者，与天地合其德，与日月合其明，与四时合其序"。"与日月合其明"，"明"，《论语》"子张问明"，知人善任，识时。"阴阳之义配日月"，先懂得"日月之道"，才能真了解"阴阳之义"。

活在环境中，能不知此环境的好坏、善恶、吉凶？什么叫防未然？就因你无知，才有人敢横行。"履霜，坚冰至"，即防未然，非空话，要"早辨"。用什么方法应付危局？百姓进步了，一笑置之。但仍会有其他事件。再这么闹，换人。明知纯小人，还让他乱叫，此即"辨之不早辨也"。

不在论断是非，而是以人事做印证，你们必得回想。人要天天奋斗，目的在求仁。天地能生生，还能养生。仁政，生民之政；不生民，即是暴政。有一念之善，即仁。仁行，消祸于无形。

自己不努力，不会有真功夫。每天做些什么？

云何以变？因为有风，"天有不测之风云，人有旦夕之祸福"。

"易简之善配至德"，"易简"，指乾、坤的德之用，"易简之理得，而成位乎其中矣"，所以"配至德"，为至圣；"与天地合其德"，则成"大人"。"至德"是凭什么来的？"非至德，至道不凝焉"（《中庸》），"至德"与"至道"，两者合而为一，"凝"了，凝固为一。那"至道"是什么？即孝。中国东西必一步接一步，绝不落空。

《孝经·开宗明义章第一》称："先王有至德要道，以顺天下。夫孝，德之本也，教之所由生也。身体发肤，受之父母，不敢毁伤，孝之始也；立身行道，扬名于后世，以显父母，孝之终也。夫孝，始于事亲，中于事君，终于立身。"汉儒加上"中于事君"。

"父母生之，续莫大焉"，人有终始，孝无终始，子子孙孙祭祠堂。孝，自考、老来的，活着为老，死后称考，儿子的责任，担两个担子。要自根上做起，在家要勉而行之。能做多少就做多少，绝不可置之不理。

"率性之谓道，修道之谓教"，一个人如不孝，则失去为人之道。不孝，又何必生儿育女？免得老了生气。懂孝儿女，也应知孝老的。不养儿，不知父母恩。女子软弱，为母则强。一天所忙就为儿女，却又乐在其中。我说："对父母不孝，没有上帝，就招天雷劈。"孙女说："雷公管得太多了！"

如今的孝道确有所亏，父母怎么可以轮班养？受气也要轮家受，几个家几个媳妇。

大舜被称"大孝"，大孝，当然是至德。差一点的称"达孝"，即知道孝、懂得孝。对武王颇有微词，《论语》说"尽美矣，未尽善也"。

凭着良心去做。穷人有穷人的孝法，家贫才出孝子。父母必有所好，到街上不必花几个钱，就吃一口，心里就暖烘烘的，全家都乐，家贫愈有孝之乐。孝太容易了，就用点心，而非花多少钱。孝并没有标准，因为父母所好不同。

什么都要达到"至"的境界。圣很多，但"至圣"就一个。

平时喝茶，慢慢喝，一边读《易》，比吃豆腐干还有滋味。静时，脑子必想，不要想入非非。我自己过五十年，用书调整自己的思想。不能天天在苦里活，必要有方法，必想办法宽心。

一年有五十多周，平心静气，每周可以琢磨一卦。只要深入了，绝对是享用无穷。越是玩味，越有滋味。咀嚼，含英咀华，才能求得真滋味，才能享用。

"《易》学周"，于你何干系？应称"学《易》周"，才与你有关。不要天天似是而非，应知怎么用脑。学《易》，就得了；《易》学，在旁看热闹。

朱子自称"本义"，批判程子有误。有心得，皆可自成一家。

知识分子非同政客，有知识分子的责任。人要有人的格。袁项城（袁世凯，河南项城人，人称"袁项城"）的"二十一条"是空的。

1915年1月，日本向中国政府提出"二十一条"无理要求，企图把中国的领土、政治、军事及财政等都置于日本的控制之下。"二十一条"共分五大项：

1. 承认日本继承德国在山东的一切权益，山东省不得让与或租借他国。

2. 承认日本人有在南满和内蒙古东部居住、往来、经营工商业及开矿等项特权。旅顺、大连的租借期限并南满、安奉两铁路管理期限，均延展至九十九年为限。

3. 汉冶萍公司改为中日合办，附近矿山不准公司以外的人开采。

4. 所有中国沿海港湾、岛屿概不租借或让给他国。

5. 中国政府聘用日本人为政治、军事、财政等顾问。中日合办警政和兵工厂。武昌至南昌、南昌至杭州、南昌至潮州之间各铁路建筑权让与日本。日本在福建省有开矿、建筑海港和船厂及筑路的优先权等。

袁世凯指望欧美列强干涉落空，又怕得罪日本，皇帝做不成，便以中国无力抵御外侮为理由，于5月9日递交复文表示除第五项各条容日后协商外，全部接受日本的要求。5月25日在北京签订了所谓"中日条约"和"换文"。

"二十一条"是日本帝国主义以吞并中国为目的而强加于中国的单方面"条约"，袁政府事后也不得不声明此项条约是由于日本最后通牒而被迫同意的。此后历届中国政府均未承认其为有效条约。

得有定见，绝不能用仁智之见，此非中庸，皆有所偏。

"红学"不易研究，《红楼梦》里头有许多旗语。徐高阮（1911—1969）对《红楼梦》有其个人的看法。研究学术可非易事。文言统一，白话不一。

"纯人生"，你们懂得人生？懂得怎么活？两口子说话是艺术。没有一个地方不用智慧，一举一动代表你的智慧。唐伯虎为秋香，就因为"三笑"。我到江南写封信，一笑也。昔日丫鬟穿得比姑娘漂亮，以此夸富。没订婚的女人，穿着不可失了身份。对一个民族的文化不了解，怎么了解一个民族？中国自 1924 年后才起变化的。

"近似"就坏，乃似是而非。知识分子应是时代的安定力。

我即使说笑话，都不是废话。

"远则不御"，一个人要学远大，才能无所阻。

定、静、安、虑、得，静能正。嫉者最是卑鄙，无学人之德，就、无法成人之事。今天万里长城不过成为游览地。要学立本之道，大本立了，长城就没有用。修长城者绝不知满族人日后不会说满语。要有超时的智慧才是真智慧，使万里长城失去作用。华夏，天下平，没有际界。"华夏学菀"，用"菀"，因为"万物并育而不相害，道并行而不悖"。"学院"，太小了！思想必照顾得周道。思想立体化，马上就有用。

有志，但不能没智，"智不危身（己）"。你们每天都粗心大意地活，易出纰漏。

"万物皆备于我"，反对独占，打倒一切的独占。证严、王永庆，是我佩服的两个台人。

《易》为智海，了解意境了，就是生命的泉源。《中庸》"文王之德之纯，纯亦不已"。孔子"吾道一以贯之"，得一了，而以一贯之；其后，改一为元。乾元、坤元，是一个东西的两面。"唯圣人能属万物于一，而系之元。"

奉元，以《大易》与《春秋》为本经。有所得，是慢功，亦有价值。有一句用上，就能成功。

汉时提"圣人"，即指孔子。

希望你们是思想家。但讲五十年，学生不懂得思想，而是相思，把心丢了！

静于一，动也直（｜），"一"的方向变了。从一到元，中国思想的演变。

辞章之学没有生命，只是点缀品。到春秋战国时，中国思想之蓬勃！《离骚》的思想致密，花俏。

我在屋中喝茶，想，许多书都会背了。玩其辞，思想才能达一境界。想，使之圆融。喜欢，一定要会背。学问是一辈子的事，并非几年而已。中国东西真是高深得不得了！日本是淫盗之国，蹂躏中国数十年！

一个人不能完全失掉格局，世事原理是一定的，历史就是世局的棋谱。要学古人智慧，虽不成事，必不惹祸。

英雄能造时势。乘势、对时、持机，得有聪明，才懂得乘势、对时、持机，非能算到。每个人皆得如此，否则白扯一辈子。等有势来，要乘势；时来，要对上；机来，不可失，要持机。狗不分土、洋，智慧都一样。

自今封牌，"奉元书院"永有奉元之智。

圣人忧什么？忧生，"生生之谓易"，圣人忧众生之不知生。学生，知生否？生计，有无好好计划自己的生？懂得计生了，就无偷盗、巧取之事。你们读完书，深想否？圣人乃先觉者，故忧后生之不知求生。计生，感到一生活得有趣味。如有饭吃就好，那与畜生何别？知生，才能计生，才有生计之结果。《孙子》首"始计"，计、策、略、训。

就因净想卑鄙、龌龊之事，所以不能上极乐世界。不懂得人生，就是畜生，人兽之分几希矣！即公与私之分。妈妈对孩子好，畜生亦如此，未必是人性。人没有慈孝，则连畜生都不如！慈孝，乃人、畜俱有之性。许多事一看，就明白了。

以上为画龙点睛，点题。

那何谓"生生之谓易"？懂得我讲什么，只入流而已。

"仁者不忧己私"是什么？念佛号，是在请佛来。《大悲咒》要慢慢念，看佛坐好了没。念佛，到念，才有用。念，必熟，熟能生巧。所学如不能用在生活上，就没有用。必将所学与生活结合，"学而时习之"，在生活上演习演习。学了，必变成生活，才能成为自己的生命。

没有真明白的和尚。请佛有请佛之礼，点名亦必有时间。我善用脑。不懂用脑，畜生都不如。

一切事要求真知。不深思，就是迷。一点人事都不做，就坐着念佛号。花的钱多，老佛就保佑了？那岂不成保险公司了？说千言万语，读书不许迷，得求真知。

"先天下之忧而忧"，是圣德。天有好生之德，鼓万物的是天德。宇宙间就两个德：天德与圣德。人类之中必有领导者，"非至德，至道不凝焉"，有至德，至道就凝了。明白了，变成生命，才能用。圣人，至圣，具至德。

要你们发深省，不要天天糊涂过。千万不能迷，不迷就悟。生生，终始。生生不息，终而复始。天行健不息，既不感冒，也不请假；人则天，"君子以自强不息"。

人要生生（前"生"动词，后"生"名词），万物并育而不相害。人法地，"君子以厚德载物"，多么公平无私！没有好恶、尊卑。生这生，得不杀；责任，厚德载物。元之用也。这就是人生，怎么则天、法地，还用卜？"大人者，与天地合其德"，职业不分尊卑、贵贱，而是你心性的尊卑、贵贱。无所主，就以赚钱为目的，能是人？我眼中难见一"人"。

沈海蓉（1958—，首部作品为《江山万里情》，至出演"名剧精选"之《狄四娘》开始正式走红），在淡水办幼儿园，年年得奖，证明她很认真。

仁者无不爱也，到厚德载物，圣德之生生。计生，人生不易，想生得像个人，得计生。"优生"，计生的第一步；其次，"优育"；进而"优教"。教，对方能受否？不能受，就没用。此为生计。

昔日知识分子之家风，郑玄家婢女以《诗经》对话。

《世说新语·文学》：郑玄家奴婢皆读书。尝使一婢，不称旨，将挞之；方自陈说，玄怒，使人曳着泥中。须臾，复有一婢来，问曰："胡为乎泥中？"答曰："薄言往愬，逢彼之怒。""胡为乎泥中"出自《诗经·邶风·式微》："微君之躬，胡为乎泥中。""薄言往愬，逢彼之怒"，则出自《诗经·邶风·柏舟》。

必得脱俗了，才能够入圣。不要天天在卑鄙里活，台至此，已经不堪入目！

思，必思己之所学，不能空想。"思而不学则殆，学而不思则罔"（《论语·为政》）。《大悲咒》能虔诚念一遍，也比急着念七七四十九遍有用。

要点明白，再读《易》才不糊涂。自《易》可以写出中国之纯性学。古典小说皆千锤百炼，必具有深的人生体验。琼瑶小说就写迷。人活，不能白活，不可人云亦云，辜负了上苍给你的智慧。

"长白又一村"，不是空的，不是一般人所能了解的。

要求自好，不要好名、好利。就是为人祖母，也要做一有价值的祖母。

神，推测不透，如神品、神笔。及不上"王字"（王羲之的字），真是无人能及，故人称"墨皇""书圣"。我喜王字，一个人必要有所好。

"盘皇另辟天"，今天所讲不同，但绝对有根据。口耳之学没有生命力，得用脑子知其所以。要练习想，不要净是听口耳之学。

圣德之至高境是什么？

画押，画十，取信。"十"与"一"的意境深，看《说文》。

十，数之具也。"一"为东西，"丨"为南北，则四方中央备矣。易，数生于一，成于十。

《尔雅》是第一部辞书。中国书这么多，你们到底看了几部？

人要自知，太难！

颠顸，就不懂因事而养德。如没事，又怎能显出你有德？

"—"与"｜"，能生道。相配，配偶。两口子，婚配，绝对平等。"妻者，齐也"（《白虎通·嫁娶》），没有尊卑。易、简，两件事。前后关联，怎么用事最重要。"男有分（半），女有归"，一半＋一半，故曰"夫妇一体"。

文人无耻，为自己之生，必有无耻之术。无力唤回台湾的人性！如早觉悟，则子孙可以少受点苦，否则万劫不复。既无才性，何不好好为子孙谋？

孔子周游列国十八年，六十八岁回到曲阜，删《诗》《书》，订《礼》《乐》，赞《周易》，最后修《春秋》，至七十三岁去世。在世时是何等的落魄！思想家认为他可以打前锋，政治家认为他可以安定社会，于是死后吃了两千多年的冷猪肉。

自有所好，然后"从吾所好"。自多处了悟人生，然后能"自度"。不在乎你认识谁，千万别忽略了"自求"。孔鲤，什么也没有；孔伋，承学了。

处处迷信，代表此一民族之无"慧"。出家人如能见贤思齐，何以不好好学玄奘？就一个"伪"字，害尽了一切。伪，必得私。

这十年给人的启示太多了。这么有钱，可是实际问题完全没有解决，生计有好好计了？年年水灾，何以不全力对付水利的问题？

何以达天德，成圣德？

如何挽回这块土的良知？要做。真做，必得真知。一日不做，一日不食。

百丈和尚（749—814），虽年事已高，除领众焚修外，仍是一日不做、一日不食，种树、栽花、务农、开垦、生产等，都身先士卒，身体力行，从不马虎，说："我无德劳人，人生在世，若不亲自劳动，岂不成为废人？"坚持做一日和尚，撞一日钟。《百丈清规》就是他给清众及修行僧制定的。

父母死，还用"治丧委员会"，是绝户？婚帖，写"乾宅坤宅"，用"夏历"。要收拾人心，自内心下手，得真知。"不有博弈者乎，为之犹贤乎已"（《论语·阳货》），博弈，也比流氓进一级。我不要小孩看到赌博，不去不守礼法之家，原则：不助人为恶。无法反抗不合礼，但是可以限制自己。一般人都马虎。

父母之丧，乃人生大事，应按礼行事，"礼之大者"，应哀戚。大家却习以为常，"由辨之不早辨也"（《易经·坤卦·文言》："非一朝一夕之故，其所由来者渐矣，由辨之不早辨也"）。要察微，自微处入手。过目，细心，不可以盲从；没有功夫，找人代目。

自根上开始，大本如不立，绝不能成事。"本立而道生"，是办事的方法、通则。亲友都来，一定的，"父母之丧，天下之通丧"。伦，礼之大者，人伦。父母死，请花车，真是奇迹！

我如死在台湾，用"治丧委员会"是你们的奇耻大辱。

执绋，古礼，但台湾用错，白带子是放在后头。

做真事，必是真知的人，力量发自内心深处。知识分子必要针对问题治病，但非一日之功。

懂得惭愧者才能忏悔，知耻近乎勇。"差之毫厘，谬以千里。"现在最缺人性了，每天乱伦、弑亲事层出不穷，成什么社会了？

"始作俑者，其无后乎？"（《孟子·梁惠王上》）由师生发展至父母，"由辨之不早辨也"。察微、识微、治微，"人心惟危，道心惟微；惟精惟一，允执厥中"为儒家十六字心传。大家都感到不对，但是无人言诛笔伐。人不能违背礼，礼之大范一旦突破了，就坏！"《春秋》，礼义之大宗也。"千万不要天天原谅自己，对"微"就没有认真。

"生生"，有生生之道，并非乱生。环境不以为是，久而不觉其错。治心病，得有真医生。得病，必了解病根之所在，才得投药。

我找虚云一派之庙，因为要内外双修。我是虚云的弟子，广钦亦是。广钦的坐姿不好，腰弯九十度了，但死时仍清楚。坐禅，亦有好处。圣严、印顺的气色不错。脸，黄中透红，真正健康色。"气功气功，多少罪孽假汝之名以行。"

知识分子必有几个原则不能违背，此即分寸。唐伯虎，无人说他乱伦或是伤品败德，他"点秋香"，是动真情，要纳妾。一个人要是有分寸，则做什么都不失德。守礼法，可能成伪君子。守分寸，是好人。这个地方太出奇，因为"久在鲍鱼之肆"。

社会发生事，你们深想否？人做一事，要看其动机。《春秋》"原心定罪"。

知识分子并非为出卖知识而谋生，是有知识分子的责任。有知识不代表有德，并非最高境界。人看我违时，不合潮流，其实我是"先时"，先天下之忧而忧。

我回家多年，一直未上你们师母的墓地，这两年才想她。再十年，我一百零三岁了。我每天都想遇到鬼，问一问。

人应该豁达，做事应有步骤。知识分子遇事都得想，没死就得做人事，是人要以人为本。人本文化，不可以讲鬼本文化。你们应更了解人生。

有知识，得如何厘清才能深入。知识如锋刃，可以断一切不能断的东西。

一辈子读明白一部书，真得了，谁也干不过你。没有人知道自己不知，做学问要做实学。有心人做有心事。

"以天地之心为心，生之机；以性智之智为志，率性"。认真学，三年有成，但得嗜欲浅。读一书，必知其宗旨，做事就用上。不要净用胎智（与生俱来的）。读书的目的是在改变气质，超凡才能入圣。

帝王不许人明白。实能，实学。不必忧伤，要有解决问题的智慧。天下没有白吃的午餐。

"乾知大始"，"乾"拿什么来"大始"？"知"。所以结婚，并不一定能生孩子，"阴阳合德，刚柔有体"，才能生生不息。得了，随机就得用上。

到九十几岁就应如我健康。没有健康的身体，则什么也办不到。好自为之，自求多福。谁也帮不了你的忙，皆自得也，自度也。

哪一本书都有其终极目的，《离骚》也是政治哲学；《诗经》讲社会现象、善恶，《关雎》是一部恋爱学，人生的第一个课题。

饭后小酌一杯，长寿之道，有所节制。

懂得有责任了，夜里睡不着觉。找一清静的地方，打开心中的结。巧于成事，或事半功倍或事倍功半，即在此。

要懂怎么想。"在止于至善"，此为终极目的。"知止"，亦知结果，但从哪儿到哪儿能达至善？一步步达到。做面包，得有面粉等材料，还要什么？知止，定、静、安、虑、得，必经的步骤与方法。此为读书的公式。得经过多少计、策、略、谋，才能够达到。没有这么读，错了，别骗人。

坤作什么？怎么作？乾施坤受，"坤作成物"。

"乾知大始"，乾以"知"大始，就没有绝户。男女，得有玩意儿才能生。乾施，"知"；坤受"知"，经"含、弘、光、大"四个步骤，结果即"品物咸亨"，止于至善也。坤作这个"知"而成物。坤象，多简而赅！

看注，无一讲明白"乾知大始，坤作成物"者。

要学会怎么读书，每天受益绝不同。古人留下的智慧遗产，是要后人作注的吗？忙了一辈子，写完又得到什么？

读《老子》，"得一"了吗？没有"得一"，《老子》绝对不通。没有"得一"，怎么知"用一"？"吾道一以贯之"，"得一""用一"了！

孔子说"吾道一以贯之"，曾子释"夫子之道，忠恕而已矣"，将"一"解为"仁"，那何以孔子不直说"仁以贯之"？由"一"到"仁"，有什么步骤、层次？

孔子"得一"，其后"奉元"，董子说"唯圣人能属万物于一，而系之以元"，由一到元。求一，得一，用一。奉元书院之所宗在什么地方？

读哪部书，自己得结论，见仁见智。赵普以半部《论语》治天下。

计、策、略、谋（谟）、训，先立住大本，就懂得怎么看书。《四书》读完了，自得计、策、略、谋、训，不再作注。有人一辈子只皓首穷经。得诺贝尔奖不在高龄，有智不在年高。我亦不过知道怎样读书了！上句不懂，不读下句；这行不懂，不读下行。

不是空的，必依此类推。依经解经，思想是有层次的，没有牵强。

"天德黉舍"，讲人家的东西，偷的；"奉元书院"，讲奉元，自己的。两者境界绝对不同。

《老子》"玄之又玄，众妙之门"，《系辞传》"成性存存，道义之门"，看句法多么像！道家是最古的，其后才有儒。

玄之又玄，元之又元，生之又生。自根上了悟，自人性了悟。世间法，就能解决世间问题。我称"夏学"，因为不将中国学术碎尸万段。

可能成《五经串珠》，是功夫，必得时间。不会背书，就无法串。

我现在不必背书包，天天想书。想完，就如发疯般，坐着写。想通了，就马上写。东抄西抄，根本是骗人。

思想是一贯的，称"夏学"。《易》为体，《春秋》为用，皆讲元。《春秋》讲微言大义，为一王之法。《春秋》"贬天子，退诸侯，讨大夫"，拨乱反正之术，包含计、策、略、谋。

懂得例子了，可以马上想出。时习，不合时的都不要。什么都得"因"，但要"不失其新，亦可宗也"。要立宗，称奉元宗。

"忠恕违道不远"（《中庸》），"忠恕"离道不远，但并不是"道"。汉后的奴儒绝不敢说一句真话，思想之乱！故要拨乱反正，将中国思想带入 21 世纪。

只要认真，没有不成的。但是你们嗜欲太深，同学有耐力，没有智力。智慧是培养的，元培是自培元来。元培，必有所容。敢与我比智慧的，台湾没有！

必找几个能干事的，成才的都是有功夫的。是大智者，都不用功夫。"思之思之，鬼神通之"。

中国的思想：天下（地球）、宇宙（上下四方曰宇，往古来今曰宙）、寰宇（有作用之称），三个境界。中夏、诸夏、华夏，智慧的产物。

针灸是想出来的，祖宗留下的智慧。你们亦有，但净好名、好利，就想巧取豪夺，最后一无所是。好好培养智慧，把欲降至最低。在我眼中够格者少。

我散步一定不见人，乱哄哄的影响思考。

我将《四书》复原、反正，非改了。

要会想，而非胡思乱写。要将高深的变成常识，使人容易明白。做事要有步骤，必下功夫。

我自己烧饭，不吃买的东西。现在人家里什么用具都有，就是不做饭，必到处"要饭"。必要找出病源之所在。

盲目岂能不盲从？我一忙，不吃饭亦不饿。一个人的功夫，持之以恒最难，不可以一曝十寒。

《老子》就五千言，作了六万字的注，通了吗？"得一"，是用什么功夫？怎么"得一"了？"天得一以清，地得一以宁"，连天地都能"得一"，况人乎？如没有"得一"，那读《老子》做什么？老子留下五千言，就因为少才有用。

现在学风必得破，得清清楚楚、透透明明。

"传，不习乎？"传，必得习，而且得"时习"，学能时习之。

"贤者在位，能者在职"，有位者必是个贤者，不能到处传气功，在位者必得有德。气功师是能者，达到目的即可。职业，能，一技之长。能是什么？"坤以简能"，不说"坤以简作"。

家庭何以不和？有了孙子，还抱宠物？识微、察微、用微，多么难！没有比孙子再可宠的了！你们懂得怎么活？

一个动作要中礼，做人要注意。我为溥二爷的狗——"妞妞"立个碑。嘴不说，但心里骂，"微"特别重要。

做事有对象，要得功，要成圣。

暑假练习作文章。文章最好天天写，写感言、偶发事件，日记长了则成流水账。有志，每天必要读英文，是工具。

畜生不懂得关心别人，情很短。人何以为万物之灵？因为能了解别人，懂得关心别人，为别人谋幸福。

价值是自己创造的，并非出家就高。

你们一年读完《易经》，都成"宋七巧"了。

我五十年都没读明白。我比孔子还慈悲，循循善诱。不能叫顽石点头，绝不是佛。非叫顽石点头不可，我越老越有精神。

第七章

子曰："《易》其至矣乎！"夫《易》，圣人所以崇 (积) 德而广业也。

"《易》其至矣乎"，《易》到了至高之境了吧！

易之道，是为了"崇德广业"。"崇德"，积德，德愈积愈高，内圣功夫，非讲的，必要行。无德，如何"广业"，成就外王之业？故曰"德业"。

真有德，大家抢着挂牌子。一个人必要有德，失德绝对没有朋友。糟蹋东西造成你一身的障碍，必要懂得爱惜别人的东西超过自己的，才叫德。德，爱人如己。人想要家能治好，也必要有德。

我来台五十年，就没有为人写过一文，自己丢脸不要紧，丢祖宗的脸才可怕。

读儒家的经，可以为人打气，鼓舞人的气势。"崇德、致用、广业"，不出此六字。一个家庭有了知识与学问，就能过合理的生活。自然界有自然法则，而人的法则即是礼，所以"博学于文"，还要"约之以礼"（《论语·颜渊》），故曰"以约失之者，鲜矣！"（《论语·里仁》）以礼约身，失败者少。

必要依经解经，即"吾道一以贯之"。但必要会背书，不能讲学时拿着《十三经》，翻都来不及了！会背书，可以随时玩味，可以融会在生命，成为知识。了解中国思想，才知中国人头脑的致密。

不办事，谁知道你智高？愈是谦卑，愈显得你知礼。地，生长万物，但"生而不有"，多卑啊！人何以不值钱？就是天天有，认为什么都是自己的功劳。没有纸笔，能够画出画？无本求名，应赞美纸笔，促成自己成就为画家。天生万物，人无一事以报天。学地的生而不有，一切都为别人牺牲。牺牲享受，享受牺牲。"天地设位"了，都不属自己的，况其他？

无论在什么环境，必要根据环境学智慧。"一叶落而知秋"！一点的卤水，即可以凝成豆腐。

不是伯乐，不识千里马，所以"如有所用，必有所试；若有所试，必有所悟"。不要学那个卑躬屈膝的丑态，必要有骨气，否则无不为矣！光读空书，没有用！

我最不佩服孔明了，既知"借东风"，何以不知"失空斩"？既"斩马谡"，何以又"哭马谡"？净说假话！如早知"三分天下有其一"，那也太不诚实了，何以不告诉刘备"统一无望"？

你们太愚了，我也不告诉你们为什么要搞买卖。智慧是培养的，今天有活的环境可以印证。

"崇"，积也。"崇德而广业"，积德能广业，故"盛德大业至矣哉"！小孩天天堆积木，随智慧而成形，最好的教育。懂得"积"的功夫，日积月累，日行一善，积德也。尽量不出恶念，"勿以恶小而为之"，要除恶念，嘴不说是非。大恶，不必你说，人人皆知。好讲是非的，心理最恶。

"杀恶人，即是作善"，可使多少好人少受罪。我对外国人绝不客气，因中国吃外国人的亏太多了。最可恶的是二鬼子，伪装一切以达到目的。

必把上文弄通了，才能读下去。

知崇礼卑，崇效天，卑法地。

"知崇"，崇，积也，智慧得天天充实，没有止境。"崇效天"，积智，效法天之行健。

"礼卑"，礼贤下士，"以贵下贱，大得民也"（《易经·屯卦》）。"卑法地"，学地的"生而不有"，什么都生。"地势坤，君子以厚德载物"，载所生之物，地无私载，"万物皆备于我"。卑不易！多一分骄气，少一分人缘，多一分失败。

积智谦卑，效天法地，"生而不有，为而不恃"，无我无私。"天下为公"，所以能"天下大同"。各为己私，所以乱！

全世界已到了"另辟天地"时。由古至今的理论，均无发生作用，必也盘皇另辟天。另辟天地并非口号，人人皆可以为尧舜。杨、墨何以没了，又为儒所独霸？

《孟子·尽心上》："杨子取为我，拔一毛而利天下，不为也。墨子兼爱，摩顶放踵利天下，为之。子莫执中，执中为近之。执中无权，犹执一也。所恶执一者，为其贼道也，举一而废百也。"

杨朱的生卒年代未详，但在墨子（约前468—前376）与孟子（约前372—前289）之间。孟子说过："杨朱、墨翟之言盈天下，天下之言，不归于杨，即归墨。"（《孟子·滕文公下》）《列子》是先秦时代道家著作，其中有一篇题为《杨朱》，谓："伯成子高不以一毫利物，舍国而隐耕。大禹不以一身自利，一体偏枯。古之人，损一毫利天下，不与也，悉天下奉一身，不取也。人人不损一毫，人人不利天下，天下治矣。"禽子问杨朱曰："去子体之一毛，以济一世，汝为之乎？"杨子曰："世固非一毛之所济。"

思想有时就热闹一阵子，但未必有影响。

必要有正智，才能有正知正见。"天尊地卑"是层次，非德行。

经我试验失败者太多，无志者焉能受寒冬之苦？成大事者，必有纳气，无此功夫能忍？练习有担当，第一步必有纳气。能忍，还要化，才不生病。小不忍，则乱大谋。"谋"，几个某人在一起。相忍，才能成大事。

学忍，必要有阿Q精神，燕雀安知鸿鹄之志？若无志，就不必忍了。己志有显露，别人才不能容。说我是王八，哼！谁是王八犹不知，安能动我心？至今犹活得精神，太师母至今犹未托梦！

将相本无种，男儿当自强。当皇帝的，很多没认几个字，刘邦、努尔哈赤如是。满文是自蒙文来的，只是有圈点。不一定有一般人之智，不在文章读多少，而在有智慧。问自己有没有德？载物，即成就大事。今天年轻人尖酸刻薄！水清无大鱼，大鱼都在浑水里。了解人的长短，用其长避其短则是人才。喜欢与做坏事，是两件事，必要辨别清楚。

乘中国有机会之时，要发扬华夏的美德，早一点来"大一统"，即大同。为了"华夏"二字，我来台后被骗了很多东西。反正谁也带不去，都在人间。

说这个人表现不错，即说他智超人，智得像天一样高，日月之运，星辰、日月……说一人脑尖到极点，将星星都数得清清楚楚。

"卑法地"，应学地的"生而不有"，一切都为别人牺牲。地生民，法地，每天有无为别人想过一点？所吃的都是地生出的。

天地得合德了，才能生生不息。在立人，非立己。天地不言所利，而人却拿坏东西骗好价。地，千年换百主。你管天地，还是天地管你？明白此，何不"崇效天，卑法地"？

武则天信佛，杀死自己儿女，就为争权夺利。慈禧太后称老佛爷，亲子同治死了，泪都没有掉。

不能行礼，则智适足以助人为恶。扬雄著《太玄》《法言》，却没有人读。礼即德，没德就没有人读你的文章。不赞成"愚忠"，既有不怕死的心，那何不就革命？《离骚》美，愚忠！

天地设位，而易行乎其中矣。

"天地设位"，"设"字用得妙！此"设"字，并非肯定，是因象而设位。天地设一个位，"易"就行于天地之中了。

"万物皆备于我"，人人皆有使用权，没有所有权。人能役物，能支配、运用、使用物。说"为子孙计"，糊涂！万里江山又何在？迷即众生，悟即佛。悟者，觉也。了解真义了，才知说些什么。

视"迷"与"悟"，而非"出家"或"在家"。

不要认真，一切都是"设"，活一百多岁也是"设"，死后也就完了！人死如灯灭。一个"设"字，影响这么多。

物必自腐而后虫生。百姓受苦，皆人谋不臧。虽不能解决问题，至少多一"善"的想法。权与势最能使人腐化，没有权才会说人话。

病，都是自招的。"设"，不必认真。两目炯炯的而今安在哉？天地都设位，何况人事？形形色色，都是象。

成性存存，道义之门。

"天地设位，圣人成能；人谋鬼谋，百姓与能"（《系辞下传·第十二章》），鬼谋加上人谋，等于现代谋。以此作为"成之者性也"注解，要旨何在？在性能无量、应事无边。性能，能尽己之性、尽人之性、尽物之性、尽事之性。性仁，"仁者爱人""仁者无不爱"。唯圣人能尽性，成能，"致中和，天地位焉，万物育焉""赞天地之化育，则可以与天地参矣"（《中庸》），"与天地合其德"（《易经·乾卦·文言》），天人合一。

一切的进步，皆是"鬼谋"加上"人谋"。读书，在以"鬼智"启发"人智"。百姓知其然，不知其所以然。佛不能度人，得自度。佛，只是先觉者；后觉者能觉了，即自度。先觉觉后觉。

"圣人成能，百姓与能"，人与禽兽不同，在能"成能"。成能，德位——天爵（圣人、贤人、君子）；圣人，成能了。

"坤以简能"，从"简能"到"成能"，称一人为"能人"，能人到"成能"，还很远。"能人"，本分以外的事也都关照了。大家都认可，"成能"了，是圣人。想通了，就知怎么用。能类情，真有能，能人，能干，能者多劳，万能，能者在位，能不能？老祖宗所言，皆千锤百炼精华之所在。"成能"，对"能"的事一无所缺。懂得"能"了，就会到处用"能"，无所不能，"成能"。必要深追。

天天说，却不知真义之所在。中国所有的书，皆应世之道。中国最重要的责任，文化的责任。届时推都推不动，能者多劳。

"能"到底是什么？"圣人成能，百姓与能"，"百姓日用而不知"。圣人何以能"成能"、什么都懂？"能"，乃与生俱来的，性能。一个"能"，就这么大问题，通这个"能"，就无所不能了。

事可以有办法，"道"愈来愈没了。乡下姑娘做菜，有妈妈的味，与"能"；实践学生做菜，按比例，但无能发挥性能。

在许多"设"的地方下功夫，即"存存"，存而又存。定而又定，禅而又禅。无"存存"的功夫，性就非"道义之门"。

继承，必前有东西才能继。"继之者善也，成之者性也"，中国人是"善性论"。说"性善论"，并不准确。讲善性、性善，可是没有看到一件好事。

"道也者，不可须臾离也；可离，非道也"（《中庸》），存而又存。"乾道变化，各正性命，保合太和，乃利贞。"（《易经·乾卦》）

性，与生俱来的，都得"存存"。"存存"，存而又存。"生生"，生而又生。"乾乾"，健而又健。成性，还得存而又存，可见成性的功夫不易！

"成性存存，道义之门"。人人皆可以为尧舜，满街的尧舜，何以台湾地区社会仍如此乱？就因缺"存存"功夫。无"存存"

的功夫，乃歪曲行事。

颜回"得一善则拳拳服膺"，"拳拳"，即"存存"的功夫，故"其心三月不违仁"，为"道义之门"，道义之所从出，"道也者，不可须臾离也"。

人总要找根，元生共祖，都自"元"来的，此为继续不断的力量。做坏事，不是没性，而是缺"存存"的功夫，就没有了人性。要做中流砥柱，天天"乾乾"，健而又健。如无"存存"的功夫，则什么也办不到。想改造天下，得先"通天下之志"。

笔记得勤，思想得打通关，非照文字讲而已。

"在天曰命，在人曰性，在身曰心"，此"心"为"本心"。命、性、心，三位一体。代表人成形的即"性"，骂人"没有人性"。人性使然，即"人能"，圣人成人能、物能。"成之者，性也"，"天命之谓性"，禀之于天的，蚂蚁犹知存物过冬。

人所禀受的是"性"，虽看不到，但设词知有此。"成性"，易变样，所以没有人性，"人心惟危，道心惟微"。"存存"是功夫，"成性"了，还要有"存存"的功夫。有"存存"的功夫，即有人性，"率性之谓道"。何以不说"继善存存"？"善"与"性"的区别何在？

不是身定不定，而是心定不定。打坐，不过是给臭皮囊做功课。定，是心定。禅定，行、住、坐、卧皆是。每天什么都做，都在定中，绝不为环境影响，不着相。没有善恶观念，行善是随缘，如用水般。想做好事有好报，绝不会有好报。

要有耐力，慢慢地磨上一年，得用心，绝对开窍。经验愈是丰富，读书才愈受感动，知自己读得太少、太慢。小智，虽天天想做伟人、求名，却是愈弄愈糟。大智，"大人者，与天地合其德"。齐家亦得有一套，能齐家就能治国。对父母不能说对不对，"孝"与"慈"是无法讲价的。

真想拨乱反正，得费一套功夫。我近几年专谈人性、孝慈，因这才是乱的开始。

"性生万法"，万法自"人性"来的，但无"存存"功夫，则非"道义之门"，什么坏事都做得出。做坏事有智慧的是大坏人。秦桧坏得不高明，是大笨蛋。

智慧得有功夫，睁眼说瞎话怎会有功夫？首先得"不惑于欲"，此为培智的功夫，第一步即"不偶俗"，天天比美，即偶俗。不与世俗相偶了，才能有特立独行的行为。"养心莫善于寡欲"，智者一看，绝对有清新感。"文胜质，则史"，指外表。"质胜文，则野"（《论语·雍也》），不到此境界，不算智者。"仁者不忧己私"，是"先天下之忧而忧"。

今天的画展，刺眼，没到境界。"知理不难，知所以用理为难"，乃有所感而发。睁眼看外面事，天天出奇招，这是一盘棋。你必得生活，能不重视？每天都得用术，每人都出棋子，都以为必赢。再过几天，就尘埃落定了。有的就摆个棋局，并不一子一子下；有的高手坐下来破，然后就有了输赢。既是在江边站，必有望海心。你用什么术？棋局定，就看怎么走，输赢不得而知。

大弟子简媜成立实学社，企划有魄力。不是看热闹，而是学实学。

"机事不密则害成"。我之言，常是声东击西，不说真事，但仍要启发你们。

说"回家与妈妈研究后，再决定"，幼稚！一个人有智慧，必须注意大局，"覆巢之下，焉有完卵"？

周瑜、楚霸王都无胜利，怎能为子孙取夭寿或气死的名字？

"机事不密则害成。"你搞什么，别人知道与否不重要，最重要的是你必须知道。

"存性"之难！如这里头有一存性之人，就是高手。没有"存存"的功夫，就不能"类情"。真情也得"存存"，否则凭什么"类情"？先说"演义"，再归正本。没有"存真情"的功夫，就没有办法"类情"。"类情"必经过许多步骤，一步一步来，即必通事物之德。

何谓事物之德？《孟子》称"尽性"，尽己之性，尽人之性，尽物之性，最后"与天地参矣"！并不是空话。忽略了"类情"的功夫，所以棋子摆错了。请吃饭、挂个牌，就把心给你了？不"通德"，就无法"类情"。"非我同类，其心必异"，利害之结合，如吴三桂与清朝。一旦利害没了，高官显禄都没有用，因为开始就"非同类"。

就是卖豆浆，都必要有容三人之量，否则店开不成。假设无利害，还容易招人，无主观、无利害。但是心不同，环境有别。

"成性"的东西，就是真情。《大易》之道是"类情"，而非"性"。"情"，发而皆中节，此必是同类。尽用降人，对你会有真情？真情，得有"存存"的功夫，否则也不易。

用什么方法对付邪情？要下"闲"的功夫，闲邪存诚（性）。诚，真的性、天之道；诚之者，人之道。"类"的是真情，邪情则要下"闲"的功夫，不使之进入。

每字推敲，懂一句话，适用一辈子。

我与谁都不谈话，唯上课公开讲。单独谈话，怕有人说"某人对我说……"小心谨慎至此，所以才可活这么久。

我为启发说，但绝不谈真事，拐弯抹角可以旁悟。

你们不细心，能处世？人都有情，是真情？或是邪情？真情，则可"二人同心，其利断金"。结党，得"类情"。我用的人绝不疑，疑人不用，用人不疑。能管钱者，未必能抢钱。

"大盗盗国"的都变成太祖高皇帝；用不好的，则脑袋搬家。国民党专用外行人，认为好支配，故至此。能干什么，不一定大学毕业。

"通德"，才能知人善任、适才适所。良能，即德，用；性，即良知，体。就一个药方，只是说法不同。就是找猪倌、羊倌，也必得适才适所，大小事都一样。找老妈子，就看性格是否适合小孩，性情是否相投。与太太没能"通德类情"，就天天吵架。活着，就得有智慧，小两口才能其乐也融融。有方法，有目标。

"要有所用，必有所试；若有所试，必有所悟"，社会就是需要而有用。

"何其多能也"（《论语·子罕》），如"多能"，失业机会就少。有人就嘴多能，开天票怎能兑现？捷运、劫运、截运，早晚兑现。

谁也没说你书读得少，但人家要有用的。读文史哲，问自己：毕业后做什么？盲目读做什么？可以读书，但必要有个副业。职业没有贵贱，没人格才丢人，以骗人吹牛为业。

我的父亲要我好好努力，说"要有用时，自会请上门来"，现仍等着，还没人请上门来！提醒你们：千万别中毒，要学多能，社会就把你抢碎了。

"机"与"缘"很重要，有些人做梦也没有想到，"圣人不能生时，时至而不失之"。"知几，其神乎！"不要不服气，应"恶而知其美，爱而知其恶"。

好好读《大学》，必要养成能容，才能识人之所长。

愈呆者愈感自己聪明。太呆，结果比汉献帝还惨。

傀儡皇帝汉献帝刘协（181—234），最终得了善终，是老死的，不是被人杀死或害死。刘协能幸免于难，一是因为汉朝的统治是比较成功的，余荫惠及于他；二是他比较聪明，善于保全自己；三是他的皇后是曹操的女儿、曹丕的妹妹。曹丕是大孝子，在母亲活着时，不敢让妹妹成为寡妇。

提醒你们：不要不务正业，当务之为急，利用现在环境读活书，可以增长许多智慧。世不乱，焉能显出有奇才？没有战争，怎会有将军？乱，正是知识分子大显身手的时机。必得用智慧，看自己是块什么材料，按自己材料塑造自己。

我绝不与你们争名夺利，也不向谁靠拢，是跟你们说真话。我无利可图，如何智昏？利，不单指钱。许多事，人微言轻。

国民党发言人一代不如一代，水平太低，犹自以为是，以为一站，就可以号令天下。

练习你们的脑，不要你们遵从我的说法。你们受启示，应超出去。

我每天写，但是三天后一看，不对，又改写了，如此，焉能传之千古？

　　大家都讲《论语》《易经》，但是都懂了吗？应以前人的智慧启发自己的智慧，不必说对不对。

　　哪有是非可言？是非、善恶何在？有经验之后，就易于原谅别人。女子为人母后，为了儿女，是何等的坚强！看事不必主观，人必要有守。"天下之理得"，"无适无莫，义之与比"，而"成位乎其中矣"！得默而识之、玩味，力量就大了。

　　《易》即讲理与势。"天下之理得""天下之势得"，时势造英雄、英雄造时势，好好玩味，知此，则懂得"造势""用势"，这是最实际的，就承、乘、应、与。乘势，谁造的势？谁用的势？谁乘的势？两人结婚，不相与，则同床异梦。"承"，几近有所得了。"继之者善也"，善是"继之机"，乘机、乘势。

　　我做事不假他人之手，因你们最难守的是你们的嘴。你们做事，对没有关系的又何必说？真想要成事，必得懂得不说，就是说也要声东击西。你懂人家设的险？什么都告诉人家？人没有到一个境界，焉能成事？"义理得，而成位乎其中矣！"

　　自己能听自己，都不容易，戒烟、戒酒，真能戒了？自讼，自试，明早一起，仍不听自己。自试，"或跃在渊"，"进退无恒，非无恒也""进德修业，欲及时也"（《易经·乾卦·文言》）。"学而时习之"，学而能试之。人必有点机术才能成功。

　　自己应有保护自己的智慧，要自卫。吃了亏，照吃不悟，至死不悟！天天发愤、写格言，却依然故我。别人会听你的？有人在你面前说花言巧语，你应马上"警戒"。

　　儒家、老子都赞美水。水，能平天下之不平，"盈科而后进"

（《孟子·离娄下》），随方就圆，无定形。何以"智者乐水"？水之德是什么？何必说方道圆，愚也！应学水的无形，随遇而安。尽以自己之一切衡量天下事，真是孤陋寡闻！天下事不在乎你喜欢与否。要随遇而安，脑中无所谓方、圆、菱，离开之后，仍恢复自己的本来面目、本色。"成性"，如无"存存"功夫，乃不能"率性"。"成性存存，道义之门。"随方就圆，可以明白更多的问题。可以随遇而安，但绝不能失掉本色。了不起的"乐水"，并非"不撞南墙而不回头"。净听花言巧语，大本都不立，也成不了事。

一个人永远不能失掉本色，要素什么、行乎什么。人如真有志，山河都为之变色，"志，心之所主"。性，即心，性、命、心，三位一体。

小智穿凿，算什么？其实，"台独"可能是气球，一碰即漏，一爆就体无完肤。"仁者乐山"，不得了！

有何自卫之术？"我不接受"，孤，欲自绝于日月，"其何伤于日月乎"（《论语·子张》）？本是中国人，必说不是中国人，何以要如此侮辱祖宗？如此糊涂，读书做什么？做事业，和谁都合不来，能做领袖？他不热衷，你能使之热衷，这就是你的能。哪里都不是养老院，必要求自己的能，"圣人成能"。膏药能找病，人要找病，并非病找你，要"自讼"。之后"自试"，看试的究竟对不对。假设有朝一日有人找你，你要怎么办？真用心，四年可以学些东西，但要深思。欲保存本色，必要有"存存"的功夫。

必分析清楚，才懂得是与非。批评一人，必了解以后再批评。读其书，必要论其世。批评人，亦然。

"人之生也直"，直人就是真；"罔之生也，幸而免"，算走运。

公式，就看怎么演，非会背与否。不能应世，就不是实学。最低用智，最高用德。智者利仁，仁者安仁。智者，不做吃亏事，能自保。"成性存存，道义之门"。

习性，习相远（yuǎn）。人在家天天表现的，都是习性。何以孩子净表现习性？本性，不失赤子之心，性相近；"生而知之，学而知之，困而知之，及其知，一也"。何以一家几口凑在一起不容易？人天天表现的是习性，非成性。性生万法，"性相近也"。天性，成性，佛性（真如）。

体非伪妄曰"真"，性无改异曰"如"，即一实相之体也。"真"，是真实不虚；"如"，是对真实的反映、如实。合真实不虚与如实观察，谓之"真如"。又，"真"是真相，"如"是如此，真相如此，故名"真如"。"真如"，是法界相性真实如此之本来面目，不生不灭、不增不减、不垢不净，即无为法。亦即一切众生的自性清净心，亦称佛性、法身、如来藏、实相。

骂人"习气太坏"，尽以习性治事，即"万恶之门"。所有文化均自"人性"出，此即"道义之门"。环境何以如此糟？乃"习性之门"造成的，皆各表己私。

"自由，自由，多少罪恶假汝之名以行！"真人就不会说甜言蜜语。我非"忘八"，而是"八骏图"，图八骏之业。骏，伟大的事业。今之"八骏图"：忠孝、仁爱、信义、和平。忘"八"，忘了八德。挂"八骏图"，子孝孙贤。

我如此讲，你们稍用点心，即是鬼灵精，最低限度能够自卫。

不要天天顺着小孩的习性，而要随机教育。小时候，给予启示，过段时间才有资格用。我对孙子说："四轮不跌倒，就买冰刀。"跌倒没资格，缓冲期多久？每个人的习性都不一样，人家没法接受，就"望而远之"。

"存存"功夫，各人不同。"本色"，不叫它变色，存"本色"；变色了，即"习性"。"性相近，习相远"。

禅宗，一部《中庸》，即"率性之谓道"，连佛都骂。

"天地设位，《易》行乎其中矣！"有形的天地，都在《易》之中。《易》，无方无体。天地，即生化。性，看不到，但所有物皆具有性。"以通神明之德"，才能"类万物之情"。台湾人已经病入膏肓了，绝不合作。"百忍堂中自有太和"，台湾将来的致命伤就在于不合作，都领袖欲强。"无适无莫也，义之与比"（《论语·里仁》）。

第八章

　　圣人有以见天下之赜（zé，形形色色），而拟诸其形容，象其物宜，是故谓之象。

　　"赜"，形形色色。圣人见天下之形形色色，"生生之谓易"，生生之象叫作易。

　　"设"与"拟"，都不是天经地义的。人、猫、狗、父、母、儿……都是"设"。万物则"拟"其形、其容。都四条腿、走路的，再看其容，而有十二生肖，第一个看到的叫鼠。两条腿，不都是人，也必看其形、其容。看宇宙事，既看形，也得看容。老谋深算的看得入微。

　　《六韬》《孙子》《吴子》，三者绝对不一样，方法与术不一。

　　小孩看社会乱，我们看则不乱，皆按自己的思想与智慧，拟其形容。

　　现在要另拟其形、容，重打锣鼓另开张，"天下一家，中国一人（员）"，比"地球村"的说法高明。我上课老是分析，就是要你们明白，从根上明白，如有一个有成就即可以。谁能悟？本身都有文，"文没在兹，有为若是"。

"拟"完形、容之后，再看合不合适，"象其物宜"四个字多通神！太启发人了。如是不宜，还要改名字。"象其物宜"四字启发无量的智慧。就是恋爱也不能盲目，结婚得把感情放一边，要"象其物宜"。事事都"象其物宜"，经此，就不会失败。费了这么多事，才"谓之象"。

《易》为智海，要特别努力，一字都不能放松，要推敲，才能得真智慧。有真智慧了，才能用事。

圣人有以见天下之动，而观其会通，以行其典礼。

人，两条腿站着、有行动，猴子、猩猩亦然，所以还要"观其会通"。有"会通"之理，因其"性"，一也。

如无周公的高智慧，会将人塑造得那么美？人之所以为人，就因为有礼。今天还有人的样子？人必那样，才有人的尊严，因为人各有分，"为人父，止于慈；为人子，止于孝"（《大学》）。制礼作乐极为不易，但要毁掉一个礼乐，太快了。自民国十三年（1924）开始松弛，在此之前的中国人犹守中国礼法。军阀之可恨，在勾结外国人，而各国均各有其目的。

以前做坏事，也还有分寸，就是礼。先有智，周公才设礼。一个人比别人表现得好，即礼，够水平，绝对高智。谁都好吃，但吃有礼。溥二爷有三绝，吃亦一绝，死在吃上。好吃也不行。"酒过三巡"，吃什么都有一定。"食色，性也"，但都有礼。

行动不一样，得研究其"会通"，保存其文化，"以行其典礼"。

我现在主张"奉元"，不一样，仍有一样之处——元，得"观其会通，行其典礼"。

到任何地方，要将自己文化加在别人身上，对方会反感。

系辞焉，以断其吉凶，是故谓之爻。

爻，效也也，"效天下之动者也"，故"吉凶生而悔吝著"（《系辞下传·第三章》)。

言（语助词）**天下之至赜而不可恶**（wù，当动词，厌）**也，言天下之至动而不可乱也。**

看天下的形形色色，而不可讨厌；见天下之动变不居，而不可紊乱。各指其所之。过时的东西不要，因为"不可为典要，唯变所适"。

元，乃立说之本。系于元，则一切的性就不乱。元，为物之本，民胞物与，都一个道来的；尽己之性，就能尽人之性，进而尽物之性。科学家生来的天智，可想到别人没想到的事。我们的目标也应想到别人没想到的。由己之性，悟别人之性。

天下本无事，庸人自扰之。有事，何不大家坐下来，好好地谈一谈？有些人不愿谈，怕利益没了！野心家就唯恐天下不乱。

发明家即尽物之性。我最喜铜器、玉器。商的青铜器最好，至今犹未研究出其所以然来。

要冷眼旁观。天下事都要"通德类情"。此一棋局太容易破了，旁观者清。放羊，小羊回家不迷路，"物以群分，方以类聚"，"物"，包含人、事、物；"方"，含的意思特别多，各方、方所。"以类聚"，一类一类相聚，故易破。酸的在一起，可用一类破酸，也可使之更为可口，可加点甜的。就因为加点甜的，大家都接受了。

美国就为一己之利益。许多事必自多方面参考。中国不允许美国的航母越线，可知必有制服之秘密武器。敢打，绝对有卫。

拟之而后言，议之而后动，拟议以成其变化。

说话有目的，就是要达目的，所以要考虑说出的话能否达到目的。考虑这家的狗是谁的宠物？如是老爷的，全家孝老爷，那就赞美狗，全家都欢心，此即"拟之而后言"。

进屋，连狗都有面相。要开始行动，得明辨之、笃行之，"议之而后动"。

"拟""议"，两步功夫。拟议，以成其改形，破其棋局，使之片刻功夫即起了变化。在台上的呆子，已经叫人吃定，就时候未到而已，到了"人人皆曰可杀"，然后杀之。

下面讲具体的卦时讲。

"鸣鹤在阴，其子和之；我有好爵，吾与尔靡之。"子曰："君子居其室，出其言善，则千里之外应之，况其迩者乎？居其室，出其言不善，则千里之外违之，况其迩者乎？言出乎身加乎民，行发乎迩见乎远。言行，君子之枢机；枢机之发，荣辱之主也。言行，君子之所以动天地也，可不慎乎？"

此释中孚卦"九二"爻。

"同人，先号咷而后笑。"子曰："君子之道，或出或处，或默或语。二人同心，其利断金。同心之言，其臭如兰。"

此释同人卦"九五"爻。

"初六，藉用白茅，无咎。"子曰："苟错（措）诸地而可矣，藉之用茅，何咎之有？慎之至也。夫茅之为物薄，而用可重也。慎斯术也以往，其无所失矣。"

此释大过卦"初六"爻。

"劳谦，君子有终，吉。"子曰："劳而不伐，有功而不德，厚之至也；语以其功下人者也。德言盛，礼言恭；谦也者，致恭以存其位者也。"

此释谦卦"九三"爻。

"亢龙有悔。"子曰："贵而无位，高而无民，贤人在下位而无辅，是以动而有悔也。"

此与乾卦"上九"爻重出。

"不出户庭，无咎。"子曰："乱之所生也，则言语以为阶。君不密则失臣，臣不密则失身，几事不密则害成；是以君子慎密而不出也。"

此释节卦"初九"爻。

子曰："作《易》者，其知盗乎？《易》曰：'负且乘，致寇至。'负也者，小人之事也；乘也者，君子之器也。小人而乘君子之器，盗思夺之矣。上慢下暴，盗思伐之矣。慢藏诲盗，冶容诲淫。《易》曰：'负且乘，致寇至。'盗之招也。"

此释解卦"六三"爻。

第
九
章

　　天一地二，天三地四，天五地六，天七地八，天九地十。
天数五，地数五，五位相得而各有合。天数二十有五，地数
三十，凡天地之数五十有五，此所以成变化而行鬼神也。

　　大衍（演）之数五十，其用四十有九，分而为二以象两，
挂一以象三，揲之以四以象四时，归奇（剩的，零）于扐（勒）以
象闰，五岁再闰，故再扐而后挂。

　　"扐"，占卜时，将零数挟在手指中间。

　　乾之策，二百一十有六；坤之策，百四十有四。凡三百有
六十，当期之日。二篇之策，万有一千五百二十，当（相当）万
物之数也。是故四营（求）而成易，十有八变而成卦，八卦而
小成。引而伸之，触类而长之，天下之能事毕（变与化，乃有生与成）

矣。显道神（当动词）德行（人能弘道，不落空），是故可与酬酢，可与佑神矣。子曰："知变化之道者，其知神之所为乎！"

此章讲卜卦，要演，不可以看成死的。

《易》有圣人之道四焉：以言者尚其辞，以动者尚其变，以制器者尚其象，以卜筮者尚其占。

"易有圣人之道四焉"：言尚辞、动尚变、器尚象、卜筮尚占。

"尚"，姜尚，把自己列为最低。成就，是有所尚的。

"尚"是什么？"尚"者，则也。有所尚，就是有所则。则什么？尧则天，就因为他尚天，才则天。一个人要有所成就，必得有所尚，不是瞪眼吹牛，就成功了。

是以，君子将以有为也，将以有行也。问焉而（能）以（用）言，（易）其受命也如向。

"是以"，因为这样，所以。

"君子将有为也，将以有行也"，"为"与"行"有何区别？

康有为，有为有守。守，守什么？就守则、守所尚。

"有为"和"有行",有何不同?什么样表示是"有为"、什么样表示是"有行"?说"知行合一",没说"知为合一"。自己慢慢悟吧!

"将有为,将有行",行前必好好策划、企划、计划,即慎始。没有"有为"的功夫,就不能做事。但有守,才能有为。要做"有为"的准备,必有则,即宗旨。设计一东西,在"设"之前,就必有原则。

"问焉能用言",怎么问怎么答。"言"与"语"的区别,"子所雅言,《诗》《书》、执(艺)、《礼》"(《论语·述而》),"食不语,寝不言"(《论语·乡党》),"子不语,怪力乱神"(《论语·述而》)。问以言,不答怪力乱神问题。

看愈多的注解,愈不了解那些夫子何以要写书?"子以四教:文行忠信"(《论语·述而》),"文学:子游、子夏"(《论语·先进》),文学,并非辞章。

"受命如向","向",反应特别快,钟一敲,就有回响,"如撞钟,叩之以小者则小鸣,叩之以大者则大鸣"(《礼记·学记》),怎么受命怎么向,又何必卜!

没有智慧,乃因"意",臆度、推想,"意、必、固、我"。既不相信别人,自己也没有上帝。带着满身的罪孽去卜,能够灵?

无有远近幽深,遂知来物。

"无有远近幽深",则此人必是"毋意、毋必、毋固、毋我"。一个有主观见解的人,永不能测知未来的事。

"遂知来物","至诚可以前知"。欲知未来,必具"至诚"的修养。今天都预测一切事，要大家跟着走。

"通德"，由己、人、物，加上"尽"的功夫，即"类情"。

非天下之至精，其孰能与（yù）于此？

经刚、健、中、正、纯、粹了，才能达"精"。刚，无欲则刚；健，得自强不息；再经"中、正、纯、粹"，都做好了，那个结果才叫"精"，即"一而不杂"。

得是"至精"，"非天下之至精"，谁能参与于"知来物"？"与"，参与，至诚可以前知，未卜先知。好好悟。

《易经》之道，贵乎修德，崇德广业，历经造次、颠沛、患难了，才知功夫之难！得多少，受用多少，贵乎行。一尘不染，才能知未来，即要无私。天下圣人都同此性，什么观念都没有。一天忙于名、利、禄，能未卜先知？

参伍以变，错综其数。

"参伍"，是数，"参伍以变"，自"参伍"得其"变化"。"错综其数"，"错"，阴变阳，阳变阴；"综"，相反，上卦变下卦，下卦变上卦。参伍、错综，六十四卦由此来。

"杂物撰德，辨是与非，则非其中爻不备。"（《系辞下传·第九章》）

通其变，遂成天下之文；极其数，遂定天下之象。非天下之至变，其孰能与于此？

有变，得"通其变"，必通"参伍"，才能"成天下之文"，天文、地文、人文。

要"通其变"，必下"极"的功夫。"极其数"，拟象，"定天下之象"，有了定"象"，知是茶杯，或是夜壶。

怎么达"至变"？必要有"极其数"的功夫。"变"，可不得了。中国人没有"末日"的观念，就"穷、变、通、久"。

"非天下之至变，其孰能与于此？""至变"！"至哉"，是跟定你了。不达"至变"，难以达"成天下之文，定天下之象"的境界。故要"智周万物"，才能"道济天下"。

"变"，以"参伍"为根本。变以数。求其在我，不在人，以自己的修养为第一要义。能达至变、极数的境界了，才能"通其变，极其数"。社会上就是三三五五，能"极其数"，就能"定天下之吉凶"，知失得之象也。

看卦，注意来注。来知德善用错综、中爻，"错综其数，非中爻不备"，浅显，乃易于入门。所有的《易》注，都半身不遂。

文，经纬天地的方法。"天之未丧斯文也，桓魋其如予何？""文王既没，文不在兹乎？""通其变"，知其变之所以，"非天下之至精，其孰能与于此"？

你们要懂、要检讨，道理是愈辩愈明的。你们是有智慧的人，要自知，不要妄想。认不了千字，还自满？

风云之变，都是幻影，有许多象。所谓"余庆、余殃"，就看后代如何，丝毫不爽。自袁项城（世凯）至今，印证因果报应。

上天既生了，就得活下去。既于人无补，亦不害人，就安分守己。人守分不易，看外面热闹能不动心？就因为没有靠拢，所以得薪传奖。好名，反过来就丢名。做礼拜去，出门就完。

应坐着一句一句看、一字一字想。不是空想，必要具备几套工具书。我的《大汉和辞典》都翻得破碎了！《说文解字》也不标准，要多看几种工具书。遇字不清楚，要多查字典，不是装模作样来的。解决问题，必要有真智慧。

易，无思也，无为也，寂然不动，感（至诚之感）**而遂**（才）**通天下之故。**

佛经中有许多"故"，如《心经》"依般若波罗蜜多故，心无挂碍；无挂碍故，无有恐怖，远离颠倒梦想，究竟涅槃"，义相通。

易之体，无思、无为，"寂然不动"。道之体，"感而遂通"，求则应，"受命如向"，故"通天下之所以"。

"易有太极，是生两仪"，"在明明德"，"是""在"，均非虚词，特有深意。

易，乃生生之象，所以无思、无为。天地，无为而成化，无为，非什么都不做。天地之所以能生生化化，即无为，"生而不有，为而不恃"。什么都有为，则失败多。成功是偶然的，不是算得准确。

大老粗能成天下之务？找不出毛病，就要毁谤。完全一台儿戏！怎能成深的事业？

一个象有思有为？没有。谁懂得天地生生之自然道理？自然界是无为而成化，"能以美利利天下，不言所利"。没说为牛羊牧草，是人说的。就因有为而成乱。不在批评，而在举例。不能以"美利利天下"，还必言所利，开的天票能兑现？

本身无知却有权，此即有为。何谓"无为"？即自然。顺自然，才能成化。无为，才足以有为；有为，绝对乱。

"无思、无为"，并非行尸走肉，所以才能"感而遂通天下之故"。要"类情"，所以要"感"。没有"感"，焉有"情"？故曰"感情"。不是死的，所以感就通天下之所以。玩味，就能实际当智慧用。研究这、研究那，皆画蛇添足，应顺自然而成化。

中国苹果最好吃的是北方的，以熊岳（位于辽宁省营口市鲅鱼圈区熊岳镇）为最。现到处熊岳苹果，但有多少真的？我的学生遍台湾，能吃到真的，麻豆文旦，埔里甘蔗（必烧着吃）。

"观鸟兽之文，与地之宜"，顺自然，地之宜。刚来台时，台的番石榴、桃子可以打死人，现在品种改了，味却没了，因为没顺自然，变味了。加上人工，违背自然，乱了，不是原来那个味。成就大事业，绝不能有为。

有情，才生生不息。情，非用嘴说的，而是"体万物而不可遗也"。自然界有情，"橘逾淮而为枳"。"感"，就通天下之所以。

尽性，能发挥作用，尽己之性→尽人之性→尽物之性。一个真尽性的人，很会用人。清末曾文正善于用人，是秀才造反有成，对老帅的领导，大家都无异议。曾对兵亦必亲自看，然后评论；鲍超（1828—1886）是木匠出身，不识字，但能作战，屡建战功，深得曾器重。

明式家具连缝都没有，那木匠岂不饿死了？

明式家具，广义着重一个"式"字，不管制作于明代或明以后何时，也不论贵重材质和一般材质，只要具有明代家具风格，皆称"明式家具"；狭义则指明代至清代前期材美工良、造型优美的家具。其特色为优美简练、典雅古朴。各个部件的线条，均呈挺拔秀丽之势。刚柔相济，线条挺而不僵，柔而不弱，表现出简练、质朴、典雅、大方之美。

明式家具简洁空灵，以"人体为本"，其灵魂是卯榫结构，大到床、小到凳，一颗钉子都没有。整件家具都是用卯榫结构拼接而成，不仅从外表看天衣无缝、浑然天成，也不用担心潮湿、干燥会导致家具变形或崩裂。卯榫结构，源自中国建筑几千年复杂的木构框架。卯在中国明式家具的榫上，楔得深，卯得牢。

明式家具标准十六品：简练、淳朴、厚拙、凝重、雄伟、圆浑、沉穆、秾华、文绮、妍秀、劲挺、柔婉、空灵、玲珑、典雅、清新。

没到境界，没法知人。看一眼，判忠奸。没有秘诀，能尽己之性即能尽人之性，完全在乎修为。就是一奶同胞，也未必一样。

"感"，是主动的。有感应，乃自己有诚，感动了对方，对方就应。曾文正"誉之者曰圣相，毁之者曰元凶"，毁、誉皆第一号。试问自己有几分诚，不必老是责备别人。无诚，彼此利用就坏。谁欺谁？

尽己之性，即"诚之者"。"诚者，天之道"，放诸四海而皆准。熟就能生巧，不是谁高谁低。多琢磨，话没用，不感人。

"感"，咸心；"咸"，皆也。用什么尽己之性，一点也不保留？"感"，是完整的心，一点私也没有。咸心，皆心，诚之者。先问你对别人有几分诚意，会领兵者，视部下如同兄弟。领导一帮人，如无一颗完整的心，没有办法。社会就是敌我，有黑白、是非、喜欢与不喜欢。一群人要同心同德，必不同于三心二意、离心离德。

上帝一开始，就造两个不同的，两个性不同，合则生生，不合就没办法生。两个集团，不以成败论德，而是结之以诚，互相感召。开始就分两派，连尧都有四凶，四凶彼此拉帮，互相推荐。

应追随真理，所欲不可代表真理，众人之所好好之，反之则坏。同心同德才能"感"，否则没有办法。

"伪"不能生真，"有为"，即伪，是人为的。《中庸》说"率性之谓道"，即真。世界这么乱，都是人为的。何以孔子现在又变时髦了？

"感"，要全心全意，有一点私心即不诚，刚、健、中、正、纯、粹、精。真想成就大事，必先要有一颗完整的心。同心同德，臭味相投也可。尽己，即尽自己性的本能，一点也不保留，就能感动对方也尽人之性。

非天下之至神，其孰能与于此？

"至精""至变""至神"，得到了"至高"的境界。因为什么没有智慧？每一字，都要研究。

"至神"，"圣而不可知之之谓神"（《孟子·尽心下》），妙之极境。"大哉至哉""太极神极"，最好的东西，无词以赞之，"民无以名之"。

中国书画，有神品、妙品、能品之分。称王羲之为"墨皇""墨圣"，其《圣教序》为集字。写字，亦有至高之境。

人亦然，有入流、未入流，《升官图》（中国的选格游戏），第一个即未入流，入流都不易。日本插花，亦称流派。达到境界，并非讲来的，但入流也不易。讲中国学问，当常识讲则可。

我教书是反串，感谢老母亲小时逼着读一点。应自得之，"深造之以道"(《孟子·离娄下》)，是自己去求，皆自得也。文字是筌，得鱼必要忘筌。连个流派也没有，乃未入流。下流，乱七八糟。

几个"至"字特别重要，"至神""至哉""至圣"，皆修为之至高境。做有心人，好好下功夫。从每个地方启发自己，智慧是无穷的。

夫《易》，圣人所以极深而（能）研几（几微）也。唯深也，故能通天下之志。唯几也，故能成天下之务（当务）。

"极深而研几"，"深"，得"极深"；"几"，得"研几"。"极深"之所以，"研几"之所以。

何以要下如此功夫？"唯深也，故能通天下之志"。"志"，心之所主，《诗》言志（《尚书·尧典》），"不知言，无以知人"（《论语·尧曰》）。"深"，必有对象，是"深"什么？要深性。

"微"者，道之体；"几"者，道之用，为一切生之主，故曰"生机"。

天下最急的是什么？当务之为急，今天之当务，在中国来说是什么？

孔学可含义太深了！没有"几"，你能成天下之"务"？中国人的"天下之务"，就是天下平。就我们有此一志向，讲尽一切步骤，目的就为达天下平。

读任何一字，必要知其所以。

"感"，指心，是在身；"深"，指性。深性，即尽性。尽己之性，尽人之性，通天下之志。"感"，有情的成分，就有好恶、是非、黑白。"性"，情之体，是未发之中。发而不中节，即情胜于性；

发而皆中节，则与天地参矣！尽性，通天下之志，尽天下人之性。

每天活在情欲之中，喜干自己爱干的事，能升华到最高不易，只能到像个人样子。

成天下之所当务，必要有"研几"之智。"务"，当务之为急。很少人能成就己之所当务，因不能"研几"，就不能"识几"。"成务"，第一个步骤即"研几"，然后"识几、知几、用几"，"成天下之务"。

做事，都有一定的节骨眼。吃，味道恰好，得火候足，要恰到好处。太过，则烂；不及，则味出不来。

不了解火候，能成事？现在是什么火候？什么"几"？都想当"国父"，但只能有一个，就视谁能抓住机会。此非空话，古之成功者即善用"几"，如吕望。姜太公钓鱼，诸葛亮卧于隆中，心静一，但所用的工具不同。用直钩者土包子，诸葛亮绝比不上曹操。哪一个也不是忠臣，都想当皇帝，成者为王。项羽不知用"几"，其武功高于刘邦。刘邦懂用"几"，并没有读多少书，乃智慧的行为。能用"几"，才能成其所务。

必要用"神武不杀"之智。"神武"是什么？达到目的，却不损一人，即《孙子》的"全敌"、《中庸》所谓"聪明睿智，足以有临也"。所以，要培养智慧。

知识分子有安民之责，必要具安民之智。如何应敌这是实际的。何不喝茶想想正经事？打不过对方，但要不吃亏，如何能做到？净矛盾，还求对方有善的响应？实际想想要如何安民。

"神武"，在于"聪明睿智"四个字。"聪"，耳的功夫，国际环境不能不清楚，"关门做皇帝"即不聪。"明"，看得清楚，知人、知敌。现当权者天天是"肤受之愬必行焉"。"睿智"，是脑子的作用。不可力敌，必要智取。

"极深"，人的事，通天下之志。政治家是会耍人的。你耍我，我耍你。如能通天下之志，一帮就不会内乱。

不必怕，要釜底抽薪，不要扬汤止沸，最后必"得渔翁之利"。

"你不能成功"，大家都要抢，抢不到就打碎它。有私情，绝不能成事。

"几"，昔日门有机，或用碗，或用石头，可以发挥旋转的作用。射箭，昔日可一把三箭。有"几"，自此出去。弓很简单，上面有机，以此作为标准。练腕力，必要平；不中，乃是腕不稳。"几"，就是重要的那一点。人的成功，就决之于刹那。用"几"，放箭者能百发百中，即不失几。

没到危机之时，不可以放一枪。因为有一子，即可掌握自己的生命。出门，子弹即生命。"几"来，百发百中。

用"几"，即决策。幕僚不行，都成土包子了。知理容易，知所以用理为难也，可与适道，未可与权。魄力，特别重要。有所行动，要懂用"几"、用"理"。外交用"理"，战争用"几"，决定于一刹那间。

在最危急时，决定从哪儿逃即几，此成败之"几"。临危不是一件易事，连狗叫都吓一跳，还能搞政治？要练达胆量。遇事就躲，枪一响，能爬出这个屋？懂得什么叫"战争"？士官长重要，天天喝酒，但枪一响，主意多，是作战的灵魂。

领袖绝对是少数。长才，必要有组织能力，能发挥作用。四大寇，以孙中山作头。发展组织的"点"，自三二知己开始，不到一年即五十人。社会是"需要而有用"，否则即是废才。要培智，但有人永远是兵，不必讲太多。只要是志同道合，一个命令下来就合作即可。

领袖，是自己造就的，还等人请？有多大的组织能力，就是多大的领袖。就是卖豆浆，至少也要三个人。有"助人为恶"的，则"鸣鼓而攻之"。有志，要培养、造就自己。组织就是力量，不是人多。

唯神也，故不疾而（能）速，不行而至。

因为什么能"不疾而速、不行而至"？有无至诚之感？感而遂通。《中庸》称："至诚之道，可以前知……祸福将至；善，必先知之；不善，必先知之。故至诚如神。"

距离敌人五十里，如五十里外就有"点"，就可不行能至。发展组织，即"利建侯"，则可不疾能速。要组织健全。诸侯，斥候、小组织，足以有为，必要脚踏实地认真、实际去做。

子曰《易》有圣人之道四焉者"，此之谓也。

《易》为智海，可受启示。

看过几百个注解，也保证你不会用。想上极乐世界，何不将世界造成极乐世界？这一套人人都能接受，即成"显学"，否则成"绝学"，不在文章美不美。

人都不一样，最遗憾没教出领袖人物，必要有胆才能行。有些小孩有惰性，脑筋"控固力"，推不动，于自己无好处不做，净做白日梦！要上第一公墓练胆，怕，还能做事？最不可怕的是死人。

各怀心腹事，用事就难！与学生就有用。

革命，是救民的，杀恶人即是做善事，十家哭总比一路哭好。没有狠心，就不必搞政治。别人怎么做，于你有何关系？

读书，不是在图书馆做学问而已，现在是"实事求是"最好的参考材料！在图书馆累死，于实际事何干？把心收回来。冷静些！

子曰："夫《易》何为者也？夫《易》开物成务，冒（覆盖）天下之道，如斯而已者也。"

天地能生物，人能开物。《易》开物成务"，《易》讲"开物成务"之道。"开物"，中国有一部最有名的书——《天工开物》。

《天工开物》为明人宋应星（1587—1666）所作，记载了明朝中叶以前中国古代的各项技术。全书分为上、中、下三篇十八卷。并附有一百二十三幅插图，描绘了一百三十多项生产技术和工具的名称、形状、工序。

宋应星曾游历大江南北，行迹遍及江西、湖北、安徽、江苏、山东、新疆等地，实地考察，注重实学。他在任分宜县教谕期间，将平时所调查研究的农业和手工业方面的技术整理成书，在崇祯十年（1637），由其朋友涂绍煃资助出版。

《天工开物》因被认为存在"反满"思想而未被收入《四库全书》，因而未能流传。后来《天工开物》由藏于日本的明朝原版重印刊行中国。

"开物成务"："开物"，发明、创立；"成务"，完成，不是虎头蛇尾，"有始有卒者，其唯圣人乎"！

《易》"开物成务"。中国的思想没有上帝造人，我们是天民，得的是天德，修的是天爵，受的是天禄，做的是天工。《尚书·皋陶谟》"天工，人其代之"，天工由人代，代什么？代"开物"。天工开物，并不是上帝来的，而是人代其开物。因为天工仍有所不足，人可以代之，补天工之不足，如有了飞机，天险便可过了。中国的思想一切都进步了，应再继续干，天工仍有所不足，人应代天工之不足。今天则要"藉罔神以弘道"。

"开物"，没人感谢你，因为人必得代天工，这是你成就了自己的当务，因为是"元"给了你智慧——性智，是最圣洁的，一点掺杂、私心也没有。天工人代，因为你能"开物"，才能成你之所当务。天下无废人！

《中庸》：唯天下至诚，为能尽其性；能尽其性，则能尽人之性；能尽人之性，则能尽物之性；能尽物之性，则可以赞天地之化育；可以赞天地之化育，则可以与天地参矣！

成败，并非指久远事而已。

要注意，圣人并不是活人挑剩下的，而是周游列国，到处碰壁，回家五年后才死的，不是一开始就在等死。

别人没弄过的，老子弄，即成发明家，走在百姓之前，所以要成当务之急，"以前民用"。

今天台北讲《易》之热闹！不卜而已矣，不恒其德，早晚缺德！真想做学问，必要下真功夫。何以要学《易》？如不明白，那学《易》做什么？

"冒天下之道，如斯而已者也"，"冒"，把天下之道皆包含在内，同"弥纶"，"《易》与天地准，弥纶天地之道。""冒天下之道"，故能面对天下之事；"如斯而已者也"，就如此而已。"易"为"易简"之道，"易则易知，简则易从"。

慢慢地在你们的脑子里注入些观念，以《大易》之智启发我们的智慧，面对一切问题。事情，非自我陶醉就能解决的。

要自己去悟。简单得很，"冒天下之大道，如斯而已者也"。就这么简单！读《易》，懂一句圣人的话了？"夫《易》开物成务"，包括天下之道，如斯而已矣！

现在完全是画蛇添足，与《大易》半点关系也没有。都想"成务"，以自己为救世主，但有的被接受，而有的却被摔死。活教材，"金童"变成破铜烂铁了！何以如此？就没有"通天下之志"。失败在不自知，后来骄傲。自知者会有谦德。他要死了，大家也过这么多年，有什么影响？社会上，成败皆非永久的，偶然的失得，亦有一定的规律，骄者必败。

是故，圣人以通天下之志，以定天下之业，以断天下之疑。

伏羲画八卦，目的在通德类情。圣人以《大易》的智慧，通天下之志、通天下之思想。"天下"，包含无尽藏。通稻米之志者，故能改良育种。人之志，即思想。

"圣人以通天下之志"，是以《易》之道通天下之志，并非算卦的。圣人"贵通天下之志，贵除天下之患"，因当务之急在于除患。

自己之所成，能者不一定多劳。成己之务，而非成天下所有之务。下雾，伸手不见五指。

每人都能"开物成务"，但不可能多能，否则连太太都发牢骚。不知自己之所学，开口即大放厥词。不要以自己为多能，就连孔老夫子都不行。应在自己之所能内"开物"。

人之短，在专门做自己不能之事。新画家，几笔代表什么？听不懂，愈看愈不像，自迷！

除天下之患，即"成务"。冒天下之大道，故《易》与天地准"。要在自己智之所及内"开物成务"，自己并不能"与天地准"。

"定天下之业"，"业"与"务"有何区别？说"业绩如何""业务不错"。由"开物"至"定业"，此一建设历程的经过，得用多少的智慧？

通志、定业、断疑。"断天下之疑"，"质诸鬼神而不疑，百世以俟圣人而不惑"（《中庸》），鬼神不疑、圣人不惑，天下乃无疑。谁说东说西，都没有用，事实摆着。

读完《易经》，对许多事可以一笑置之。难道一骂，人就相信了？每日如念《心经》一遍，保证气质改变。五十年，又为台湾谋什么幸福了？有事实摆着，人家才不生疑。总觉得进步太慢了！总之，即自私。

每天注射强心针，毅力永不变。

所以，中国人是"天下"思想，没有"界"与"际"的观念。没有国际观、没有世界观，因为没有际、没有界，是"一统"。如有"界"，还能"一统"？那不就是佛教的三千大千世界？怎么讲，都不能自圆其说。

我们惭愧，就是我们没有能"通天下之志、定天下之业"，更没有德"断天下之疑"。好好看这三句话。

我们有什么能？一个人为什么会乱讲？因为没有懂，不知耻，"知耻近乎勇"。《中庸》称："好学近乎智，力行近乎仁，知耻近乎勇。"

你们年轻，要好好下功夫。许多年轻人净与世俗争功。

要谈心得，却谈是非，哪区的票少，于你何干？真是奴才料，净为人跑腿，还自以为高！奴智，不知自己之所当为。

朱子的《本义》，与《程传》不是一回事。《周易本义》，乃自以为是"本义"，意在"毁谤"《程传》。程、朱二人实不同，《程传》讲义理。

我现在是讲常识，并非讲《易经》。真想学，应自己下功夫。

讲生死学的，说要与证严论道。孔子说："未知生，焉知死？"证明他未读过《论语》，几千年前已有人向孔子问生死、问鬼了。

儒家之学不论死，专论生。宗教家则专论生死。"子不语怪力乱神"，讲死的皆鬼话。净土，以这块土不干净，死后才要到净土，真是闲着没事干！那地方绝非你一人住的。

北京话，满语北京化。"活佛转世"，何必捉迷藏？西太后、武则天信佛？横行！

论生死，应先死一遍了，回来再讲。专说假的，妓女都不如！

我讲《易》，绝不讲卜筮，不语怪力乱神。

孔子一生"述而不作"，说"有不知而作者，我无是也"，之所以"不作"，因没有真知。满天下皆"不知而作者"。"信而好古"，是有源有本。"窃比于我老彭"，见贤思齐。每个人皆有"窃比"，"三人行，必有我师焉"（《论语·述而》）。

每个地方皆活的，学完，必是活活泼泼的。

《易经》里头不知缺了多少，但不考虑，就按着讲。

是故，蓍之德，圆而神；卦之德，方（仿）以知（智）；六爻之义，易以贡（告）。

上应有脱文。

"通天下之志""定天下之业""断天下之疑"……"是故"，因为这样，所以……蓍完，即成卦。

"蓍之德，圆而神"：蓍完，结论即"蓍之德"。"圆而神"，中国就一"圆"字代表一切，圆而无缺、无阻，因圆而无缺、无阻，才能"神"，"圣而不可知之之谓神"。

"卦之德，方以知"："卦之德"，成形了；"方以智"，"方"当"仿"，"直方（仿）大也"，当然不必习，"不习无不利"（《易经·坤卦》），"直其正也，方其义也"（《易经·坤卦·文言》）。"卦之德，仿以智"，成形为卦，知是某卦，启人智慧。

"六爻之义，易以贡"："爻者，言乎变者也"，易，变也，"六爻之动，三极之道也"。"贡"，告也，"系辞焉，所以告也"，一爻一时位，六爻六个时位。"定之以吉凶，所以断也"，遇事即断，不必卜。

圣人以此洗心，退藏于密，吉凶与民同患。

"圣人以此洗心，退藏于密，吉凶与民同患"，所以才除天下之患。

"洗心"：一、韩康伯曰："心者，先也。"二、来知德曰："心之名也，圣人之心无一毫人欲之私……"佛讲"清净心"。

"洗心"究何指？亦不得而知。一般释为"无染的心"，即最圣洁的心。我解：与生俱来的"本心"，亦即赤子之心，"赤心"。

"大人者，不失其赤子之心，不能失赤子之心，"大人者，与天地合其德"。如心已不是"赤心"了，要经过什么？正心。因为"赤心"搬家了，所以要"正心"。心又正回来了，但还不如"赤心"。

在旧社会，北京古玩坏了，得加工，但技术再高明，加工后也不如坏了之前的完整。赤子心，"大人者，不失其赤子之心"；失掉了，正回来，但已经不是赤子心了，所以，以此加工之心"退藏于密"。如是"赤心"，就不必"退藏于密"。

圣人没有什么了不起，就存了一点，即"不失其赤子之心"，存赤心。我依经解经，"洗心"释为"赤心"。大人者不失赤子之心，要保住。但"迁善改过"之后，那心，已不再是赤子心了，是"正心"。

人因何有私心？赤子之心没有吉凶，"大人者，与四时合其序，与鬼神合其吉凶"。凡人，则"吉凶与民同患"。

"吉凶与民同患"，何等抱负！焉能入外国籍？人生就几十年匆匆即过，最后能得什么？行为不足，骂名千载。都装进棺中，但自古以来盗墓者多。好好冷静想想。

做缺德事，还伪装？狗都不吃。

"用之则行，舍之则藏，唯我与尔有是夫！"（《论语·述而》）不能"退藏于密"，那聪明睿智从何而来？圣人是拿"洗心"才能"退藏于密"。

养心，莫善于静。心能静，则无波。别人知不知没有关系，定、静、安、虑、得。

四年后，奉元弟子要一个个像个样子。每个民族思想中皆以本然心最纯，不必环保。

神（乾）以知来，知（坤）以藏往，其孰能与此哉？

"神以知来，知以藏往"改为"乾以知来，坤以藏往"，根据熊十力《乾坤衍》改。熊十力改得对，《易》讲得通。《乾坤衍》，专讲乾、坤两卦。

《乾坤衍》：虞翻曰："'乾神知来，坤知藏往'，余案下'知'字，当是'坤'字，盖古时传写误作'知'，后遂仍之。"

"乾以知来"，乾施，知来；"坤以藏往"，坤受，藏往。生生不息，就因"乾施坤受"，"阴阳合德，刚柔有体"。"其孰能与此哉"，其谁能到此境界哉？

古之聪明睿知（智），神武而不杀者夫？

"古之……"乃"今之"没了，因为其心，连狗都不吃。

一个国家必得把武力用得能震慑住不服者。武备，是为了征不服，但不是征不服从我们的，而是征不合"天下平"的。

促战的都得征，因为中国人讲"一统"，没有国际观、世界观。所以"神武而不杀"。"神武"的目的是什么？在止戈。止戈为武，而天下平就是"神武"，这就是孔学。

"聪明睿知"是"神武"的武器，焉用杀？不杀。《孙子兵法》讲"全敌"，战胜敌人，还保全了敌人。《孙子兵法》读熟了，每一个字都发人深省。"神武不杀"，此中华民族的智慧与精神，《孙子》"全人之师，全人之国"，即"不杀"，亦即"神武"，其武器为"聪明睿智"。

《中庸》云："唯天下至圣，为能聪明睿知，足以有临也。""聪明睿智"自何来？自人性来，因为"性生万法"，"大人者，不失其赤子之心"，要保住赤心。迁善改过以后，那心已不再是赤子心了，是"正心"。人因何有私心？

要找元，即根。奉元，处处要找根。谁也没带来，能"率性而行"即成发明家。中国人常说："从心生。""命、性、心"，三位一体。

"聪明睿智"是与生俱来的，人人都有的。"文没在兹""文武之道未坠于地，在人"。"文"，经纬天地之道；"武"，神武之道。《尚书》称尧"钦明文思安安"，尧为文祖。

现在谁也不能用"神武不杀"，就靠斗争。"神武"，是与生俱来的，"贤者识其大者，不贤者识其小者，莫不有文武之道焉"（《论语·子张》）。

"中国"，什么是"中"、什么是"中华"？如不明白"中国"是什么，那"中国思想"何在？"中华"与"中国"有何关联？

讲"中"，只是本，天天讲没用，得行。佛教有成佛之经《法华经》，"法华"，法到华了，人人皆成佛。所以，"中华"，"中"得"华"了才行。德华，可不行，焉对得起其父所命之名？"日月光华，旦复旦兮"，旦复旦。遇事，要推。光"中"不行，得将"中之道"华于宇宙，使之发扬光大，结果，即成"华夏"。三夏：夏，诸夏，华夏。

自己出问题自己解答，将千年来模糊不清的观念一扫而光。

"中道"的传承是什么？"入则孝，出则悌"，此传承之途径。将"中"字讲成"仁"，最低！

中国人讲"仁"，二人偶也。生小孩，乃"仁"的结晶。"阴阳合德，刚柔有体，生生不息"，其成绩，即为"仁"。"仁，生也"，"生生之谓仁"，"生生之谓易"。

要点，必得常说。冷静，细察，默而识之，日久才成功。日积月累，登高必自卑，行远必自迩。每天下功夫，终有水到渠成的一天。

写恋爱信，使出浑身的解数，但如无集中、散漫，也不能感人。散漫，焉能有最高的成就？

现要"重打锣鼓另开张"，可不容易，因为你们并不深究，连记点口耳之学都办不到。老不舍心，少不舍力。你们就专想取巧。

是以明于天之道，而察于民之故，是兴神物，以前民用。

用尽脑子，是以"明于天之道"，即自然界，"人法天"；"察于民之故"，民之所用、所需，是社会的实际问题。"吉凶与民同患"，所以，圣人"贵通天下之志""贵除天下之患"。

"大哉乾元，万物资始，乃统天"，天、民同元，万物与我们同类、平等，这是多了不起的政治哲学！故明于"天之道"、察于"民之故"，能尽己之性，尽人之性，尽物之性，则与天地参矣！

"是兴神物，以前民用"，"是"字，同"是生两仪"之"是"字。"神物"，即今所谓的顶尖科技，多美！如发明的电灯、电话、计算机……一般人会使用，但只知其然，而不知其所以然。"兴神物，以前民用""民咸用之，谓之神"，"藉罔神以弘道"。

"藉罔神以弘道"，讲体，《大易》；"奉元神以慰苍"（《春秋繁露·立元神》），讲用，《春秋》。《大易》与《春秋》又称"元经"。

什么叫"奉元"？同学如果心地不干净，就不配做奉元书院的学生，因为"元"里头没有一点的污秽不堪。

《易》有太极，是生两仪"，"在明明德，在新民，在止于至善"，"是"字与"在"字，同样重要，皆不离，是肯定的。"德"，指成就。很有德，得也。读书人风花雪月，万般唯有读书高，有什么用？好好用脑，就应不止一本《天工开物》而已。

《本草纲目》代表中医药，是伟大的著作。

坐着好好地琢磨。我每天琢磨一小问题，专找古人未注意之处。

孔子是"好古敏以求之"，称自己"非生而知之者"（《论语·述而》）。所有旧注，皆大而化之，就缺一"敏"字功夫。虑深了，才能通敏。愈是深求，愈有横的关系，发现所有的学问皆"一以贯之"。

脑子是越用越活，什么也都不耽误。中国东西太丰富了，必要好好地再整理。奴儒，妓女都不如。尽己之所能，当务之为急，要"开物成务"。

无业，于我有莫大的帮助，没有人理。没有孙子时，还养宠物；现在有孙子了，不再养宠物了，因为孙子能帮爷爷拿拖鞋，值得一宠。

"不易乎世，不成乎名"，好名者必作伪。自根上了解。

玩时，脑子犹可以活动，想起了马上写，然后串在一起。想在思想上下功夫，得像疯子般。

圣人以此斋戒，以神明其德夫！

先觉者，是开物者。"斋戒，以神明其德"。"斋戒"，是祭的专用名词。"斋"，心斋；"戒"，身戒。

庄子讲"心斋"。

《庄子·人间世》：仲尼曰："若一志，无听之以耳而听之以心；无听之以心而听之以气。耳止于听，心止于符。气也者，虚而待物者也。唯道集虚。虚者，心斋也。"心斋，虚心接物以体道。"若一志"，用心专一，由外往内收敛精神，故其神凝。

儒家用"兴神物，以前民用……斋戒，以神明其德"，活活泼泼的。

天道无私，人道无我，"以此斋戒，以神明其德"。管理众人的事，慎重一如斋戒，对知识的尊敬，祖宗自有文化即如此。怎么谨慎？大过卦"初六""藉用白茅，无咎"，《系辞上传·第八章》子曰："苟错诸地而可矣，藉之用茅，何咎之有？慎之至也。夫茅之为物，薄而用可重也，慎斯术也以往，其无所失矣。"

读《易》，会感到汗颜，每天吃自然界所提供的物，但是无一德以报天，不能解决弹丸之地的问题。

有君子儒、有小人儒，此指德而言。"先进于礼乐，野人也；后进于礼乐，君子也"（《论语·先进》），"野人、君子"，指地位而言。《论语》所谓"君子"有三解。"如用之，则吾从先进"，用事得用"先进"，"野人"即先进，岂止于民主、平等？是要将"中道"华于天下。

看古人如何用智，不一开始即道"乾坤"，而说"男女"，《序卦传》云"有天地然后有万物，有万物然后有男女，有男女然后有夫妇"，易懂。要无"迷"的观念了，再卜，才能达上策。

将《易》当《金刚经》念。《易》为智海，真是取之不尽，用之不竭！

是故，阖户谓之坤，辟户谓之乾，一阖一辟谓之变，往来不穷谓之通。

可见作《系辞传》时，已经有门、有户了，才谓"阖户谓之坤，辟户谓之乾"，何等智慧！社会之变，都如此来，一开一关，"乾坤"起变化。阴阳合德，刚柔有体，生生不息！

要懂深意之所在，不要净是对人说鬼话，谁懂？应说能使听者马上明白的话。

"变"，"通其变，使民不倦"（《系辞下传·第二章》），穷、变、通、久。"通"，通了，通人。有所穷的都不叫通，"往来不穷"才叫"通"。称"通车典礼"，不称"升车典礼"。

《说文解字》必看，读书自"认字"开始。

见乃谓之象，形乃谓之器，制而用之谓之法。利用出入，民咸用之谓之神。

"见乃谓之象"，表现出了，叫作象，易，象也，像也，像此者，况；"形乃谓之器"，成形了，叫作器。

"制而用之谓之法"，裁度法制，有一定的制度了，一切有所限制。

"利用"，往来不穷，"能以美利利天下，不言所利"。"出入"，有出就有入，"出入"二字特别重要。

"民咸用之谓之神"，如不是人人都用的，那就不叫神。如有一人不用，也称不上是"神物"。将《易》当卜筮讲，真是糟蹋古人！

以这些话来衡量今天，许多人与事即害人精。历史就是浑！浑！浑！阿房宫的雕梁画栋，皆非"民咸用之"，所以被骂。

是故，《易》有太极，是生两仪。

《易》是什么东西？什么是"太极"？是圆的、方的、扁的？虽在三千多年前，但是逻辑森严。

"《易》有太极，是生两仪"，"是"字很重要，注意"生"字。

《易》有太极，"是生两仪"，《大学》"在明明德，在新民，在止于至善"，"是"字与"在"字，同一重要，皆不离，是肯定的。"德"，指成就。很有德，得也。读书人风花雪月，万般唯有读书高，有什么用？好好用脑，就应不只一本《天工开物》而已。

《本草纲目》代表中医药，是伟大的著作。治癌症、艾滋病的草药即得自长白山。

"《易》有太极，是生两仪"，元生的，"大哉乾元，万物资始；至哉坤元，万物资生"。社会，就是公母，生生了，乃形骸不同，可是里边仍是公母，看到的是"两仪"。"两仪"，是"生"以后的东西。"未知生，焉知死？""未能事人，焉能事鬼？""事人"，做人之道。

此段与《老子》的思想有何不同？《老子》第四十二章称："道生一，一生二，二生三，三生万物。"有生于无，两者绝对相反，而相反在何处？"一"就有象，"道"则没有象，包含一切。始终不说"儒家"，因为当时并无此观念。

太极生两仪，即谓"太极"为"太一"。《易》是唯物，讲"有生于无"，"太极"为"太一"。是故"易者，象也。象也者，像也"（《系辞下传·第三章》）。我强调依经解经，在防止泛论、臆说。

我们的"是"在何处？所有注解，讲宇宙是造的。"易有太极"，"易者，象也"，"太极"，即象中生象。"是生两仪"，并非借来的，而是"太极"本身即有两性，"太极，是生两仪"，"男女，是生儿女"，此"是"字，如"在明明德""观自在菩萨"的"在"字，是肯定的。

何以地藏王菩萨说"地狱不空，誓不成佛"？

地藏王菩萨，因其"安忍不动如大地，静虑深密如秘藏"，故名地藏。为佛教四大菩萨之一，与观音、文殊、普贤一起，深受世人敬仰。以其"久远劫来屡发弘愿"，即在于"地狱不空，誓不成佛"，故被尊称为大愿地藏王菩萨。

可见佛也不能度人，皆自度也。

要练习脑子怎么去想。父母也愿儿女在家学习。将一个最没有纷争的好人杀了，既无情亦无仇，此即"乱"。你杀我、我杀你，即"仇"。无仇无情，后面有何阴影？

道理皆后人"推"的，神也是"象"。"推"与"演"，有《推背图》，诸葛亮"演八卦"。

"人祖"与"人宗"从哪儿来的？平常要多了悟，记诵之学无用。会背没有用，要会用脑，悟。"阴阳一体"，两性，夫妇一体。慢慢悟，时间到了就明白。问其所以然，必要好好下功夫。太极中的大能就有两仪，故能生两仪。《易》为智海，要从中吸取智慧。

孔子"改一为元"，"唯圣人为能属万物于一，而系之以元"，属一系元。思想是进步的，"吾道一以贯之"，其后"改一为元"，《春秋》立新王之法，孔子"志在《春秋》"。"改一为元"，是孔子受老子之教以后，并不是在作《春秋》时。

"《易》有太极"，太极之上有《易》。实际领悟一事，要用智慧。"是生两仪"，了悟了"是"，才知道怎么"生两仪"。大鱼、小鱼、虾米，不可混在一起乱串，必要分开串。

熊十力的《新唯识论》有功夫，很能启人智慧，但是看起来很累。你们要多读几遍，玩味其中之深意。

人最大的成就，是从最大的困难中得来的。

引狼入室的绝对是民族罪人，识时务者为俊杰。今天再崇洋，绝对是最落伍的。

要发愤，坐着琢磨，可以想出许多不合理事。皆历尽艰辛，哪有白捡的？捡得容易，但丢也容易，皆因果，不迷信。清由女人得天下，结果由女人盖章失天下。

两仪生四象，四象生八卦，八卦定吉凶，吉凶生大业。

看《文王八卦图》。太极→两仪→四象→八卦，定吉凶→生大业。

"吉凶生大业"，人人都要趋吉避凶，在"吉凶"中能"生大业"。如文天祥死时，虽凶，但"照汗青"，生出大业，所以吉。

千万要真知，《易》要人"趋吉避凶"，一早起来就要小心，小心绊倒了。《易·坤·文言》称："其所由来者渐矣，由辨之不早辨也。《易》曰'履霜，坚冰至'，盖言顺也。"达到吉，即成功。

智、能乃人的"两仪"，是自"人性"来的。物物皆有性，《易》统治物物，载诸书曰"经"。"经纶"，是治丝的工具。智、能即我们的经纶，用以治事（卋）。

男女结婚，上帝的意思，何必假惺惺？有"四象"，才像样。圆山临济寺的第一任老板，出家还俗结婚，既赚钱又弘法。求真，真人，"人之生也直"，人要到头了，就真。生来的原样没变，就是"真人"，否则为"伪人"。有智、能，但不可缺大本。百事非才莫举，本钱足，就足以成"大业"；本钱不足，勉强，就成"大虐"。

社会的歪风，未婚妈妈。没有父亲，怎会有儿女？盲从！何等地索隐行怪！人性，人到老了，就喜欢有个小孩。丈夫，就自己知，没法统计。

有"四象"多好，何要成为"四不像"？"德之不修，学之不讲"不行，明知有不合理，不能不说。

古人的构思，今人看都看不懂。认真研究，道理不假。"赚人"，即骗人，是北京话。宋儒并无深入，程朱各有看法。

　　到了"八卦"，是完善的家庭，"定吉凶"，定好坏；"吉凶生大业"，好坏生大业。想成就事业，不能不找自己的易。每个人想成就的大业不同，"《易》有太极，是生两仪"，每个人的靠山不同，成就的大业也不同。找冰山当靠山，冰山一旦化了，就完了！

　　深入看，不要停留在字面上。如卖馒头，《易》就是面粉。

　　"釜底抽薪"比"扬汤止沸"好。

　　看一人，即知其成才与否，净固执己见，其智慧可知。刘邦，性智，性生万法，第一个祭拜孔子的帝王。他与赶车的谈国都问题。

　　汉高祖五年（前202），刘邦打算定都洛阳。时娄敬正为戍卒车夫，他穿着破旧的羊皮外套去拜见同乡虞将军，要求面见汉高祖刘邦。见了汉高祖，他直言道：洛阳虽处天下之中，然大战七十，小战四十，经济残破，民怨沸腾，定都于此，利小弊大；而关中一带地腴民富，且被山带河，地势险要，易守难攻。娄敬的建议得到张良的支持，刘邦最终决定建都长安。

　　人太顽固，绝不成才，"禹拜昌言""舜好问而好察迩言"。古人都有风范，萧何"月下追韩信"。

　　自己要多下功夫，不以人看是非，而是要以是非看是非，包括吉凶、美丑、善恶。非读古书，就是下功夫。

　　何以要逐臭？教育，分很多层，任何地方都有发挥的余地。

只要肯用功，就是烧饭也能成事。词谱烂熟，不出三年即成词家。最笨的人也可学写字，三年就成家。孝子贤孙，应继志述事。同学盗名者有之，成器者无之。"有名"与"成器"，是两件事。喜什么，研究之。古文之美，中国文化太丰富了！

人生就一次而已，没有轮回。茶，得慢慢喝；心静，可以想很多。

培元→元培，成功了！要乘机、乘时、乘势，过去，完了！

是故，法象莫大乎天地，变通莫大乎四时；

《易经》中间缺多少，不得而知，每句都是"是故……"因为这样，所以……

"象"，不定的，其中富有高智慧。神话，说法多；立说，有智慧。

"与天地合其德，与四时合其序。"

"在新民"，自己有德，大家都"怀型"，即"见贤思齐"。好好安定这块土，要为子孙计。

"窃比于我老彭"，是孔子"郁郁乎文哉！吾从周"时的境界。"天之未丧斯文也""文没在兹""天生德于予"，是孔子"吾其（已）为东周乎"时的境界。由思想的变迁，证明自己进步了。志趣高，要将思想变成行为。

练成多想，就能用事。"性生万法"，真认识己性了，就可以生万法。虽没见到性是什么，但是本。学来的，就不能生万法。

博士是买来的？"知识"与"学问"是外来的，买来的学问不能解决问题。在没办法中想出办法，才不得了！

都是博士，打架仍用土法。岂不是没有智慧，成"周瑜打黄盖"了？

六祖不识字，但了性，看《坛经》。买来的与本身不能兼容，办事不行，所以仍净用土办法。善人，"不践迹"，不读书；"亦未入于室"，未拜师。但具有性，性生万法，放诸四海而皆准。自根上发智慧，深思熟虑，虑深通敏。悟，发掘自己智慧之源泉，如源泉滚滚，"逝者如斯夫，不舍昼夜"，则取之不尽，用之不竭，是真功夫！看多少书，都没有用，必要悟。不能发掘性的智慧，绝不能成大事。我天天讲东讲西，就是源泉滚滚。

"法象"，见贤思齐。"大人者，与天地合其德"，法天地成功者。自然是易，一般百姓的易是钱。"法自然"，未来之至智。学谁，只成老二。程朱学派，乃程朱后嗣。

"变通"，四时有节，变通不能失节。四时之变，都守其节，"与四时合其序"。节、序，引申为礼，"礼，天理之节文也"。

赞美竹子，因竹子有节，一节一节，超过了，即越节、失节，在一定的范畴内守节。不足为法，乃太失节。人必要守身如玉，此非空话。

节，非专给女人用，男人更得持节。苏武牧羊，持节出使外国，到外国要大节不可亏，"渴饮雪，饥吞毡"，这么苦！

不能用所知，就不是真学问。应将所知都用上。

悬象著明莫大乎日月，崇高莫大乎富贵。

日月之明，万物都享受，并不是少数人独享。日月之德，"著明"。老师是"象"，是什么就得像什么。何以不"著明"？因为没有像日月。"悬象"，就得"著明"；"法象"的结果，就是大人。日月本身不出问题，永远有光。看不到光，是宇宙有问题。环境变了，"用之则行，舍之则藏"，得修德，环境变了，还得发光，故"藏道于民"，所以，"礼失，求诸野"。有时，光被掩盖了，贤者把道藏于民。

"崇高莫大乎富贵"，富贵在天，儒家最高思想，"修天爵，则人爵从之"。"富"，天德；"贵"，天爵。人人都可为尧舜，因为人人都有天德、天爵。尧舜，两个最高的符号，"祖述尧舜"，言必宗尧舜。

真智者，不说空话，得言中有物。

糊涂蛋养一帮文丐。犯罪者犹戴念珠，世愈乱，宗教愈兴。是开始，不是结束。

备物致用，立成器以为天下利，莫大乎圣人。

《原儒》解释："圣人注重格物学，故能备物致用，立成器以利天下也。"

"备物"，就为了"致用"，"万物皆备于我"。"成器"，圣人立成器，"以前民用"，"以为天下利"。"莫大乎圣人"，"能以美利利天下，不言所利，大矣哉"！

休息时看书，上厕所背背诗，要善于利用时间。脑子总想事，何以不想些正经事？久了，就是习惯，要懂得怎么用。人坐着想正经事的少。身出家了，心未必出家。

我常写"未入流"，自惭！有流派，三教九流。问自己是哪一流？没有专长的表现，即"未入流"。下九流，亦未必流，但比"未入流"高。地位不高，但技高一筹。

许多问题值得深思，必要知其所以，就是破案，也必得有智慧。面对问题，得用智慧，不能净是人云亦云。

探赜索隐，钩深致远，以定天下之吉凶，成天下之亹亹（wěi）者，莫大乎蓍龟。

"探"，如探矿。"探赜"探形形色色；"索隐"，要曲求。恋爱，即是曲求。"赜"，宇宙间的形形色色。活一天，面对赜，就得探其究竟，即科学家。

"索"，曲求也。单刀直入，难以达目的，得拐个弯，要投其所好。对方如喜好集邮，去见他就带邮票。"隐"，有隐的道理，未显。

想达目的，必得曲求。昔日"程门立雪"，今有些年轻人没有人性，能够学到东西？人家有一套，你不曲求，能够得到？

我母亲一发脾气，大家说"地动了"，马上循规蹈矩。社会的形形色色，绝不可以等闲视之，要曲求，以达到了解"隐"，以变成"显"，由"隐"之"显"。

"钩深致远"，如深不可测，就用"钩"，是何等功夫？"探赜""索隐""钩深""致远"几个功夫，皆非常人所能。下这么多的功夫，就为了"定天下之吉凶，成天下之无穷无尽"。

古圣先贤那么多，就山东老头（孔子）真"致远"了。一个字都没用上，还能名留千古？

现在年轻人太"适莫"也，难以成事，碰到人家讲不同的，即不接受。不好好地下功夫，有些年轻人最是空虚，任何一本书也看不懂。

要好好地琢磨，散步、坐车都是琢磨的工夫，随时都可以琢磨，要养成习惯。

"成天下之亹亹者，莫大乎蓍龟"，"亹亹"，与"赜"相对，是无穷无尽义。

"蓍、龟"，就如同今之"念珠"。手拿念珠，是在定心。因人易着相，手拿东西能定住。我一个人在台待五十年，会制造环境，"无家"像"有家"，每天用方法定住自己。我的念珠，是用五串念珠加在一起的，有五百多粒。

人就是人，没有下功夫，绝不能怎样。下功夫，并不是空来的。想有成就，必得下番功夫。

要点，要琢磨。你们脑子动得太少了。

是故，天生神物，圣人则之。

"天生神物"，《孟子》称"天民"。所有见得到的皆是"神物"，因为其后皆有"妙万物者"，是看不见的老板。是神造的，当然叫"神物"。

中国的"神"，能"妙万物"，没有名字，就是"神"。西方叫耶和华。

"圣人则之"，通神明之德，类万物之情。知道蚂蚁、蟑螂避什么，就发明了降蚂蚁、蟑螂的药。为达政治目的，何不好好研究是什么臭虫，看是要用什么药方？见什么人，使他如蟑螂碰到"克蟑"。搞政治，通人之道才能"耍人"。洞悉人事，木偶戏可以表演得像真人一样。都用一个药方，能对付那么多？

《论语》中有多少成方？孔子得味了，但未通三昧，所以成为"失意政客"。

我坐屋中讲，孔子"绝粮于陈蔡"。孔子是失意的医生。要怎么了解今天？弄臭虫，都得有东西。以孔子之精明，还是失意政客，留下了一些成方。说"苟有用我者，期月而已可也，三年有成"（《论语·子路》），治鲁国三月，天下大治，但四月就垮了！药力只有九十天，过去，就完了。

齐景公对孔子说"吾老矣，不能用"（《论语·微子》），人家不用，就只好走了。梁启超会讲，又做了几天的"总长"？

天地变化，圣人效之。

"天地变化"，风、雨、雷、电。一出门，看人的脸色即知。

"圣人效之"，"君子之道，造端乎夫妇"，以恋爱的一套来治国平天下。"云雷，屯。君子以经纶"（《易经·屯卦》），完全是自然之变。人与人的关系，最亲密者莫过于男女。《诗经》即一部社会学，首《关雎》，谈恋爱之道。

易，即生生之象，一点神秘也没有。"生生之谓易"，生了又生即变，变之中又有不变的。老香蕉砍掉，明年再生新香蕉，但与老香蕉完全一样。不变的，即是生之命、生之性。所以，易有三：易（本）、变易、不易。不易，即我们的统，道统、血统。

自己多琢磨，马上就能用上。成立基金会，说："老师不在了，岂不麻烦？"答："将追女朋友的一套技术拿出，即成功。"办事，一定会有难处。难处办成了，才叫成功。叫你们办事，说："我行吗？"高级知识分子如此说话，治事哪有容易的？真动情了，事情哪有不成的？旁通情，类情；通人情，可以对付人。做事无成方、无既定政策，焉能成功？

光有澄清天下之志，没有能也不行。

做事，不要自我宣传，多一句，多一分失败。"阴险透了"！险在阴中，对方死了都不知。

今天有的和尚，不过是另一种谋生方式，好吃懒做。了解社会事，对和尚、政客必得教育他们。

天垂象，见吉凶，圣人象之。

每天都"天垂象"，你就"见吉凶"。人与人之间，亦每天均有"天垂象"。未卜先知者，警觉性高，反应快。

"圣人象之"，拟象，"圣人有以见天下之赜，而拟诸其形容，象其物宜，是故谓之象"。

昨天，大地震三十一周年（1964年1月18日晚上8时4分中国台湾台南白河地震），神户还剩几栋大楼，台北恐一栋都不剩。

人与人之间，亦每天均有"天垂象"。未卜先知者，警觉性高，反应快。

观念最重要。遇事，要查大字典，才能深入。一般人最大的毛病，不知自己不知。

《论语》真懂，自八方看，都可以解决问题。会背《论语》，没有用。一个问题，各方面看完，会用，马上就有用。

老同学可以教书，但不能成事。每天为政客所捧，大放厥词，不负责任。

时时刻刻都"天垂象"。与小孙子谈话，想办法使他们再斗嘴。

进屋，要察言观色，看环境、人的表情。察言观色，即看"天垂象"，是活学问。要根据"垂象"，决定第二步怎么走。

智者不怒，人一刺激就跳，成就不了大事。军师，你骂死他，他都若无听到。

培养深智，必先"研几"。看表情不对，"辨吉凶"，改变方式。随时都有"天垂象"，表现"吉凶"。不是拉架子，等着"天垂象"。

"研几"，成不了大事，最后就"投机"了！因为不能"钩深"。"致远"，能达到终极目的，缺一步骤都不行。小孩懂得好恶，表情与大人同，小天地，一天数变，脸上表情一直在变，说话、言谈、举止。瞪一眼，包含的意义可是无量！

同一"象"，所得的启示不同，用法即有别。"人法地，地法天，天法道，道法自然"（《老子·第二十五章》），是活的。得书本的启示，随时随地"法自然"。

做事要有腹稿，事未成之前即要构思。达到目的少，因梦不可当真的。

"不恒其德，或承之羞"，一年变八个，天天开药方，如耍把式的，有"恒其德"了？还用卜？不卜而已矣！开出几件，有一件能成就，就不得了！没经过"明辨"，绝不能做事。要"明辨之"，然后"笃行之"。

生生之象即易，哲学立说基础：易、变易、不易。

遇事分层次，就不会语无伦次。一件事，要详细分析，乃分出"易、变易、不易"三部曲。就是拍马屁，也要懂得三部曲。我对小孙子，天天如此训练。共学、适道、权，知理，用理。

圣人的三部曲：圣、亚圣、至圣。人的三部曲：人、真人、至人（庄子称"至人"）。中国人有"三"的观念，到处用三。道家称"真人","人之生也直",永远保存到完,即成"真人"。儒也分三：儒、小人儒、君子儒。一法通,百法通。想啃通,必要会想,"思之思之,鬼神通之"。

在台纪念我母亲,九十岁时,印红皮本的《易经来注图解》;百岁时,印《法华经》。

过年过节,学生的母亲送来做的菜饭,做得特别干净。我只要能动,完全会安排生活,否则怎么自己在台过五十年?

河出图,洛出书,圣人则之。

"河出图",黄河有"龙马负图",伏羲受启示,画八卦;"洛出书",洛河有"神龟负书"。传统以"河出图、洛出书"为《尚书》之本。《尚书》有《洪范》,谓"禹乃嗣兴,天乃锡禹洪范九畴。"九畴:一五行、二五事、三八政、四五纪、五皇极、六三德、七稽疑、八庶征、九五福。

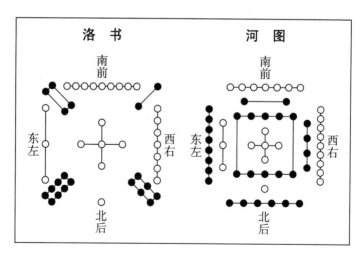

"河出图、洛出书，圣人则之"，河出图了、洛出书了，圣人见"河图洛书"，得了启示，就"则之"。要活活泼泼的，每天皆"河出图，洛出书"，可得启示。

同样看一本书，但是所得不同，乃因智慧有别也。你们完全是"混血"思想，此一偏差会差到哪儿？

每天都"天垂象，见吉凶"，都"河出图，洛出书"。再想入非非，就无复兴之日。

易有四象，所以示也。系辞焉，所以告也。定之以吉凶，所以断也。

"易有四象，所以示也"，"四象"，辞、变、象、占。"示"，昭示。但不是金科玉律，没有一定的规矩，怎么摆都可以。有智者，得鱼忘筌。

"系辞焉，所以告也"，有了系辞，我们才知告示。

"定之以吉凶，所以断也"，何以吉何以凶，一是理一是欲，遇事就断，何用卜？人上街买馒头，下意识要挑一挑，即断吉凶，买的是吉、不买的凶。

"知所以用理为难也"。知理太容易，一法通，百法就通。虑深了，就通敏。功夫一到，何事不成？如书是书、你是你，当然就用不上了。

第十二章

《易》曰："自天佑之，吉无不利。"子曰："佑者，助也。天之所助者，顺也；人之所助者，信也。履（行）信思乎顺，又以尚贤也。是以自天佑之，吉无不利也。"

中国始终是两个字的观念：善恶、是非、黑白、阴阳等。

"天之所助者，顺也"，一言以蔽之，即顺逆。不顺，即逆天行事。"人之所助者，信也"，人之所为，即天道与人事，诚信。

"行信思乎顺，又以尚贤也"：思乎坤之"顺承天"，则天。因信尚贤，"三人行，必有我师焉"（《论语·述而》）。

"行信思乎顺"，内圣；"又以尚贤"，外王。你没有德行，谁和你交朋友？儒家没有天堂，全靠自己，天助自助，不违逆天，即违逆自然。冬泳，危险。虽日久可以适应，但违背自然。

"自天助之，无不利也"，自己不自助，天就不助你。

子曰："书不尽言，言不尽意。然则圣人之意，其不可见乎？"

三易：易、变易、不易。

"书不尽言，言不尽意"，要得言外之意，不可言传也。

子曰："圣人立象以尽意，设卦以尽情伪，系辞焉以尽其言，变而通之以尽利，鼓之舞之以尽神（不息不穷）。"

圣人、猫狗，皆"象"。旁通以尽情，"六爻发挥，旁通情也"（《易经·乾卦·文言》）。阴与阳，两个不同，必通一通，有了交动，即"旁通"，凭"情"交动。

太极→两仪→四象→八卦。

最后出毛病，即违背情，即伪、凶。两个在一起，真情的流露，吉。"伪"字包含多，"真"以外即伪。

六十四卦，有时一变，即成"否"；爻不当位，即"不真"。

不易，就没法"尽利"。"变而通之"，变能通之，就生生不息。要懂深意。地尽其利，人尽利就终。除地之外，都有伪；不信，所以不能"尽利"。地，你种，我就生。

"鼓之舞之"，有此力量了，才可以"妙万物""尽神"。一个人的成就，必有许多莫大的助力。不得志，受人的鼓舞，又振起了。没有群德，事业成就不大。什么都不想，难不成活着等死？

《心经》"空即是色"，因为空了，才能装形形色色。宇宙空，什么都有，才伟大。所见到的，即形色。

现在找中国文化，要到日本。万物，色色（日文：いろいろ），"色即是空，空即是色，受、想、行、识，亦复如是"。"受、想、行、识"，感觉，"不增不减，不垢不净"，《心经》特别美！

不器，就容，"君子不器"，得修到如天地之能容，没有是非、善恶、美丑；如镜子，谁都可以照，"迎而不将"，"将"，定住。什么事，都迎而不将。事过来，就是"是非"。生而不有，为而不恃。

《易》为智海，读通了，真是享受不尽。非会倒背如流，而是要用心机去领悟。

乾坤，其易之缊耶？乾坤成列，而易立乎其中矣。乾坤毁，则无以见易。易不可见，则乾坤或几乎息矣。

"乾坤"，代表两个境界，"乾坤，易之门"，是父母卦，六十二卦为子卦。八八六十四卦，代表"易之缊"，"缊"字义深，是自然形成的。宇宙间，万物生生不息，即"缊"育的。

易，生生之象，"生生之谓易"，乾坤是易之缊。古人以此一智慧涵盖一切。我们要以何含一切？

"易之缊"，便是说要如何运用头脑。今天在哪卦哪爻？世事一盘棋，亦一盘卦；用上，乃活之易。

今天为"蒙"之时，往哪儿走是对？人人皆自以为对，能操胜券，但成败未知，最后胜利的也仅一人，只有一爻。

我们要面对实况，先别管成败。今天要以何子取胜？此即《易》，即卜，在哪一爻？下棋，也要知摆子。

人做事的目的，便是要求胜利，此乃人的天性。就是两个小孩斗，也是为了求胜。天下没有双赢的事，一高兴，一噘嘴。

"乾、坤"，即相对的两个东西，都想取胜，其中的鬼名堂，即"易之缊"。

一切之变，便在两个对象中，有相对，故"成列"。"乾、坤"，既相对，必"成列"。"乾坤成列，而易立乎其中"，此《易》之自然发展。

　　如"敌、我"没有了，那还需要战术吗？卧龙吊孝，孔明哭周瑜，因为"知音"没了，此后"亮虽生，无弓之箭"！

　　取胜负之术，即"易之缊"。我没了，当然无易。易，即变，"乾坤毁，则无以见易"。"易不可见，则乾坤或几乎息矣"，怎能生生不息？

　　没有敌对，社会就无斗、无《易》。人每天都在演《易》，都想求胜。出家了，出家人也争，要争当大和尚，穿黄袍。

　　什么时候都有和尚，不过职业！这便是世界，这便是宇宙，即"乾坤之缊"。

　　要好好用心机，否则一出门，第一子就摆错了！还给别人摆什么东西？阵势一摆出来，大家动手了，什么在其中？《易》立乎其中矣"！

　　"乾坤成列"，即"易之缊"。敌我，即世之缊。瑜死亮哭，哭没有对象。好好用心机，一子下错，满盘皆输。

　　"君子固穷，小人穷斯滥矣"（《论语·卫灵公》），"穷"，没事干、没职业。社会之所以乱，都是"穷人"搞出来的，因为没事干，而有知识，就胡闹了。

　　"乾坤成列，而易立乎其中矣"，行乎其中矣！

　　人生之苦，乃求不得之苦，苦是自"求不得"来的。小孩子一懂事，就开始求了，实是求苦；放掉"求不得"，便是悟了。"成事在天，谋事在人"，知成不成寄之于天，就不苦了！人必天天干，成功不必在我；若"谋事在人，成功在我"，则无所不为，卑鄙手段尽出。

人每天都活在《大易》中，有对象，即有敌我；有敌我，即"乾坤并列"；"乾坤毁"，就没有对立了。

当场公开，必说假话，没有人性的社会！应建设有人性的社会。

将眼光降低点，不要眼睛长在头上，圣人是自正常人来的，《诗经》首《关雎》，社会上即平常事，不平常即是索隐行怪。

敌我，其"机之缊"也、其"诈之缊"也、其"诡之缊"也，一动心眼即是"易之缊"也。相欺、相争、相斗，正常。无瑜，则显不出"亮之智"；无懿，则无"空城计"。和尚亦斗，和尚亦斗，你"法鼓"，我"星云"；你"佛光"，我"大法鼓"。听他们讲经，皆未悟。悟，可不易！

宇宙之间，乃是永远对立的，永远有不同性，一不同，就生术、就生诈。若"乾坤毁"，即敌我毁，就没有对立了。华夏，天下一家，即无敌我、无对立了！

书院之宗旨："秉大至之要道，行礼运之至德，与天下同归于仁。"从哪儿入手？"一日克己复礼，天下归仁焉。"（《论语·先进》）要你们从根彻底明白，不可以找舶来品。读明白了吗？没读明白，就用不上。读书的目的，便是要明理致用。

是故，形而上者谓之道，形而下者谓之器，化而裁之谓之变，推而行之谓之通，举而措之天下之民谓之事业。

孔老夫子不谈"形而上"的事。何谓"形"？若无标准，如何分"上下"？"形而上、形而下"，即是作用。

"形而上"，指性，"率性之谓道"。"形"，即人，仰观象，俯观法，以自己之形为本位。

闲暇时读《易》，得无量义。"道"与"器"，"体"和"用"。

一个人不错，赞美其"有器识"。形而下的，为"器"；"识"，智也，乃指用说。明理致用，以何致用？以器识致用。

瑚琏，乃庙堂重器，庙堂之器、庙堂之识。栋梁之材，则有栋梁之识。识，属智。"君子不器"，才是最高的境界。

今处非常之变，要如何处理？化而裁之。得有"化而裁之"的智慧，就能处理这个"变"，"化而裁之谓之变"。

将"毒"集一起，化脓就出来了。积脓不化，是溃疡。高明的医生解毒散脓。要化敌为友，还不止此，还得"化而裁之"。

"化裁"："裁之"，不宽、不窄、不长、不短，衣服合身与否，完全在"裁"的功夫。"君子而时中"，有毛病去之，有毒"化之"。

今举世治国者，皆积毒不化毒，武器竞争即"积毒"。

"推而行之谓之通"，停止不前，应加力推之。若他能行，又何必推？孔门四教：文、行、忠、信。行、忠、信，是在完成"文"的力量。

"要做大事，不要做大官"，做伟大的事业。圣人，"贵通天下之志、贵除天下之患"。《大学》"民之所好好之，民之所恶恶之，此之谓民之父母"，这是公务员最起码的责任。

丘吉尔（1874—1965，1940—1945年出任英国首相，任内领导英国在二战中联合美国等国家对抗德国，并取得了最终胜利），小学没有毕业，却是个怪才。怪才，不是读书来的。读书人，大多是腐才，"待文王而兴者，凡民也。若夫豪杰之士，虽无文王犹兴"（《孟子·尽心上》）。

"举而措之天下之民谓之事业"，用于天下之民的才叫事业。陈嘉庚（1874—1961）在新加坡吃苦、肯干，赚钱后便回国兴学，致力于中国教育，而其个人生活则简朴。

是故，夫象，圣人有以见天下之赜，而拟诸其形容，象其物宜，是故谓之象。

易，乃生生之象，数千年前，古人头脑便如此缜密，何以我们今天不能再弄得比它更为缜密？人的智慧无方，但没有刺激，就没有智慧。人愈受刺激，智慧愈出。

欧阳修以"半部韩文"，成为名家。欧文，并不亚于韩文。韩文太涩，欧文则流畅。

女同学，"诗、词、歌、赋"选一个，专精之。学词，要先背词谱。如21世纪是中国的，必要有中国的文化。

圣人有以见天下之动，而观其会通，以行其典礼，系辞焉，以断其吉凶，是故谓之爻。

圣人仰观俯察、远取近取，"见天下之动，而观其会通"。

尧之立法，乃经观、修、定。"观其会通"，拟出法则了，才能修典礼、定典礼。

伏羲画八卦，即"定典礼"。"爻者，效也"，效自然之动。八卦，即典礼之事。

写文章，可以训练头脑致密，应严格训练自己。同学如能真认真，便可以发挥作用。如果以在升平的环境，不能有点成就，可惜！好景不长，物极必反，此乃自然法则。以前是吃不到，现在是有多少东西，不吃就扔。

性生万法，智慧无穷，要好好训练自己。

极天下之赜者存乎卦，鼓天下之动者存乎辞，化而裁之存乎变，推而行之存乎通，神而明之存乎其人。默而成之，不言而信，存乎德行。

"赜"，天下之形形色色。圣人有以见天下之形形色色，"拟诸其形容，象其物宜"。一卦一宇宙，一卦一乾坤。

第二次世界大战以后，为蒙昧之宇宙。何以蒙昧？皆因失正。不蒙，要养之以正。养正，即止于至善。养于至善，即止于元，"元者，善之长也"。止于元，即止于一，改一为元。止于一，即正，所以要"养正"。

"蒙以养正"，才能"止于至善"。一念不正，即不能至善，觉正即至善，"虽千万人，吾往矣"。

不是空口说白话，而是"修辞立其诚"。

读书，"闻一知十"办不到，就是"闻一知二"的也少，但至少也要"举一反三"。"举一隅，不以三隅反，则不复也"（《论语·述而》），那孔子怎能不饿死？

"修辞立其诚"，故"鼓天下之动者"乃是诚，何以不说诚？因为"诚者，天之道也；诚之者，人之道也"（《中庸》）。

人必要好好努力，要启发自己脑子，真懂一两件，"化而裁之存乎变"，就能应事。每天做事都有对象，要使之恰到好处，即"裁度有方"。外面环境的形形色色，均不在我们注意力内。裁度国家大事，也必弄清大前提，找出对象。

必要专精，专才能精，在自己的层次中，要达到一境界。"通儒"不易当，但至少在某一境界，有精一的功夫，"惟精惟一，允执厥中"。想有成就很简单，持之以恒，便会有成就。

"默而识之"，心会神通而了悟之，则"从心所欲而不逾矩"（《论语·为政》）。默而识之，结果"默而成之"。

必顺自然，"不言而信"，无为而成。"天何言哉？四时行焉，百物生焉。天何言哉！"（《论语·阳货》）

"存乎德行"，德为要，"苟非其人，道不虚行"，"非至德，至道不凝焉"。这百年的成败，都在"德"上。德，即行事，天下有德者居之。

系辞下传

八卦成列，象在其中矣。因而重之，爻在其中矣。

此言易之变易也。

"易，象也"，乃生生之象，"生生之谓易"，生了又生，就是易，"象在其中"。

"因"，即中国的道统。"周因于殷礼，其损益可知也；其或继周者，虽百世可知也"（《论语·为政》）。以前代为镜，吸取教训。"因不失其亲（新），亦可宗也"（《论语·学而》），"在新民"（《大学》），新者，时也，"因而时习之"。历史是前人经验的结晶，要以前人的智慧，启发自己的智慧。

有源有本，"因而重之"，不是索隐行怪，也不是标新立异，而是从"太极生两仪"就开始"因"了，两仪因太极。

"元"，含乾元、坤元，人人皆因于元，元即是生，即是性，吾人即因人之性。中国人的学问即"性学"，人性之学。

"爻"，即变，也是效，"因而重之，效在其中矣"，"学而时习之"，"学"，即知与效、觉与行。中国思想弄通了，就完全明白了。

何以要依经解经？因为数千年来言人人殊，现要从本、从根上来，"因而重之"，因而不失其新。

文史哲应负文化之责，要"惟精惟一"，不必急功近利，好好整理中国文化。社会事如一缕轻烟，一刹那间即逝。要做真学问。历代学者千万数，而留下的又有几人？宋代注《易》者有多少？但勉强可看的唯《程传》耳，大家却说像史评，以历史评《易经》。

程颐以《易经》卦、爻辞皆讲人事，以明得失之理，故《程传》中，往往以史入《易》，引史证《易》，征引不少历史事件及人物证明《易》理。

民国以来学人，唯熊十力一人而已！

刚柔相推，变在其中矣。系辞焉而命之，动在其中矣。吉凶悔吝者，生乎动者也。

刚柔、阴阳、强弱、黑白，两个不同的力量在"相推"，而"变在其中矣"。两性相对，敌我相推，"变在其中矣"。

"系辞焉而命之，动在其中矣"，"系辞焉，所以告也"，"系辞焉，以断其吉凶，是故谓之爻"。"爻，效天下之动也"。"吉凶悔吝者，生乎动者也"，爻动，而吉凶悔吝著。"鼓天下之动者，存乎辞"，"辞有险易，各指其所之"。

中国思想就在几个字，弄通就通了！

"吉凶者，失得之象也"，动辄得咎，动对则吉，盲动则凶；"悔吝者，忧虞之象也"，下棋，一子动，即有成败，"观棋不语真君子，起手无回大丈夫"。

刚柔相推而生变化，"刚柔始交而难生""雷雨之动满盈"（《易经·屯卦》）。吉凶悔吝，就在你的动里。小圈子愈画愈小，则失败愈快。

刚柔者，立本者也。变通者，趣时者也。

"刚柔者，立本者也"，社会上必有敌我、必有两性，躲得过？

"变通者，趣时者也"，"趣时"用得多妙！"趣时"，就能化干戈为玉帛，这便是"变通"的结果。

今之时为何时也？因为违时，所以有悔吝。

天下本无事，庸人自扰之。何不自求其福？

《易》为智海，谁有所需，即有所用，要当智慧琢磨。

吉凶者，贞胜者也。

"贞"，正也。"贞胜"，只要是正，必胜。正必胜凶，不谈吉凶。

人皆曰己智，但反省一下，一辈子究竟达到目的有几件事？得深思了，才能自其中生智慧。人都得结婚，结婚是事实，但结婚的对象是理想的那一个？如是不得已，第一即不胜。

再看饮食，本想吃凉面，却来了饺子。混了一辈子，究竟有几件事达到原来所想要做的。

人要为自己想做的事而活，不要随班唱戏，否则也成不了角儿。又有几个是正胜？因为有贪欲，就只管吉凶，不管正不正了。

光看吉凶、名利、黑白，而不论贞不贞。

不管正不正，如何求胜？正能胜一切，但求正不易。什么是正？根本不知什么是正，又如何求胜？何者为正？何者为吉？吉凶未卜，该当如何？

圣人告之：不管吉凶，只要正就做，正必胜。

平时谈正邪容易，但遇事时正邪难分。不知何者为正，则胜无把握。自以为是智者，最后未必取胜，聪明人往往先失败，笨的人却能在一机关待数十年。聪明人因为环境不允许，不得不提前退休。你是聪明没错，但你究竟在什么地方取胜了？正都不知，如何"知进退存亡而不失其正"？要不失正，必先识正。知正了，往前必成功。

"作之君，作之师，为配上帝"，便是为了"养正"。养过正，始知何者为正。

不是伯乐，不识千里马，只好"如有所用，必有所试；若有所试，必有所悟"，以自己为本位，对人试一试。

人皆自以为聪明，其实别人早就试验你了！孔子说："谁毁谁誉？如有所誉者，其有所试矣。"（《论语·卫灵公》）

好坏，都是以自己为本位；黑白、美丑、善恶，都是以自己的眼光来看。按自己的本位言"正"，难矣！就如我不喜欢蓝色，穿蓝色是因为市面上只买得到蓝的，便宜！但不喜穿蓝色的人在我眼前晃。

人经验过了，始知明天什么是真的是与非。人怕老，但身体再好，老了也是事实。

一般人所谓的"正"，都是以自己的本位来立论，都是主观的；真大人物则"无色声香味触法，无眼耳鼻舌身意"，看什么都是空的，这便是一个境界。

一开始要学大，"至大无外"，无分别心，视"天下为一家，中国为一人"，则看什么都一样。大，以大为主，不以自己为主，无"受想行识"。"至大无外"，能容。空，无所不容，《心经》"色即是空，空即是色"，色，形形色色，无所不包。"大人者，与天地合其德"，达大人的境界。

文天祥正否？他不怕死，也得死；不死则凶，成为汉奸。言吉，文天祥与宇宙同终始。

为国牺牲的进忠烈祠，但是又有几人知？因为他对人没有影响。所以就算不怕死，也未必名留青史。清亡时，殉清者多，但今天也提不出十个来。懂此，才知要如何用智慧。

何时用正始必胜？多少人做了伤品败德的事，也只是死后带走一颗不安的心，良心上的不安。因此，何不为己之所当为、乐己之所当乐，到最后绝对有成就。千万不要"易乎世"，死后什么也带不走。

有同学说要为我录音，作口述历史。我听了，哈哈大笑说："历史不断重演，史书看一本就够了！"

孔子"贞胜者也"，内地如今又回中国文化了，代表孔子又胜了。

今人皆为面子活，出门净是化妆，穿上一身的好衣服，好似街上每个人都在看你。其实，大家都在忙着赶路，谁看你了？净化妆，为别人活。

何谓智者？"不易乎世，不成乎名"。莫在此一纷争时代中为别人活；跳出此关了，才能乐己之所乐。为别人活，而忽略为自己活，将来焉能有成就？如果想不通，家庭能愉快？

国民党百年，不过成就孙中山一人耳！能乐己所乐、为所当为，则中国必然好。

人皆各有立场，老农要津贴，商人怕加税，此乃站在其立场。

认识"正"了，还需碰到"时"，文天祥、史可法，时也。清官，不只包公一人，但人以包公为"清官"的代表，此乃时也。

做事，学老农，孔子曰"吾不如老农"，老农对作物、季节、天气的分别心，可说是锐不可当，他除掉的都是要作废的，留下的都是有用的。我们能有此一智慧？为国家民族延续生命力，谁是真正能传生命的？老农除草，熟练、沉着、冷静。"神武不杀"，不是嘴说说就完了，如何达到？

正，胜者也，不是眼见的"正"。孔子又来一次"正胜者也"，经过多少次的打击，没断，证明你是啊！

同学劝我不要多管闲事，免得被贴讣文；实则贴讣文，表示对方没有办法。背后打一砖块也好，一举一动代表一民族的智慧！

天地之道，贞观者也。日月之道，贞明者也。

朱注：观（guàn）者，垂象以示人也。

何以要用泥菩萨？为了观（guàn）愚民。进庙，若无偶像，老百姓还感到六神无主了！

"大人者，与天地合其德"，因为"天地者，贞观者也"。天地垂象示人，学天的"行健不息"，学地的"厚德载物"，所以"天地之道，贞观者也"；明此，在家中应培厚德，谁也不挑剔谁。家如不能载，又如何载物？此乃"薄德者也"。

地，"厚德载物"，没有分别心，皇宫、茅屋都在地上。家中"厚德载物"，则各尽己责，父慈子孝。"子孙虽愚，经书不可不读"，受刺激，可以帮助厚德，此即实际智慧。

"日月之道，贞明者也"，"与日月合其明"，没有瞎了眼睛。

天下之动，贞夫一者也。

此言易之不易也。

"贞夫一者也"，改一为元，"贞夫元者也"。

"一"与"中"有绝对关系，尧传舜，舜传禹："惟精惟一，允执厥中。"精一不二，其德之纯。"天之历数在尔躬，允执厥中"，"君子而时中"。用中，时中，因为时不同，用便不同。

想走什么路，就得用什么材料。吃，也得有适当的食材。

天下之赜而不可乱者，因"贞夫一者也、贞夫元者也、贞夫正者也"。"天下之动，贞夫一者也"，我们治天下，亦必正乎一，此殊途同归也。学"一"了，则"时乘六龙以御天"；有了"一"，就不怕天下乱。

萧何、张良就怕天下不乱，此乃建功立业、大显身手之时。天下不乱，何用萧何、张良？不上道要使之上道，才是"贞夫一"。上道，才找个赶车的。

"子曰：'赐也，女以予为多学而识之者与？'对曰：'然，非与？'曰：'非也，予一以贯之。'"（《论语·卫灵公》）弟子不明"奉一"之道，以夫子为"博学而多识之"。

孔子"一以贯之"，元以贯之，仁以贯之。孔子"奉一"，第一个"奉元"的；我们学孔子，乃"奉元行事"。

"奉元"，以元运天下，"秉大至之要道，行礼运之至德"。孔子"改一为元"，是第一个"奉元"之人。人人手中有了"一"，就不怕天下乱。我为御者，因四匹马乱跑，需要有赶车的。手中有了"一"，"一"即元，天下必以我作为标准。如何求得此元？

手中无"一"，就不能"奉元"。无辔之缰，如何赶车？我们是"一"，"天下之动，贞夫一者也"。怎么求？"求一""得一"，始能"奉一"。儒家"求仁得仁"，元，仁之体；仁，元之用。"求元""得元"，始能"奉元"。

在此社会，我们有我们的抱负，别人越动越乱，我们才越有用，因为我们是"贞夫一者也"。

"一"与"中"，说执中，不说执一。

看孔子如何"求一、得一、奉一"？孔子曰"吾道一以贯之"。"诚者，天之道"，一以贯之、仁以贯之、诚以贯之。其故安在？"知所先后，则近道矣"，"先天而天弗违，后天而奉天时"（《易经·乾卦·文言》），要知所以先、所以后。

心定，定、静、安、虑、得，"得一"了。心不乱，即定；心乱，就得不到"一"。

夫乾，确然示人易矣；夫坤，隤（tuí）然示人简矣。

此言易之简易也。

易简之道，"乾以易知，坤以简能；易则易知，简则易从"。

"大哉乾元，万物资始"，"未有学养子而后嫁者也"（《大学》），"为人父，止于慈"，性智，与生俱来的智慧，"天意"。学《易》

之所以不易，乃因加上"人意"。

爻也者，效此者也；象也者，像此者也。爻象动乎内，吉凶见乎外，功业见乎变，圣人之情见乎辞。

百变不离其宗，用可变，中不可变，即不可失中——中道。

"易则易知，简则易从；易知则有亲，易从则有功"，谁都学得一百分，故"有功"。历代都有成功立业之人，成功立业，一也；成事方法，不一也。

今日社会进步，成功立业者多，但成事者不多。池上米，改良台湾米，功业大。

"功业见乎变"，何以要"变"？因为在那个"位"已经穷了，"穷则变，变则通，通则久"，所以事要"变"，不变，就不是功业。文穷而后工。穷，究极。

何以要玩乎辞？因为要通德类情。作八卦，是为了通德类情。

"言者尚其辞"，"无情者不得尽其辞"（《大学》）。玩其辞，则得其情。今天如何知情相类？听其言观其行，然后知情之相类也。"圣人之情见乎辞"，今人之情见乎言。"听其言，观其行"，观者，察也。听言观行，即通德。通德，然后知情之相类也。

人生最宝贵的是亲情，凑在一起是亲情。不孝必后悔，"子欲养而亲不在"。没有三生缘，能在一家过数十年？我这个"假爷爷"都成"真爷爷"了！

何以与别人无法相处？因为不能类情。"有始有卒者"，因能类，类情为第一步。

当领袖的必类情，一团体口径不一，因未能类情。总在一起，臭味相投，情类也。领导者类情，则永远在控制之中，否则人不会忍气吞声一辈子。成就少，乃因不明"情"与"类"，偶尔在一起，因利害相同。不明情之相类，不能类此情，团体就不巩固了。君子，和而不同；小人，同而不和。

通德，通神明之德，自根上通神明之德。德者，行之圆满也。情不类，则不能以道行之。

圣人何以为圣人？因为有情。菩萨有情度众生。佛之所以成佛，因为多情，多情乃佛心。佛，觉有情，能使顽石点头。明乎此，就能使家中由零度升温。

一餐尚要研究，国家幸福岂能不问谁有拿手的？"以小事大，畏天者也；畏天者，保其国。"

要做什么都有一标准，如吃火锅有火锅的标准，少一样也不是。

天地之大德曰生，圣人之大宝曰位。

"天无私覆，地无私载"，"生而不有，为而不恃"，所以"大人者，与天地合其德"。"生生之谓易"，即仁。天有好生之德，尊生。

"位"，得是生人之位，"守位曰仁"，而不是把公家的当成自己的私产。

中国读书人所言即一"正"字，岂能不言政？故要了解环境，每天必要看报，要了解时事，好坏事皆在环境中。读书人的责任即在"拨乱反正"，此即古时之"环保"。看报，专看人家是如何用脑子，先不要凡事用自己的主观来判断。

何以守位曰仁，何以聚人曰财，理财正辞、禁民为非曰义。

"守位曰仁"，怎么守住己位。仁者爱人，仁者无不爱。仁者，人也；"守位"，才叫作人。

在其位，必谋其政，得"不务乎其外"。"守位"，守己之责。"政者，正也"，"子帅以正，孰敢不正？"己身不正，虽令不从。常人，往往坐这山望那山高。"守位"，贞夫一。精，惟精惟一。

"聚人曰财"，怎么聚人是财，"财散则民聚，财聚则民散"（《大学》）。

"理财正辞"，理财在乎正辞，在理之财得说得出口来，没有什么说不出口的，要正义明道，"正其谊（义）不谋其利，明其道不计其功"（《汉书·董仲舒传》）。

"禁民为非曰义"，国之义也。不能"禁民为非"，那就应辞职。今人欲横流、黑金挂钩，还不该辞职吗？

"能以美利利天下，不言所利"，利与生人，才是圣人。"易简之理得，而成位乎其中矣"，"易简之理"，不是言语而已。成功，必明"易简之理"，利于天下。

古者包（又作"庖"）牺氏之王天下（为天下主）也，仰则观象于天，俯则观法于地，观鸟兽之文，与地之宜，近取诸身，远取诸物；于是始作八卦，以通神明之德，以类万物之情。

自此章可知《易经》是怎么来的，知中国人怎么开始用智慧。

许多知识是环境慢慢影响来的，而不是主观。发生问题了，要找出办法，坐着琢磨怎么对付。

"古者"，以前。伏羲，又叫包牺氏、庖牺、牺皇等，看后人如何解，此即"博学之"，如何认识古圣。

伏羲，风姓，又称宓羲、庖牺、包牺、牺皇、皇羲及太昊等。世传其母居于华胥（陕西蓝田）之渚，生伏羲于成纪（甘肃秦安）。

从"伏"字的意义来看，他有发明制服禽兽之法的可能。从"包"字与"羲"字着想，"包"即"庖"字的缩写，"羲"即"牺（犧）"

字的缩写，由此可以推知，伏羲有发明炮食畜肉和畜养牲畜的可能。

先民结绳记事，以大结记大事，小结记小事，伏羲则发明书契以为代。先民捕鱼，并无工具，伏羲发明网罟，教民佃渔。凡此种种，都说明伏羲有教民佃猎、畜牧的大贡献。

伏羲看到龙马负图出于河，乃仰观天，俯察地，中观万物，近取诸身，远取诸物，于是发明八卦。八卦的一画代表天，一画中断代表地，每卦上下三列，即代表乾坤、阴阳、奇偶、动静，错综复杂，变化无穷。龙马负图，伏羲更运用之发明官制，以春官为青龙氏，夏官为赤龙氏，秋官为白龙氏，冬官为黑龙氏，中官为黄龙氏，是即所谓五官。五官分治，政教大行。

姓氏，代表一个氏族。"王"，可在国家之内有所动作。"王天下"，"王"为动词，为天下之主宰，主持天下。领袖要解决人的问题。

伏羲怎么解决问题？自大自然体验。每个人想解决问题，都有动作，何以没有立说？

伏羲"仰则观象于天，俯则观法于地"，俯仰，天地所表现的东西都是"象"。他在俯仰之间，又悟了些什么？

"观鸟兽之文"，鸟走过，其文如竹叶；兽走过，其文如……"与地之宜"，得出地之宜不宜，知道要怎么利用自然。

思想不同在此，智慧的反应有别，结果成就不一，或非凡或为清洁工，结果就是真理。历史，盖棺论定。定论，要"时"与"势"的印证。

人生思维的价值究竟何在？人家说"某人儿子"，证明你没出息。一个人能撑住自己不易，有时成了别人的俘虏。

假的必求处处像真的，反而洒不开。真画有许多败笔，假画败笔反而少。中国最高智慧即"法自然"。真冷静想，天下不会太乱，什么"始皇帝"？谁也大不过自然。有多少钱，也是吃一个饱。帝王之家吃仍有数，能与天地比？"能以美利利天下，不言所利，大矣哉！"

仰观天象，"天行健，君子以自强不息"；俯察于地，"地势坤，君子以厚德载物"。奸诈难以成事，无厚德以载物。地上有皇宫，也有厕所，什么都载。最坏的是人，有点小智慧，怎么看都自以为对，天下乃乱。大智若愚，小智穿凿。台湾地区并非失业，乃是"养尊"的多。

仰观俯察完，绝不是空的，各有所得，各有境界，见仁见智，有高有低。两千多年前的想法，与今天出入多少？宇宙为一大天地，包罗万象；人为一小天地，一个眼睛就有多少门派的专家，一个器官造就多少专家。有"法自然"的智慧了，才能读懂《易经》。

有学问，什么环境来都利用一下，鲁昭公派人赐孔子鲤鱼，孔子将儿子取"孔鲤"。百姓日用而不知，"知其然，不知其所以然"。

伏羲怎么画卦？人的智慧是随着环境而来的。说"河出图，洛出书"，但谁也没见过。仰观俯察，智慧由此来；远取近取，人的智慧就在环境生。以前的环境太单纯，而今天太复杂了，科学太进步了。

不要做年轻的小老头，净在旧纸堆中找趣味。年轻人应如常山之蛇，灵活善应，要能在环境中生存，应做什么要知道。

以前自环境想出一套，今日得另发一套。如不能发前人之所未发，即是落伍。得诺贝尔奖，即发前人所未发。

许多事是环境逼出的，到时狗急跳墙，都可以想出办法。上下、俯仰，即举动。仰观俯察，观察左右环境，东看看，西看看。做事，借环境启发自己，"有生于无"。

中国人没有偶像崇拜观，完全由自然环境立教。人的思想就是从左右环境生，性生万法，豪杰之士不待文王犹兴。六祖不识字，却能作《坛经》，此如同伏羲画卦。

我奋斗一辈子，就为了使外国人不敢在中国横行。无论如何都不能将国土送给外人，谁卖国就杀谁。一时代有一时代的使命，人没有使命即白活，如同行尸走肉。

"观法于地"，观察、观摩、研究，地有宜、有不宜。许多事皆如此，要因环境制宜，不能一条道跑到底，"不可为典要，唯变所适"。知此，不必强求。"橘逾淮而为枳"，过河就不同了。北方就有一种小菜很特殊。台湾地区长不出那么小的马铃薯，地不宜。

智慧不是什么神秘的东西。每个特殊地方设"农业试验场"，就是要试验"地之宜"。一称土豆，一称落花生，就文化不同。

研究自己，才研究出治病。尝百草，看哪种于自己有用，其间不知要吃多少苦。懂得"尝"了，才能用事。

今天西方科学发达，但仍打不开中国医药的智慧。同学先生三期肺病，只剩六个月时间，我给个药方，一个多月后他就可以上班了。

中国的东西真没法讲，中国人对人体是用脑子想的，但是比西方的解剖还准。

我想传道，才说真的。在台没有留下子孙，刚来台时才四十岁左右，正当壮年时期。师母认为到台，儿子必没有前途，而回北京。一般人能办得到？不要净以你的智慧衡量天下，人外有人，天外有天。

小孩不懂事，但就懂得好吃与不好吃，此乃人的天性。小孩不会说，但妈妈就懂他要什么，而姥姥就不懂，因为隔了一层。解决许多问题，自此入手。

外人如何了解你的事？自己事何以要找外人帮忙？切身问题，假他人之手，岂不糊涂？应练习自己解决问题，不必假他人之手。为天下主，必为百姓解决问题。

贫而乐天之道，"行健不息"乃是医贫之不二法门，要学天的"自强不息"。法地的厚德，则又有何不能容？有容乃大。不能容，乃是有分别心。

父子不相容，儿子做事要拿工钱，损及人性，与禽兽何别乎？"有事，弟子服其劳。""不敬，何以别乎？"此为中国作风。

文明从哪里来？何以一定要穿洋服？纯人性；不纯，则含有兽性。中国文化太悠久，什么都有一定的规矩。

接枝，变种，味也变了，乃没能通德，类情有误。政治、教育，也必考虑"地之宜"。

第二次世界大战时，罗斯福（Franklin Delano Roosevelt, 1882—1945）、丘吉尔都还有领袖样。天下事，一叶落而知秋。

大原则必要守住，都有一定的轨道可循。事情有一定的轨道，一子放错了，满盘皆输。

天下哪有好人？交学费还计算日子。就因为没有孝子，才要选孝子。识时、知机，最难！就是贪，亦得识时、知机。今日脱下衣和袜，不知明天还穿上否？但人就是贪，放不开。

冷静想，不要老是主观，"无适无莫，义之与比"（《论语·里仁》）。机，上午想，下午就变了，机不可失。

做事要考虑自己能不能，不要净是胡扯。不厉害还搞政治，能消息灵通？

潮水到时，有一定的走法。识时，还得知机。孔明是小骗子，刘备请他，是要"恢复汉室"；他有机可乘，出来舒展筋骨；失败了，却说"未出茅庐，即知三分天下"。他既能"借东风"，何以会有"失空斩"？哭马谡，说"悔不听先帝之言"。读历史，得结论。一个人必要善用头脑，不必再说假，人人都懂。

作《易》者也是人，仰观俯察，天上有象，懂天文者观象，可有发现。行家看门道，谁解释都自己一套。读书的目的，是借古人的智慧启发自己的智慧，要有自己的看法。不是开当铺的，又何必辨真假、讲考据？

训练自己的脑子灵活，用许多事印证。用头脑判断，可以发现问题。宗教教人信，不可以疑惑。我什么书都看，可什么都不相信，人之为道而远人。

中国人信"昊天上帝"，大家都祷告，那上帝究竟听谁的？好坏事，到底是什么观念？信教，就没有坏人了？希望你们脑子会想，才能应世。

21 世纪是中国的，必得是思想的中国、文化的中国，得在于我们自己去发挥。

地有不宜，人亦有不宜，如有人不能喝牛奶。每天都得求宜，每天都为了适宜而活。"不可为典要，唯变所适"，既不可为典要，必得变其所适，宜比不上适，适时，"变所适"，多发人深省！世，刹刹皆变，一会儿也不停留，故《易》为变经。

我家中不迷信。祖宗不懂看风水，而当了皇帝；懂得择风水，却"亡国"了。所以，我家不看风水、不择日、不合婚。

人不能迷。坤卦讲迷，说"先迷失道，后顺得常"。祖宗为我们留下无尽的财富，取之不尽，用之不竭。要求，自求自得。

"读书"与"看书"，两者有区别。

呆头呆脑！就是逐利，什么良心不良心！做买卖，各家有"字号"。宇宙间一台戏，就看怎么唱、怎么演。不知止，因为对什么事也不清楚。

伏羲"近取诸身，远取诸物，于是始作八卦"，"诸"，语词。"远、近"，是比较级，自己为"近"，自己以外为"远"。在本身做试验品外，对所有的物亦必都加以研究。"于是作八卦"，他用自然环境来画八卦，叫人都懂了，就能做事。

要将你们的聪明才智都灌进这部书了，才有用。何以那么原始的时代就有如此的智慧，而今人却看不懂？人的智慧从哪儿来的？都一样，不必远求，"近取诸身，远取诸物"，尽己之性，就能尽人之性，进而尽物之性。"远近"，是以自己作比较。

"近取诸身，远取诸物"，将天下万物万事缩成八个卦，即八个符号。一生二，二生三，三生……八。一画，开辟了天地，就立了文化。文化的发展：点—线—面—体。第一点，即"造端"。怎么画第一点？

乾，男人；坤，女人。祖宗，生殖崇拜，法自然。近取诸身，远取诸物，于是始画八卦，"以通神明之德，以类万物之情"。

何以祖宗能拿"阴阳"造谣？阴阳，一家八口，八口之家。八卦，是个实际运用的东西。天时、地利、人和，以人为绝对办不到。天地也在神之妙中，有自然界可法，才画八卦。以自然为师，重视环境。

何以要作八卦（天、地、雷、火、山、泽、水、风）？那时的生活简单，就画八个符号。八卦还继续演变，后人继续演，不止八卦，符号还没画完。符号永远无穷，科学家就画很多符号。

未来世纪如何解决问题？永远离不了"俯仰远近"。

自《山海经》一书，可见汉时已知"山"与"海"中有无尽的宝藏，然迄今犹未全部用上。

《山海经》成书非一时，作者亦非一人。大约是从战国初年到汉代初年楚人所作，到西汉校书时才合编在一起。

《山海经》分"山经"与"海经"，原来是有图的，叫《山海图经》，魏晋以后已失传。《山海经》记载了许多诡异的怪兽以及光怪陆离的神话故事，长期被认为是一部荒诞不经的书。

有些学者则认为《山海经》不单是神话，而且是远古地理的描述，其中包括了一些海外的远古山川鸟兽，是一本具有历史价值的著作。

伏羲画八个符号，是要解决问题，一爻一宇宙。伏羲有其环境，而今天的环境已经不同。原理一样，应世不一。环境不同，所见也不一样。昔日以黄河之水远从天上来，现在已经找到源头了。

诗仙李白有诗"黄河之水天上来，奔流到海不复回"，令人想见黄河发源之高之远，而中国人比较明确认识并考查黄河何处来，是从唐朝开始。贞观年间，大将李靖、侯君集到"星宿川，望积石山，观览河源"。

元朝则认定星宿海是黄河源头。但星宿海上复有三河，因此黄河的源泉应该更在"天上"。乾隆年间，勘定黄河源头是星宿海西南的阿勒斯坦郭勒河（今卡日曲）。

后人继续寻源，1978 年正式确定卡日曲是黄河"正源"，其位于巴颜喀拉山北麓各姿各雅山下。卡日曲海拔 4 830 米，由五条涓涓细流汇成，始宽 10 米，沿途"不辞细流"而成其大，与约古宗列河会合，形成真正可称"黄河"的河道"玛曲"，东流 16 千米而入无数水泊构成的星宿海，东流而下不复回，归宗大海。

"始作八卦，以通神明之德，以类万物之情"，"以"，用八卦。圣人画卦，用八卦"通神明之德，类万物之情"。

"通神明之德"，形而上的，知道自己从何而来。自"明"来的，最神的明。明的结果就是"德"，有了成就。"明"，是生机，"大明终始"。会做事，就是神功。

"情"，为性之用，现于外的。"类万物之情"，"类"，哪一类哪一类的，比物丑类。发明家即懂得"类万物之情"。

中国的吃，色、香、味俱佳，即有"类万物之情"的智慧。

必要会用精华，皆不传之秘。

什么叫"通"？通车、水管通了、通人。通了，可不得了！有个目的，达到那个目的。所要"通"的，非形而上，并不是空的。

首先要了解"神"是什么。"神",妙物之德,"妙万物而为言",是造物主,其德妙万物,"妙"字用得妙!看蝴蝶之复杂,蚂蚁亦恋爱,有性行为。自"妙"字,可见出中国人的智慧。

妙万物,使"万物皆备于我",故而感恩报德,不仅人、狗……所有需要者,均无限供给、预备好了,"生而不有,为而不恃"。

造万物,得有原料。妙万物,意境更高。妙不妙?妙!不可言传之妙,妙不可言,惟妙惟肖。细琢磨,中国东西确有用处,可成华夏,"万国咸宁"。

"德"者,得也。有善德、有恶德,实际的,非空的,人可以看到的。骂人缺德,即表现出的行为。我讨厌好说话的人,没有爱的行为,要好德。

"明",终始之德,生生不息之德。老祖宗妙完万物,就睡觉去了,将工作留给"明"。终而复始、生生不息的力量,即在"明"。"大明终始","大"是赞词;"明"之德,是终而复始、生生不息之德。终始之德,是"明"的功夫。

"神之德"与"明之德"不同处何在?神之大能,在妙;明之大能,在终始,即生生。"生生之谓易",就是仁。"明",是生生的机。通"始与生"之德,才懂得报德。天天奋斗,在通神明之德。通德,必自类情入手。以简御繁,脑子必致密。

识微,察微,懂隐、微之处。情,虽看不见,但物皆有感,可以得知。仰观、俯察,了悟了一切,然后画八卦。

始、壮、究(极、终)、始、壮、究,"六位时成",讲明之德。"明","大明终始,六位时成,时乘六龙以御天"。"神、明"二字如不明白,根本无法懂《易》,如何做思想家?既是德,必有所指，一妙万物，一在明终始。

你明白了？我只置之一笑，在你的圈明白了。依经解经，都有根据。

没有"明"，如何"生生"？生了又生，即"终而复始"，"生生之谓易"，即易。"易"，日、月，日月运行，一寒一暑。看这个思想是怎么构成的。人的才智有别，所见则见仁见智，百姓日用而不知。

"通神明之德"，非泛论，是具体的。"明"，是"神"的接班人，"继之者，善也"。"生生之谓易"，"点"显了，生生不息，是"明"干的。

传至今天的"能"，在于"明"，因有"明"的"终始"智慧，卦乃有六位。由三画卦（天、地、人），变成六画卦，终而复始。始、壮、究（终、极），万物之生长。"六位"，代表终始。到六，得变，七日来复，"复其见天地之心乎"。来复日，第七天休息，要养生机。

八卦，用来"通神明之德"，"机"即万物之德、能，价值在能。景德镇即是通土之德能，故成"瓷器之都"。通神明之德，智周万物，道济天下，万物皆备于我。

看《易》用字之美！一个"类"字，就有伦（人）有序（礼、法）。中国人的称谓极为清楚。必要以中国智慧应世，总会有成功的希望。"茹毛饮血"的样子能懂中国文化？

"六爻发挥，旁通情也"，《易经》谈"情"比谈"性"多。因人多用情，少用性。遇事，要仔细推敲推敲。

能读破十本《易经》，绝对"神经"！我的书都分成卷，量少易携带，方便读。

既是冒险来听《易经》，我送二字：忍耐。忍耐，是成事的至极力量。人骂你、赞美你，都不重要。你骂我，绝不说，早晚叫你承认你错了，多阴险！

要养成谋众人福利的头脑。

"继之者，善也；成之者，性也"，善性。性善，自"元"往下数。

"成性存存，道义之门"，"成性"，得下"存存"的功夫，才是"道义之门"。

我写《恶僧传》，"恶僧"出自《法华经》"末法恶比丘"。

我的《易》，绝不同于无病呻吟者的注解。圣人绝不和我们捉迷藏，绝对是一针见血。

最近，得相信有佛了，有许多事实摆着，就你们了解太少了。天下事绝没有白得的，有巧取之心，早晚必得失败。

人必得有器识，实际的。读书，是为了改变器质，必得有个样才能成事，是实际的。读书人得有读书人的器质，有读书人的样子。

八卦，一点神秘也没有。佛讲"明心见性"，"般若"是妙智慧。"神"是妙万物者。

识时、知机。老母鸡慎微，在换蛋时永远不破一个；温度要正合适，去散散步，温度不可以过高，知机也。如人一天胡混，能知机？今天最缺的是人性，一点同胞爱也没有。终日坐屋中读书，外面事一点也不知，能知机？

"机"会因"欲"而丢掉了。一个"私"字害尽天下苍生。没有公心，完全私心。私，是自欲来的，"嗜欲深者，天机浅"（《庄子·大宗师》)。公，"大道之行也，天下为公"（《礼记·礼运》），但就缺公。

中国人最了不起的即"法自然"。《老子》讲"法自然"。

《老子·第二十五章》："人法地，地法天，天法道，道法自然。"

"法自然"，即"则天"，"唯天为大，唯尧则之"。按环境观摩，想出解决问题的办法，因事立法。

要将《易》的神秘讲没了，中国人思想是"法自然"，中国人并不迷信，《中庸》所谓"道不远人，人之为道而远人"。迷信，迷的人才信。《金刚经》说"应无所住而生其心"。昔人神秘，夫妻过一辈子，从不吵架，但未必有爱。

面对问题，却不懂是问题。每天要善用智慧，识时、知机。要将知识用在生活上，否则未入流，偶一不慎就下流。

中国人确有丰富的智慧，每一事皆有定论。

每样东西都妙，无处不妙，社会之有趣味在妙。有爱花之花痴、有拜石之石痴。乾隆的字之所以不值钱，就因为他到处乱题字。会说话，讨人喜，妙！说"喜看你的菩萨脸"。识妙，会运用妙，才妙！妙！妙！

"面然大士"，观音菩萨要度鬼，乃变成鬼王。

《妙法莲华经》中，观音大士"应以鬼王身得度者，即现鬼王身而为说法"，是观音大士教化饿鬼界众生的需要而产生的。

对老婆说："少现面然脸！"都形容一个脸，但用词不同，效果乃不同。台湾有些地方就是充满暴戾之气，何以至此？都同一块土，何以变化会如此大？如不知道有脉络可循，又如何治病？

"明"，是根据"神"来终始，"继之者，善也；成之者，性也"。

"大学之道，在明明德"，"在"，是肯定的，"明明德"，尊生；"在新民"，卫生，不可以侵害别人；"在止于至善"，荣生。

"大学"，不曰"天"而曰"大"，因"大"才能容。天之德为覆，天覆；地之德为载，地载。学大，才能容，容乃大，宰相肚里可行舟，君子不器。

"明"之德，终始、生生。自度度人，荣生。《大学》一部书将"明明德"作最好的注解。平天下→天下平，终极目的在天下平。《易经》的"万国咸宁"，仍有国界，未至天下平；天下平，已无"际"与"界"了。思想是进步的。有际与界，就有战争。下功夫，才有助于行事。许多注皆是画蛇添足。

学大，第一步得尊生，其次卫生。卫生之"私"，个人保健，是入手处；卫生之"公"，在新民。

以为有原子弹就是大国，国家强否是在于有原子弹吗？人就怕盲从，原子弹放在脑中才有用。

学《易》，不是要做堪舆家。妖姬、妙天，竟然有知识分子去参拜！现在人的脑子确实有了问题，要锻炼脑子。

小孩子就出家，越大越是后悔，是人能不做人事？但做人事，就犯戒。这本是上天所给予的禀赋，何等的颠三倒四！《心经》说"远离颠倒梦想"。和尚，是释迦的罪人。

《易》称"元神"，道家称"天神"，《中庸》讲"神之德"，终极目的在天下平，"苟不固聪明圣智达天德者，其孰能知之"？

《易经》在"通德类情"。真懂得类情了，岂不是可以未卜先知？社会事的发展，都有一定的轨道可循。

冷静地按轨道推，都可以先时。留心，才通灵。类常情，没有奇迹。借东风，欺天下愚人，天下智者少。信通灵，就因你自己不灵。

伏羲"一画开天"，为中国文化之"初祖"。作八卦，"以通神明之德，以类万物之情"。

通德类情，用"通、类"两步功夫。类的是情，而不是性。儒家思想中"情"字重要。乾卦中如何言情？"六爻发挥，旁通情也"；《诗经》第一章《关雎》即谈情。诗言情，"《诗》三百，一言以蔽之，曰'思无邪'"（《论语·为政》），皆真情之流露。类情，岂能不先通情？情不能保留，"圣人之情见乎辞"，圣人也不例外。

人与人之间所以会起冲突，不是因为性上起冲突，而是情上起冲突。"六爻发挥，旁通情也"，如能类情，团体就不起冲突。警察斗法，斗情也，因为缺"类"的功夫就会起冲突。

想搞组织，得类情，不"和"则情不投、意不合。应将情列表，类之。"非我同类，其心必异"，类，就不异。

先养头脑，养能应的智慧，一般人对一问题总是似是而非。有得的希望，悟了，存在心。基本观念不清，不能知"机"，做事亦不成功。

人哪有说真话的？但就自己知。能向别人吹牛，就是不能向老婆吹牛。人都是一样的，人就是人。以普通心应事，则有必胜的把握。

孔门四教：文、行、忠、信。但就实行而言，应是信→忠→

行→文，最终目的是为了行文。

我将同学分成"书呆子帮、政客帮、说客帮与货殖帮"，游魂不在其中，游魂见利之所在，就到那儿去了。同学来上课，我都要同学填表，将之类之，"非我同类，其心必异"，同类则其心不异。书呆子便和书呆子情投意合，书呆子连买馒头也不会。想搞组织，就得类情。何以起冲突了？便是因为情不投。

"此何时也？"今天何为"当务之急"？有些人有两个馒头就能活，你却为他念《大悲咒》，于事何补？

"神"与"明"的区别如何？"神"，妙万物而为言，造物主，元，体，取之不尽，用之不竭；"明"，终始，生生，用。"通神明之德"，即通体用之德。德，成形的，有了成就，非空的，骂人"缺德"。体用不二，皆生生不息。

"履霜，坚冰至"，事乱，非"突如其来"的，之所以会有"坚冰"，乃自"霜"来的，因此，必自根本解决问题。因为没有"早辨"之智，皆非一朝一夕之故。

《易经·坤卦·文言》："积善之家必有余庆，积不善之家必有余殃。臣弑其君，子弑其父，非一朝一夕之故，其所由来者渐矣，由辨之不早辨也。《易》曰'履霜，坚冰至'，盖言顺也。"

你们的定力都超过六祖。哪有读《易》还后悔的，"《易》为悔吝之书"。诸葛亮、刘伯温都精于《易》，会用。

如何"类万物之情"？"方以类聚，物以群分"，丑类（丑类，同义词，此作动词。《礼记·学记》"古之学者比物丑类"）。情与性相近，先尽己之性，然后尽人之性。“近取诸身”，同类就可以互相了解。尽性容易，但类情难。喜怒哀乐发而皆中节，太难了；不中节，所以才要类。类情，情不投、意不合，就噘嘴。

领袖人物得有类情之智，每个人都有主张，都认为自己对，连小家伙都如此。天下人皆有主张、意见，大家集合在一起都反叛。

类情最基本的是什么？裁成辅相。多了，不合适，得裁之；裁完，得有用，成之。有所不足，则辅之、相之，以有余补不足，才能相济。《易》“既济”之后，接着“未济”，因为事又变了，《易》以“未济”终焉，天下哪有完成的事？

有了“聪明睿智”，才能达成“裁成辅相”的成果。志同道合者冷静地看如何处理事情，得慎思、明辨、翔实。遇事，应知如何去想，要以有余补不足。什么都有，但不一定都有用，必要下“裁”的功夫。有问题，但也非不能解决，遇事要“决定不移，戒急用忍”。

年轻人“没有灵魂”最可怕，也得有“能接受”的智慧。必得真知，是个功夫。

年纪大了，确实觉得中国人太有智慧了！画八卦的启示：三百八十四爻，即三百八十四个宇宙，一爻一宇宙。

懂得“潜龙勿用”，有此高深的修养了，早晚有“飞龙在天”的机会与成就。但如此时无大发挥，即成“亢龙有悔”。

如你们的程度不够，就停了！我在有生之年，将《四书》《五经》讲一遍。每天得金牌，就文化没有金牌。不掺杂，就纯中国的。找一个真实的人帮忙。你们来日方长，我一分一秒都宝贵。

作结绳而为网罟，以佃（田）以渔，盖取诸离。

"盖"，后人推测之辞。

包牺氏，亦作"庖"，即伏羲。何谓"包牺"？代表开始懂得熟食，教大家吃肉食，教民耕种、捕鱼；如此，牺皇岂不是必在地狱中？因为他杀生了。

如果吃素就能成佛，那牛早就成佛了！"人皆曰予智，驱而纳诸罟擭陷阱之中，而莫之知辟（避）也。"（《中庸》）

我不是不吃荤，而是胃受不了。

包牺氏没（殁），神农氏作（兴起），斫木为耜，揉木为耒，耒耨之利，以教天下，盖取诸益。

肉食之弊病出，乃逼出一个尝百草的神农。

杭辛斋称，相传《连山易》是以重艮为首，艮为山，故特称神农氏可能为《连山易》的创始者，尊名为"列山氏"或"炎帝"。

有以伏羲后，经柏皇氏、中央氏、大庭氏、粟陆氏、骊连氏、浑沌氏、赫胥氏、尊卢氏、昊英氏、有巢氏、朱襄氏、葛天氏、阴康氏、无怀氏，凡十五传而至神农氏，一称烈山氏，又称为炎帝，其时代公认在黄帝之前。他生于湖北省随县厉山镇神农洞，在长江支流水滨，属于汉水流域；而都于河南省东南部的淮阳，在淮河流域。以上并在战国时代的楚国之地，当属上古华夏人观念中的南方。此与楚地始有神农的传说相符合。

神农氏发明木制的耒耜，以方便耕田；能辨别土质的好坏，而焚烧山林，教民播种五谷。他常尝百草，以此草本植物疗治民疾，颇有灵验，因而有了后世的中国传统药学。他又教民以日中为市，促进生产者以物易物的买卖。这位伟大人物活了百余岁，最后安葬在湖南株洲一带。神农领导下的部族或称国族，从他开始传了八个世代，计有五百三十年。在最后一位国君榆罔当末任炎帝时，竟为兴起于黄土高原的黄帝所败而亡国。

由于肉食可能生病、夭寿，神农乃尝百草，因此懂得粒食、谷食了。由此，明白时代在演进，今日亦应演进。

若不是环境所逼，神农不必尝百草，为人治病。此为人类进化之历程，由肉食而粒食。时代环境不同，思想建设的成就亦不同。

自人体的穴道，可见中国人想人身体结构的智慧，看不见，是"想"出来的，但能调理身体。人身有穴道，那我们应发挥中国精神，抓住宇宙之穴，一针即好。古人找看不见的穴道，我们应找全世界的穴道，一针下去，便能将问题解决，这便是"聪明睿智，神武不杀"。

中国言"武"，所言为"神武"，"聪明睿智，神武而不杀"。"文武之道，未坠于地，在人。贤者识其大者，不贤者识其小者，莫不有文武之道焉"，"文"与"武"相对，证明"文"比"武"更神。

环境逼人生智慧。中国发展武器，乃是为了自卫，环境所逼也。

"耜"，昔日用木头做铲子，那时已有力学的观念。自生产工具的变迁，可见已有"变"的观念。

我们今天治天下，不也应变方法？穷则变，变则通。

日中为市，致天下之民，聚天下之货，交易而退，各得其所，盖取诸噬嗑。

从肉食到粒食。各有所余，各有所无，以有余补不足，遂有交易。设立"日中为市"制，形成贸易，于是由游牧时代进入农商阶段，进而政教并行。"日中为市"，各有所业，互通有无，这就是社会的进步。不必每个人皆种地。

杭辛斋：相传《连山易》是以重艮为首，艮为山，故特称神农氏可能为《连山易》的创始者，尊名为"列山氏"或"炎帝"。

"噬嗑"，双关语：一、市合也；二、嘴中嚼的东西。

今天的生产也应进步，要满足所需，满足所欲。何以社会进步？盖"欲"使之也，每人皆为满足己之欲。人有钱，没有不会花钱的，"未有学养子而后嫁者"。因此，想要领导社会，就得类情，即类欲。书呆子谈得眉飞色舞，人以为是疯子。

物以类聚，如将不同的人聚在一起，必定会出事。尧，文祖，不知人，知人焉有"四凶"？强合，办不到，便要有小组。早分成小组，以类类之，就不会分崩离析了。等他们自成小组，就不是你的小组了。将人合在一起，万万办不到，只好分小组。若是小组分崩离析，焉能有所用？

做事办活动，必得实际，不是办个活动就完了。干什么，自己要知；知如何做，则根深叶必茂。

"约之以礼"，都知明天、后天做什么。今天百姓有无平静之心？礼法的成就不易！

如何将今天小孩引至人性范围，使之上轨道？自实际问题看，要如何实际解决问题，使之有人样？现有多少不能用的人，吸烟能戒不易。用何方法恢复过来？如无方法，再过几年更是不像话。

神农氏没，黄帝、尧、舜氏作，通其变，使民不倦；神而化之，使民宜之。

司马迁《史记》首《五帝本纪》，而以黄帝始，此后诸帝依次一脉相传。《五帝本纪》之后，为夏、商、周三代"本纪"，三代之主不称帝而称王，于是"五帝三王"成为中国上古史的通称。不过三代已入于信史，而五帝则属于传疑。

黄帝迁徙往来，无定居，应土德之瑞（象征黄河中段之黄土层地域）故称黄帝。黄帝置左右大监，监于万国（各方部族），使万国和睦，封禅山川（封禅之典推自黄帝始）。黄帝尝居轩辕之丘，而娶于西陵之女，是为嫘祖。黄帝之享寿特长（皇甫谧《帝王世纪》称黄帝在位百年），卒葬于桥山（《史记》司马贞索隐引《地理志》称桥山在汉之上郡。今山西中部县北有黄帝陵，故1944年更"中部县"之名为"黄陵县"）。

在黄帝时代，我们的祖先可能已经有了干支纪时、房屋与衣裳、舟车等交通工具、木器与陶器、弓矢与干戈类的武器、货币（贝币）与交易行为。其中最值得注意的是已经有了蚕丝织物与文字。我国最早用蚕丝制造织物。

早在三代时，已经普遍有蚕丝（殷墟甲骨文中"纟"字颇多），则其发明可能在黄帝时代。在殷墟中发现的甲骨文字，已经有两千多个不同的字体，并具有六书的结构，像这样进步的文字，依上古进化的速度，至少要有千年以上的历史。从殷商上推一千多年，恰好是黄帝时代，所以结论是"黄帝是中华文化的开端"，也就是中华民族历史之始。

中华民族的构成，实以文字与文化为主力，吸收抟合，发展扩大而成为今日之大中华民族。早在周末与秦汉之际，各类著述中，都盛称黄帝之德，民间普遍有黄帝之祀，以后中国人的心目中，一直是以黄帝的子孙自居。除了血缘、传统的原因之外，还包含着深厚的文化意义！

辛亥革命后，民国肇造，临时政府成立之初，曾一度以黄帝纪年，宣布当年（1911）为黄帝纪元四千六百零九年。到民国二十四年（1935），民国政府特定清明节为民族扫墓节，曾派专使往桥山祭祀黄帝，表示黄帝为中华民族之始祖。

"通其变，使民不倦；神而化之，使民宜之"，此数字便是治民之要术。"通其变"，就为了使百姓天天觉得新，天天喜欢。今天看电视，大家不迷了，因为倦了。刚有收音机时，大家迷得不得了。所以要"通其变"，让百姓觉得新、喜欢。

时代环境不同，思想的建设成就亦不同。"神而化之"，使百姓天天觉得合适，天天不倦，天天宜之。

傅培梅学做菜，便因为她先生好吃。她得天天变样，才能使先生吃不倦，抓住先生的胃口，便是"宜之"。

《易》穷则变，变则通，通则久，是以自天佑（助）之，吉无不利。

易，日月之变，阴阳之变。阳变于阴，则不至于亢；阴变于阳，则不至于伏。此通也。不至于亢、伏，即恰到好处，亦即知止，过犹不及。阳而阴，阴而阳，循环无端，所以能久。

《易经》就是变经。自助天助，上天没空帮你忙。

治家如同治国，亦要使家人不倦，且宜之。家道穷，必思突破，生智慧，穷则变，变则通。

黄帝、尧、舜，垂衣裳而天下治，盖取诸乾坤。

"乾"，阳物也；"坤"，阴物也。阴阳合德，而刚柔有体。

杭辛斋：有人称黄帝之《易》为《归藏易》，取坤乾为首。尧舜继之，于变时雍，垂衣裳而天下治。《夏易》就是《连山易》，是继承神农氏之心法者；《商易》就是《归藏易》，是继承黄帝之心法者。而《周易》则在祖述尧舜之真谛。

刳（kū，剖空）木为舟，剡（yǎn，削也）木为楫，舟楫之利，以济不通，致远以利天下，盖取诸涣。

乘木有功，一步步地进步。"登泰山小天下"，乘势，多听多知，洞悉天下事。

服牛乘马，引重致远，以利天下，盖取诸随。

"服牛乘马，引重致远"，交通发达，互通互利，往来不穷，"随"，"动而悦"，随时。

重门击柝（tuò），以待暴客，盖取诸豫。

"重门"，一扇门不够，再加一扇门。"击柝"，"柝"，打更用的梆子，更夫巡更，两木相击以巡夜。此即"利御寇"，要防被抢，抓住坏人。打不过人家，得防着人家来抢。有备无患，"豫"也。

同学不仅没有看书的能力，连看报纸的能力也没有。这几天问了好些同学，却没有一个答对。看今天的文章，多半抓不住要点。你们看文章，抓住要点了吗？

不细心，不懂得分析问题。环境逼人生智慧，但也使人走上绝路，狗急跳墙。有些人不知想明天，因为懒。

断木为杵，掘地为臼，臼杵之利，万民以济，盖取诸小过。

此时不仅粒食了，还要吃得精了。"小过"，"小者过而亨也"，生活内容小有充实。

弦（系在弓背两端、能发箭的绳状物）木为弧（木弓），剡木为矢（箭），弧矢之利，以威天下，盖取诸睽。

"睽"，谁反对我，我便杀掉谁，这便是环境逼的。老一辈的何以那么凶？因为随着中国长大，为环境所逼，都有一套。

今天"不利为寇，利御寇"，以小事大，此为御寇之方。面临环境逼迫，必要生智慧应付。好好善用智慧。

何以我们不能生智慧？因为我们避事，有事便移民了。

爱国志士的忠烈祠，不能因为政权更替，就把它毁了。他们爱国，与时代无关。《春秋》有"存三统"。

明此，何不为己之所当为、乐己之所当乐，名利何所为？西太后的陪葬物多，但陵被盗了！

1928 年，军阀孙殿英借演习之名，率其部下盗掘了金碧辉煌、极尽奢华的慈禧定东陵，并盗取慈禧临终时口含大如鸡蛋的一粒夜明珠。

无德，什么也留不下。从己之所好，怎能让证严专美于前？实至名必归，逐名利没有用。

我现在见事，皆一笑置之！同学五十岁，发就白了。我则不然，因我心中没有压力。找压力的人，乃是傻子。

上古穴居而野处，后世圣人易之以宫室；上栋下宇（屋檐，椽也），**以待风雨，盖取诸大壮。**

"大壮"，宫室。"上栋下宇"，屋脊屋檐，可遮风避雨。居住条件进步了。

古之葬者，厚衣（yì，动词）**之以薪，葬之中野，不封不树，丧期无数，后世圣人易之以棺椁，盖取诸大过。**

墓上的土堆即"封"，小坟丘；"不封"，即是平的。大陆现在鼓励深葬，即不封，上面犹可种地。

最初可能在坟上栽树纪念，后来就树立墓碑。

我死在哪儿，就在哪儿烧。骨灰分三份：一份新宾老家，一份长白山天池，一份台湾。

上古结绳而治，后世圣人易之以书契，百官以治，万民以察，盖取诸夬（扬于王庭）。

由此章见《易》是进步的：从"结绳而治"到"书契"创造，在龟板、竹片记事。"百官以治"，百官治事；"万民以察"，万民晓事。环境需要就得变。自环境生智慧。

环境不生智慧，乃因为躲避。有共存亡的决心，始生智慧。

要练习有组织的能力，无组织能力则别人不纳入。团体是自己建立的，拉帮大则成旅长、团长。二三知己，便是结之以情，还有什么不能谈的？如此，你便是老大，方能交流，革命即是如此成功的；反之，则成单帮，自然灭亡。独身反常，结婚才正常。

书院伊始即非大学生不收，因为要承上启下，程度要划一。

人没有量，不能成事；没有急智，不能处理偶发事件。

有野望的人要有实力，有作用的团体都有一帮人，否则一个人能起来？好说话的在团体中必无作用，不能守口如瓶则在组织中不能有地位。好说，什么都说。有肉，要埋在碗里吃。越是潜在越有力量，曝光则衍生是非，成为别人打击的目标，成为"死棋子"了。

搞政治得有"不成乎名"的思想。

第三章

是故，易者，象也。象也者，像也。彖者，材也。爻也者，效天下之动也。是故，吉凶生，而悔吝著也。

易，为生生之象，读《易经》如同参禅，不是看文字就完了。

自"生生"二字，才知宇宙之不空，此爻非神秘。要一个层次、一个层次地看。

今天犹如进入"战国时代"了，无论如何动、无论怎么乱，何以能够御天下？要"时乘六龙以御天"，"言天下之至赜而不可恶也，言天下之至动而不可乱也"。"天下之动，贞夫一者也"，必要知"一"是什么，天下之动，超不出"一"。

孙悟空跳不出如来佛的手掌心，佛能控制一切变，孙悟空就是会七十二变也没有用。手心不过一点，但如何变，也跳不出此一点，这是什么东西，特别重要。

谁能"贞夫一"，谁就有把握。你能"贞夫一"，就能御天，"能以众正，足以王天下矣"（《易经·师卦》）。十个臭皮匠，胜过一个诸葛亮。真用心机的，要研究何以有人在"四面楚歌"下却能成功。

"一"，没有固定的，就看什么时，就有什么"一"；控制不住"一"，就没法御天下。

"彖者，材也"，材，才德。彖，言卦之才德，断一卦之义。

"爻也者，效天下之动也"，爻，变也，故"时乘六龙以御天"，六龙乃是六变，比"动"还厉害。"不可恶、不可乱"，能"贞夫一"，就吉；不能"贞夫一"，就凶。

天下之动，才有"吉凶、悔吝"之著；一动，就有吉凶、悔吝。

学禅的静坐，但若我们不好动，他们早饿死了，他们乃人类的寄生虫。他们看我们是"众生"，无量罪孽的种子，视我们为利禄之徒，他们在屋中打七打八的。没有天下人之动，他们早就饿死了！

天下之动，吉凶、悔吝就出来了。不怕你动，能"贞夫一"，便有吉无凶。要用"贞夫一"来趋吉避凶。

时，此一时，彼一时也。时，上、下午就不同。

天下之动，就能"吉凶、悔吝著"，故要能"定于一"，二就不安定。

不是固定的，天下之动，吉凶、悔吝著。"一"，乃是随时的，不是固定的。

谁能"一"，谁就吉；不"贞夫一"，就不能吉。

一个家庭的好坏，也得"贞夫一"，这便是术。我家中原本单纯，多两个小家伙，就复杂了。我整理东西要送博物馆，他们要我留给他们做纪念，因为知道要送给别人，心中便不高兴。所以，大小事"贞夫一"，特别不易。

不是读书，而是要悟。

"爻"，读效，即"效天下之动者也"。"吾道一以贯之"，"天下之动，贞夫一者也"。朱子解"效"为"放"，解错了。

奉元，不是空的。有《近思录》《传习录》，朱、王各有主张，我们奉元则非如此，要自根上解决问题，并不是老生常谈。归元，正本清源，奉元行事，拨乱反正。

大小事皆得"贞夫一"，家庭亦如此，每个家庭的纷争点不一样，用"一"之术也不一样。故无论如何形形色色，皆不可恶、不可乱，"贞夫一"也。"一"，不是固定的，前后五分钟便不同。我说了半天，便是强调"时"不同了，故要"时乘六龙以御天"。

遇事不可以感情用事，忠言逆耳利于行，友直、友谅、友多闻，煽风之人必有目的，故要冷静。读死书，是没有用的。

想要吉，必要"贞夫一"；要"贞夫一"，便要知时。有了智慧，便能放诸四海而皆准，智慧无方所，可随时而变。人必得养成急智，因为世事多变，没有急智不能处事。

个人的价值观不同，老师看你没用，别人未必看你没用，故你不必跳河，此乃每人观点不同，因为用法不一。任何事皆无定规，故能放诸四海而皆准。

"准"，不是准确，乃是名词，四海皆得以此为准。不是射箭，那不过一个人射准了。一个人射箭百发百中，此乃一人之准；放于四海皆准，此乃举世皆准。见贤思齐，因为你是"贤"的准，大家皆思与你齐，大家皆以你为准，皆向你学。"举直错诸枉，能使枉者直"，"举皋陶，不仁者远矣"。

读这么久，仍未去你的老毛病，就不是奉元书院的学生。几个大标准必得立得住，将来才能谈学，否则有辱于道。我们讲"准"，并不是善射，和别人不同。善射，仅一人之能；奉元，要为天下之准。

孔子"放诸四海而皆准"，"准"为名词，当动词用，便"真准了"。

爻动的结果，就"吉凶生"。把碗打破了，就"悔吝"著了。中国有办法叫它有吉没有凶，"天下之动，贞夫一者也"，故"吾道一以贯之"。

第四章

阳卦多阴，阴卦多阳，其故何也？阳卦奇，阴卦偶。其德行何也？阳，一君而二民，君子之道也；阴，二君而一民，小人之道也。

"太极生两仪"，所以能"一"两仪。"一阴一阳之谓道"，道生阴阳，当然控制阴阳。"一"即控制，当动词。

阳卦：震、坎、艮，皆一阳二阴。

阴卦：巽、离、兑，均一阴二阳。

"一君二民"，"选于众"（《论语·颜渊》），天下为公，选贤举能。领导人出于众人之中。

"二君一民"，乱制之争。领导人一多，事能解决？

此章于讲卦时讲。

《易》曰："憧憧往来，朋从尔思。"子曰："天下何思何虑？天下同归而殊涂，一致而百虑，天下何思何虑！日往则月来，月往则日来，日月相推而明生焉。寒往则暑来，暑往则寒来，寒暑相推而岁成焉。往者，屈也；来者，信（伸）也。屈信相感而利生焉。尺蠖之屈，以（因）求信（伸）也。龙蛇之蛰，以存身也。精义入神，以致用也。利用安身，以崇（积）德也。过此以往，未之或知也。穷神知化，德之盛也。"

此释咸卦"九四"爻。

《易》曰："困于石，据于蒺藜，入于其宫，不见其妻，凶。"子曰："非所困而困焉，名必辱；非所据而据焉，身必危。既辱且危，死期将至，妻其可得见邪？"

此释困卦"六三"爻。

《易》曰："公用射隼（zhǔn）于高墉之上，获之，无不利。"子曰："隼者，禽也；弓矢者，器也；射之者，人也。君子藏器于身，待时而动，何不利之有？动而不括，是以出而有获，语成器而动者也。"

此释解卦"上六"爻。

子曰："小人不耻不仁，不畏不义，不见利不劝，不威不惩，小惩而大诫，此小人之福也。《易》曰：'履校（音较）灭趾，无咎。'此之谓也。"

此释噬嗑卦"初九"爻。

"善不积不足以成名，恶不积不足以灭身。小人以小善为无益而弗为也，以小恶为无伤而弗去也；故恶积而不可掩，罪大而不可解（xiè）。《易》曰：'何校灭耳，凶。'"

此释噬嗑卦"上九"爻。

子曰："危者，安其位者也；亡者，保其存者也；乱者，有其治者也（治起于衰乱之中）。是故，君子安而不忘危，存而不忘亡，治而不忘乱；是以身安而国家可保也。《易》曰：'其亡其亡，系于苞桑。'"

此释否卦"九五"爻。

子曰："德薄而位尊，知（智）小而谋大，力小而任重，鲜不及矣。《易》曰：'鼎折足，覆公𫗧，其形渥，凶。'言不胜

（shēng）其任也。"

此释鼎卦"九四"爻。

子曰："知几其神乎？君子上交不谄，下交不渎，其知几乎？几者，动之微，吉之先见者也。君子见几而作，不俟终日。《易》曰：'介于石，不终日，贞吉。'介如石焉，宁用终日，断可识矣。君子知微知彰，知柔知刚，万夫之望。"

此释豫卦"六二"爻。

子曰："颜氏之子，其殆庶几乎？有不善，未尝不知；知之，未尝复行也。《易》曰：'不远复，无祇悔，元吉。'"

此释复卦"初九"爻。

"天地絪缊，万物化醇。男女构精，万物化生。《易》曰：'三人行，则损一人；一人行，则得其友。'言致一也。"

下释损卦"六三"爻。

子曰："君子安其身而后动，易其心而后语，定其交而后求，君子修此三者，故全也。危以动，则民不与也；惧以语，则民不应也；无交而求，则民不与也。莫之与，则伤之者至矣。《易》曰：'莫益之，或击之，立心勿恒，凶。'"

此释益卦"上九"爻。

第六章

子曰："乾坤，其《易》之门邪？"乾，阳物也；坤，阴物也。阴阳合德，而刚柔有体，以体天地之撰（选，事也），以通神明之德。

易，"生生"之象，故"乾坤"为《易》之门。

"门"，有生之义。门、户，出入所由，"谁能出不由户"（《论语·雍也》）？

"物"，指有形的，乃有作用。"阳物、阴物"，乃生生之门，乾施坤受，生六十二卦。易乃生生之门，乾、坤便是生生之门。

看古篆字的"坤"如何写：塾 坤 巛 埍 塌。

三耦谓之坤。从土从申。土位在申。《易经·说卦传》曰："坤也者，地也。万物皆致养焉，故曰致役乎坤。"

因为乾是"阳物"，坤是"阴物"，没说"阴阳"，加个"物"字，"阳物、阴物"乃"生生之门"。这一讲，就实际了，有"阳物、阴物"，阴阳一合德，"刚柔有体"，就生男育女。不合德，刚柔就没体。结婚不合德，便不能"刚柔有体"，刚，男的，柔，女的，就有体了。"阴阳合德"，就"刚柔有体"，有了男女，就"生生不息"了。"合德"，才"生生不息"；不合德，就没有刚柔的体，不能生生不息。结婚叫"天作之合"。

阴阳一有体，即有了公母，以此体天地自然之事，以此来"通神明之德"。有成果了，才能称德。"神"，妙万物；"明"，终始。"大明终始"，生生之易，即神明之德。

神明，看不到，看到的是神明之德，是自"仰观俯察、远取近取"得来的。

有妙品、有神品。"神"，创造万物；万物有形，就说是神之德。生生不息的大用，为"明"；终而复始，明之德。

说"没有开怀"，即没生小孩。结为夫妇，但没能合德，也不能刚柔有体。

人的"生生"，乃是体天地之生生。此乃活的学问，这便是活生生的话，不是我们发明的，乃是"体天地之撰，通神明之德"，体悟天地之所为，亦即大自然之所为，而"通神明之德"，自万物的生生不息，承认有"神明之德"。古人以实验立说，近取诸身。

何以老太太不生？因为阴阳不合德，刚柔没体。

我读书，每字皆琢磨，认为各家注都没懂。

画卦的目的在通德类情，办事如何用上？

其称名也，杂而不越（不相逾越），**于稽**（考）**其类，其衰**（师尊以为应为"创"）**世之意邪？**

今天科学虽然发达，还有许多东西叫不出名字。

"杂而不越"，"物相杂"，杂而不乱。虽"杂"，"不越"阴阳之合德，定于"一"，贞于"一"。"一"是诚，"诚者，天之道"，体天地之撰，通神明之德，不能越于"一"，不能越于父母、阴阳、生生，"不越"于天地之中。

"于稽其类，其衰世之意邪"，"衰世"讲不通，应是"创世"，"其创世之意邪"。其称名也虽杂，而不能越于阴阳，考核其类，"以体天地之撰，以通神明之德"，其创世之意邪？

社会的动向，一叶落而知秋。

"思无邪"，无论做任何事，不说怪力乱神。

夫《易》，彰往而（能）**察来，而微显阐幽，开而当名辨物，正言断辞，则备矣。**

彰往察来，并非迷信，宇宙间即"往来"。

《春秋繁露·精华》：古之人有言曰："不知来，视诸往。"今《春秋》之为学也，道往而明来者也。然而其辞体天之微，故难知也。弗能察，寂若无；能察之，无物不在。是故为《春秋》者，得一端而多连之，见一空而博贯之，则天下尽矣。

在人事上，"往"是历史，把人类过去的经验过滤，有为法、有为戒。历史，明人事之已然，是人类经验的累积；由过去的已然，以推其人事之所以。

《尚书》即讲"为法"与"为戒"。人生可戒者比可法者还重要，故《尚书》中缺德事记载多，在使后人"为戒"。

道德、学问讲得好，却为一餐饭和太太吵翻，爱在哪里？书读明白可不易，明白又能做更是不易。

我的堂妹稀饭烧焦了，先生与两个小孩将饭都吃完，然后叫孩子去买烧饼、油条回来，何等有爱心！此即真学问。他们夫妻二人都是燕京大学毕业的。而得双料博士的照样做浑蛋事。家如不愉快，真比坐牢还苦，何以不想想当年两人热恋时的情景？人天天斗气，能够长寿？

乾隆是败家子，亦有贡献，但英而不明。康熙、雍正则为英明之主。读书要读活，智慧如不够，就不要勉强，免得耽误了生活，该做什么就做什么。

学历史做什么？是要将累积的经验过滤过滤，要"学而时习之"。读一辈子历史，把你们累死了，著作等身，一无用处。

《春秋》由显之隐，《大易》由隐之显。历史，由显之隐，将人事已然（显），而推及人事之所以（隐）。

"察来"之智，是自"彰往"来的，是有源有本的，不是无中生有的，亦即"温故而知新""因不失其新"。若无彰往之智，亦无察来之智。

明白与否，必要自己下功夫。真下功夫，可以了悟多。不用功，没有用；没钱，就没馒头。一分耕耘，一分收获。只要是卤水，一点就可以做成豆腐。

韩非子想要救韩，但自己不能，最后将书献给了秦，自己丧命而强了秦。你能说他不行？此后，历代有成就者无不"阳儒阴法"，曾文正即是如此。

一个人真能"应时"不易，韩非不但不能救韩，亦不能自救。以韩非之智犹且如此，可见处乱世之不易！你们不要猛抱古人不放，就像韩非。就是有了特别的智慧，仍要加上"应时"之智，才能够成功。否则都做烈士了，那谁做元老？

"彰往"，即将旧书都读活了，否则即是殉葬。一个"彰"字多活泼！彰名于世，可见"彰"的重要。

不能"察来"，能够"治时"？想要赢得一盘棋，必要能看上三五步，而棋圣则必须看上十步。想领导社会，能不具有看十步之智？要稳健，稳扎稳打。许多当老师的，儿子读大学都成问题。真有彰往察来之能，那就成了。

显微，而后"微显"；"阐幽"，而后暗明。彰往察来，微显暗明了，此绝不糊涂。通神明之德的不二法门："彰往察来、微显幽阐。"

"开而当名辨物"，"开"，开启、开辟、开物；"当名"，正名；"辨物"，明辨物、事。《天工开物》是第一本记载中国发明的书。《尚书·皋陶谟》"天工人其代之"，天工有所不足，人当代之，补天工之不足。物，包含人、事、物。天天得发明，"以前民用"。

读《易》，先自《系辞传》深入，再看经文。

"生而知之"，固然好，但是"学而知之"也一定成功，"人一己百，人十己千。虽愚必明，虽柔必强"（《中庸》），不必净在屋中发牢骚，"不患莫己知，求为可知也"（《论语·里仁》）。

尽己之性→尽人之性→尽物之性。物，包含很多。

立说，在使后人了解清楚。以此方法"类万物之情"。

遇障碍，应高兴，正是试验自己的机会，才有成就。

如不能"辨物"，又如何"类情"？《易经》中"情"字特别重要，讲性之用。

猫狗、蚊子、虾米……辨物当名，正名，名实相副。此不是难，得好好想。名学、逻辑学，皆在里头。《春秋》辨物之理，以正其名。名物如其真，不失秋毫之末"（《春秋繁露·深察名号》），谨于正名。"必也正名乎"，正名为先，"名不正，则言不顺；言不顺，则事不成"（《论语·子路》），名正言顺，做事不苟且。

"正言断辞，则备矣"：正言，才能断辞，知真是非，"执两用中"，为人解决问题，"则备矣"。"正言"，做事有人敢向你正言，越能成功，否则是你失败之始。禹拜昌言。

自中国文化本身认识，可以看出后来的偏差。越是看原始数据，越觉得中国文化之丰富，但是观念弄清楚特别不容易。慢慢地读，要你们慢慢地想，自字面去体悟。

我现在讲书，连孔老夫子来听，也得交学费。

写书的目的，应是在叫人懂，不必求诸深。我越在屋中琢磨，越觉得智慧的可贵。王夫之写的书不少，但是影响力小，因为看得懂他书的人少。

其称名也小，其取类也大，其旨远，其辞文，其言曲而中（zhòng），**其事肆而隐。因贰以济民行，以明失得之报**（答，酬）。

"类"，有人类、禽类、兽类、爬虫类……

人，人类，"其称名也小，其取类也大"。取类大，成就大；

取类小，成就小。

"其称名也小"，就乾坤而已。"其取类也大"，乾坤便包含一切了。一说天地，便知天地包含了一切。

以时事举例说明之。想成功，必得懂得怎么发展组织。不懂得取类，就只有孤高自赏。人都有二三知己，自此发展。

我自从有第一个学生开始迄今，无一无登记表，此即本钱。哪个村有可用、可杀之人，我都知有几个。没做，敲锣打鼓想发挥作用，愈没人知。

出门找同学开车，考虑其人嘴守得住否。不找你，因你在我眼里没用。器识小，以自己看天下，绝对失败。能登泰山，才有资格"小天下"。大，怎么看大？至大无外，远近大小若一。

伯乐可以认识千里马。不是伯乐，想用一人必要试一试。

人如无"忍"字功夫，就不行，日本讲"忍者"。

我人老，心里清楚的事多，但不说。真高才，你不说，他也会明白。看人的行径，即可了解其情境。守言，不以自己观念官天下。

"器"，有定量，"爱之欲其生，恶之欲其死"。"不器"，就有天下之量，可以官天下、容天下。"器"，就有爱、恶。杯子的样子多。是"器"，就以器官，就有好恶。

《荀子·君道》："然后明分职，序事业，材技官能，莫不治理。"王先谦集解："《王制篇》'无能不官'……即官能之义。"

满族人没有大才，尽出画画、写字的，勉强出两代英主，是应走些正途。人的智慧要走正路，必识长短。

讲完一小段，应有无尽的发挥。应找社会的漏洞，赚饭盒钱。

天天动脑，面对现实。你们不找人，人会找你们。中国在百年内不会弱下来，可能永远变成强国了。

"其旨远，其辞文"，《易》六位而成章"（《说卦传》）。终始，生生不息，曰"章"。"其辞文"，文明、文章。

"其言曲而中"，射箭要中的（dì），考试要中榜，达到即"中"。叫别人领悟必"曲"，有无耐力与智慧？钻尖取巧，自欺欺人，所欠的是功夫，焉能成功？

任何人讲书，绝不在为难读者。"其言曲而中"，委曲求全得投读者之所好。为文，应让人明白。

昔日"同庆楼"老板，是北京人。现在"同庆楼"不够滋味，因儿辈没有耐心，不多烤一会儿。功夫不到，绝办不到。

许多事只有热闹，没有结果，动辄得咎，即缺"曲"的功夫。没有马上叫你们明白的方法，必须绕许多弯，必要有曲的耐力，言才能中。做事要有耐力，达到目的即"中"，没有马上做即成功的。人活着，就是为了"中"，得有耐力与智慧。

"其事肆而隐"，"肆"，陈列馆摆着叫人看的。"肆"，市曹，公开展览，谁都可以看。

事在自然环境中，最普通的，人人都看得见、看得懂。卖东西，在市肆，"百工居肆，以成其事"（《论语·子张》）。事必大家都明白，才能为人所接受。办事，可摆出许多成败之路。

不该说的都说了，有何成就？"其事肆"，得能"隐"。许多事不叫人知，否则多一障碍，助人成功者少。想怎么做、叫谁做，得隐。都知，岂不被人破了！做事要尽量不曝光，曝一两个可以。隐，做事越少叫人知，越能发挥作用。

"曲而中，肆而隐"，此六字把持住就成了。"曲"，叫它能"中"；"肆"，叫它能"隐"。把持得住，便能拨乱反正。

有些人往往未做先作秀，曝光，被抓住了打，结果垮了。同学有五六千人，谁都知，但摸到边的没有。

不叫同学说，不易。培养一个人不易！每个人都有自己的目的，谁想白活？就成与不成。有目的是必然的，如何达此目的太难！我对事不清楚，不说话。

要研究人家之长，否则便不足道也。人必得识大体，不可以见人好就嫉妒。

"因贰"："因"，不失新，"周因于殷礼"之"因"。"贰"，便不是一，乃阴物、阳物也，合不合德，就有得失了。"贰"，阴阳、两仪，社会就是如此简单。"因贰"，运用阴阳。

"因贰以济民行"，用"贰"之道，以济民行。"贰"之道，即《大易》之道。"以明得失之报"，根据《大易》之道，决定得失、吉凶、善恶、祸福。"报"，有了结果，有善报，有恶报。

你们生于斯、长于斯，有责任不使百姓多受苦。

我看《大汉和辞典》，其中也有些错误，也出毛病。任何东西皆"百密而有一失"。

人要做真学问，不是别人如何做，你就如何做。孔子"郁郁乎文哉！吾从周"，到老了"吾其为东周乎"？

既然 21 世纪是中国的，就得好好下真功夫。

熊十力的东西要多看几遍，给人许多启示。我来台后，才开始看熊先生的书。初看《读经示要》，便觉得很重要，乃交广文出版；他们不出，便找徐复观（1903—1982），所以广文本有徐的序。

台北就只有我一人专讲《读经示要》，所以他们卖书也不知如何卖了。我也喊出"奉元"，将来就成"奉元学派"了！

孔子的"胆子小"，连书也不敢作，才有那么多的"子曰"，都是学生写的。释迦当年也不敢写书，弟子叫他说，他说"如是我闻"。将来我也不写书，也由弟子来"子曰"。

要冷静，不要胡扯。这两段要回去仔细看，要会想问题。细看书，才能深入；深入，才能真知。不能胡扯，多读可以触类旁通。

彰往然后察来，这便没入手处。彰往能察来，便有入手处了。因故能知新，便知入手处。

读书，必要将工具书储备好，工具乃"放诸四海而皆准"。朱子一人之见，未必是准，故要利用工具书。工具书绝对不可缺，一定要有，加上功夫。不可急，然后方能写。写书真叫人懂，可得不厌详。

《易经》乃智慧之书，必要能背，随时都能悟。"学问之道无他，求其放心而已矣。"

第七章

《易》之兴也，其于中古乎？

这句话，好像以前《易》没这么兴。没说伏羲作《易》，只说伏羲画八卦，他就画八卦而已，并没说他作《易》。

《易》兴于中古，"中古"已经无法追究是什么时候了。这时已经叫《易》了。"《易》之兴"和"画八卦"，乃两件事。

什么时候开始叫"易"？这问题就得考察，看什么地方有"易"的观念。

《老子》书中未见"易"的观念，此便是一个问题了，要好好考据考据。《论语》"五十以学《易》，可以无大过"，可见那时已有"易"的观念了。再看看子书中有无"易"的观念。

作《易》者，其有忧患（担心）**乎？**

"作《易》者，其有忧患乎"，是不是指周文王，那就不得而知了。有"忧患"的，不一定只有周文王。"《易》之兴也，其于中古乎"，"中古"一词，大家的标准不一，不一定是指殷商，故有"忧患"的也不一定是周文王。人越管事，越是"忧患"。

有"忧患"的人太多了，每个人每天都有所"忧患"，担忧祸患。天天担心，就是"忧患"。《易》，"忧患"意识。因有"忧患"、了解多，"忧患"乃深。

《史记》中提及"文王演《易》"。"演《易》"和"作《易》"，乃两件事，犹如演算术。要看看所有子书中哪些人提到《易》。

孔子时已作《易》了。如"老子在孔子后"，那孔子就不会"改一为元"了。"改一为元"，就将"一生二，二生三，三生万物"简化很多。

熊十力也认为"老子在孔子之后"（见《读经示要》《乾坤衍》）。

学术不论对不对，我们皆能自中得许多的启示。

钱穆说"庄子在老子前"（《先秦诸子系年》），我更是不相信。若老子在庄子后，那老子便不会那么吝啬，文章那么短。这是个人的看法不同。

熊十力说"孔子改一为元"，又说"老子在孔子之后"，这便不合逻辑。我是用"思想"来考，不是用"文字"来考。

伏羲画八卦，到什么时候成为《易》？这便很值得研究。读其书，不知其人，可乎？我们是研究思想，不是用历史来看思想，否则岂不成"殡仪馆的化妆师"了？

以前是文史哲不分家。司马迁的《史记》乃上承麟书——《春秋》。那将它当历史读，岂不是一开始就错了？

"《诗》亡，然后《春秋》作"（《孟子·离娄下》"王者之迹熄而《诗》

亡，《诗》亡然后《春秋》作"),《春秋》亡，然后《史记》作。

太史公于自序云："拨乱世，反之正，莫近于《春秋》。"又引董仲舒语："贬天子，退诸侯，封大夫，以达王事而已矣。"是以继承孔子为理想，"上承麟书"其目的在"贬天子，退诸侯，封大夫"。

所以，不懂得《诗》，就不懂得《春秋》；不懂得《春秋》，就不懂得《史记》。《史记》将孔子列于"世家"。

读书，"历史"与"思想"，乃是两件事。此章其中深意特别多。

"因为有忧患，才修德"，此说不通，因孔子是有德者，但仍厄于陈蔡之间。读书，精神要注意。不是有德，就没有"忧患"了。自人类历史上看，有德的就有守，有守就有"忧患"；无守，就左右逢源了，焉有"忧患"？拼命跑，"犹吾大夫崔子也"（《论语·公冶长》）。若都如此，那就不必跑了，"清矣"！

是故，履，德之基也。

《大易》之道就是"忧患"，想除掉"忧患"，才有"是故……"此讲"忧患九卦"，先讲九卦之德。

"履"者，礼也，理也，行也，由做中产生办法，理。以理为本而行礼。何谓德？做了，才叫德，故"履，德之基也"。我们天天在书中喊叫，那不叫德。无论如何好的理论，不能行就没有作用。

"富而好礼"（《论语·学而》），不可"足恭"（《论语·公冶长》），恭得过火，讲中道。有沉静的修养，头脑才致密，理路就清楚。

有沉静的功夫、深思的能力，然后按礼而行。有"忧患"，得理路清楚，以此培养才去行。

谦，德之柄也。

"柄"，手中把持的东西。要了解柄的作用是什么，才明白"谦"的作用是什么。要能体悟"柄"的作用，有了"柄"，就有很大的方便。

"谦，德之柄"，有了"谦"的功夫，就像一个东西有个"柄"那么方便。东西没有"柄"，无论你怎么拿，都拿不好。小孩没人教，但他拿东西时也知道要拿"柄"。"履"，行固然重要，但"谦"才是德的"柄"。存一分骄气，多一分失败！

有无把守？把，即是守，有把了，就有作用；有作用，即是有为。有了"柄"，就有了把持的东西，人人皆得拿"柄"。有守了，就可拿起柄把，发挥作用。

复，德之本也。

王船山《周易内传》："复，初阳动，而察事几之善恶于早，所以为德之本。"

"初阳动"，一阳生，生了，生长子。在初动之几，就能察知善恶，防患于未然，故曰"德之本"。

何以"复"是德之本？因为"一阳生"了，"复其见天地之心乎"，故其为德之本。"诚者，天之道也；诚之者，人之道也"，故曰"德之本"，不诚无物，诚即一。

"复其见天地之心"，除人心外，还要有"天地之心"。"天"，行健，无欲；"地"，能载，厚德载物。知你是谁，你就失败。朱子解："复者，心不外而善端存。"难以明白。因"无我"，才能"生而不有，为而不恃"。载物，皇宫、厕所、茅屋、豪宅皆在地上。心有毛病，所以要存"天地之心"。

你们若能用点心，那将来便都不得了。求智慧，要天天动脑子。

恒，德之固也。

"固"，持之以恒。"不恒其德，或承之羞"，不卜而已矣！还卜？

天地之运，就是"恒"，"天行健，君子以自强不息"，自此，则知要如何脱离"忧患"。

"造次必于是，颠沛必于是"，故曰"德之固也"。

损，德之修也。益，德之裕也。

日有所损，月有所益，损我们的欲，益我们的德。

"为学日益，为道日损。""损"，"德之修"，修树、修身，日去一恶，今天去掉"说假话的毛病"，明日去掉"看东西就喜欢的毛病"。"益"，"德之裕"，裕，宽也，"裕后光前"，造福后人，光耀先人。读书在培德，即施肥、浇水。树的作用，百年树人，树一家更是不易！

以前人很有学问，有行号命名为"德长裕"，取得特别好。

小人物随潮起潮落，何不说些造就人的话、好好地做个人？为何说话总要有害于人？应走得正、行得正，以平常心做事，不要为了一点小利而有损于人。就争小利，太损害了，最后乃被干掉了!

应本着良知做事,"率性之谓道"。可以往前争,但别侵害别人的利益。要做正经事,说造就人的话。

困,德之辨也。

"履霜,坚冰至","由辨之不早辨也"。走到十字路口了,此时抉择最重要,一有失误即失败,此即"德之辨也"。

"不可以久处约,不可以长处乐",一般人随环境转,贫则为盗,乐极生悲。若知"德之辨",则困而必学,就会"自强不息""富而好礼"。"困而不学,民斯为下矣"(《论语·季氏》),受困了,还不学,便下了!困了,能学,便上了。此乃"辨上下",辨德之上下。

井,德之地也。

"井",不能搬家,不变其所,"至死不变,强哉矫"(《中庸》)。

"井"虽不变,但永远利人,竭尽其所能利人。"井"之水,人人可用,"生而不有,为而不恃",故曰"德之地也"。谁来,都可以打水喝。能利他,才叫"德之地"。

朱子注:"井以不变其所。"找不到根据。

巽,德之制也。

"巽顺于理",以制事变也。有"巽顺于理"的修养,才能控制"忧患"。御天,人能控制变,"时乘六龙以御天"。

要研究"谦"与"巽"有什么区别。"谦",德之柄也;"巽",德之制也,外柔内刚。

此九卦，完全过理智生活。下面再进而深一层地阐明。

履，和而至。

履者，礼也，天理之节文。"和"，发而皆中节；"至"，至高之境。行，能中节，到至境。

今用事者有此德之基本功？有此，才可制事，以御天。

"礼，以和为贵"，能达至道之境界，"苟不至德，至道不凝焉"（《中庸》）。

没有"履"，其他下面都不必讲了，中国学问没有一件不是叫人去行的。《易》是悔吝之书，教人"趋吉避凶"之道。能分清利害了，才能趋吉避凶。不能分辨利害，就不能趋吉避凶。"吉凶"在乎自求，要有"分辨"的智慧，否则跳到坑里，还以为是安乐窝呢！

不"履霜"，就没有"坚冰"。开始就不"履霜"，想要有"坚冰"也没，故"辨"极为重要，"履霜坚冰至，由辨之不早辨也"。不是靠卜，不卜而已矣，"不恒其德，或承之羞"。踏到霜了，就要赶快除霜，那就不会到"坚冰"了。如何用到事上？

不可以掉到陷阱中；一旦掉入了，出来就难。

孔子曰："不不曰坚乎？磨而不磷。不曰白乎？涅而不缁。"（《论语·阳货》）我们不能到此境界，只能"瓜田不纳履，李下不整冠"，避"瓜田李下"之嫌。我们没有那么高尚的人格，便要如此。我们没有那么坚固的德行，没有人承认我们的"坚白"，一不小心，就入"瓜田李下"了。我和孙女一同上街时，我要她乖乖地走。"履霜坚冰至，由辨之不早辨也。"

谦，尊而光。

愈谦愈尊，能尊重别人，尊人而后人尊之，愈能光于天下。
欲深求，必要看熊十力的《原儒》。

复，小而辨于物。

熊十力《原儒》："孤阳在群阴之下，故说为小（复卦六爻，初爻为阳，自二以上，五爻皆阴。初之孤阳，故有'小'象）。圣人于复卦，特示格物学的方法，曰'小而辨于物'。"

"地雷复"，一阳生。一阳，生之几，能使万物生焉、育焉。香蕉、苹果、桃子都不同，但都生生不息。一阳，初动之几，微，"小而辨于物"，"履霜，坚冰至"（《易经·坤卦》），要"明辨之"（《中庸》），"其所由来者渐矣，由辨之不早辨也"（《易经·坤卦·文言》），故要防患于未然，一阳之微，要养生机，不使之绝了。

"来复日"，休息，养生机。七日一来复，第七天生机微小，故要休息，以养生机，什么事也不做。休息，是为了走更远的路。人养生机，物也要养生机，虽小，但万物生焉、长焉。

中国思想皆自有形的东西体悟出来的。

恒，杂而不厌。

"万物皆备于我"，都是为我生的、为我预备的。

"物相杂"，"杂而不越"，有"恒"力，才"万物生焉"。"杂而不厌"，如母爱之无边，是以能"恒"。

"杂而不厌"，水清无大鱼。多而不厌，人不嫌钱多！

损，先难而后易。

"先难而后易"，先事而后得。做事，万事起头难，有志者事竟成。

为学日益，为道日损，即损益之道。为学，开卷就有益。

一个活人绝不能叫死东西看着，必要去掉好什么的毛病。不要养成喝咖啡的习惯，禁难，但最后舒服！先享受过，最后没得享受，就难过。

我来台学会抽烟、喝酒，后来戒了。去欲，"先难而后易"，真戒了，就不受累，特别的舒服！

益，长裕而不设。

"益"，增加。"裕"，富裕。"宽裕温柔，足以有容也"（《中庸》）。

"设"，设计、设想、假设。科学的设计，分区计划生产，乃是为了"裕"。但人之为道，不如预期的"裕"。人能与天争？所以真正的"长裕"，是不"设"的，顺自然。

益，慢慢地增加，长了即裕。就是设计，也应顺自然而设计，自然之为道才可靠。

所有的主义都是"设"，不一定"长裕"，设而不裕。知此，谁说什么，也不必听。

困，穷而通。

"困穷"，穷极，到头了必回，物极必反，"反者，道之动也"，就能通。

一个家庭复杂，各方凑在一起，不好教，相处不易！当官几十年，要过无尽年，学会浪费，完了！清入关二百多年，后来在北京的八旗子弟如何？最后为盗为娼者比比皆是，真是丢尽了祖宗的脸！

应过平民的生活，不要因为环境的好坏，而改变自己的至境。人有了智慧，就可以取之不尽、用之不竭，在困境中还可以达至境。有特殊的地位、受尽优待，其实是最坏的事。现皆"闲妻凉母"！昔孟母、岳母、欧母皆达"仁者安仁"的境界。

井，居其所而迁。

"井"，就守在那儿。你打水，井不会说不要拿去。

"居其所而迁"："居其所"，不动。动的是德，迁德。不动的，必有动之处。"迁"，迁徙，"见善则迁"，迁善改过。"居其所能迁"，不必跑来跑去，贸易，货通有无，不自私，共享。

巽，称而隐。

称事、人、物。买东西时，必要称一称。

"称"，等也。等量，等分量、轻重。买黄金用"戥子"称。等量社会的一切，谦逊地等量，隐而不发。大智若愚，即"巽，称能隐"。

"巽"，谦逊，懂得是非、轻重、好坏了，但是隐而不发，"称而隐"，此即圣人行径。可是一发必百中。

为善不要叫人知，多有谦德！政客，竞选时印册子，说都是他争取的。这回老天开个玩笑，久不下雨，何以还不争取？

天天练达脑子，便能省事，不能当马后课。读书，是为了明理，但知所以用理为难，"可与适道，未可与权"。读书人要知道怎么用心思。

履，以和行。

"和"，发而皆中节，谁不感谢？人一天喜怒哀乐必得发，但必要"中节"。

读过的都"一以贯之"。"不迁怒"，即是中节。骂人，也要骂得对。

谦，以制礼。

以谦制礼，官不打笑面人。我是在引你们想。

复，以自知。

说得多深！还要人帮忙"复"？骗人可以，不自欺，即"自知"。"自知"，才能复性。自己有没有生机、有多大的成就，"自知"。要养成"自知"，"自知者明"，才能做事。

一个"自知"的人，才叫真知。先问自己属于哪一类？自己居于什么地位，学懂多少？能用多少？先自"自知"入手，看自己究竟能担多大的分量，就做多少事。想做大事，先训练自己，得有修为，必自己能。别人好坏，于你有何关系？

"自知"，做事有分寸，不将妄想当成志。一个不"自知"的人，又如何自保？必要"自知"，才不自欺。

"复其见天地之心乎"，"复以自知"，便是"自在"，观自在。

地雷复，一阳生，不是外来的力量，是本能的、自在的。自在佛，自在法，自在僧；自己的佛，自己的法，自己的僧。此便是"复，以自知"。

爱莫能助，故得自知、自助。孔子的儿子也没能成圣人，父亲的好德也帮不上他忙，孔鲤也只能埋在孔子身边而已。

你的好德，谁也帮不上忙。春江水暖鸭先知，子焉知鱼乐？自知，乃是心理境界。鱼儿在水中游来游去，焉知不是痛苦的？谁又感觉人生是快乐了？恐怕只有赤子才觉人生快乐。但小孩不到两岁就有烦恼了，给他糖，不合他的胃口，他便不接受，知道"不愉快"了。

我们无法判断别人的心理如何，皆"自知"也。此"知"，是什么"知"？当然不是"知道"的"知"，而是"乾知大始"的"知"。"复，以自知"，知道"一阳生"。复，一阳生，就变成"震"了，就是长男，故曰"复，以自知"。"复，以自知"，别人能帮忙吗？"自知"才能复性。

"乾知大始"，"知"，是始。阴阳没合德，就不能"大明终始"，明之德能终始，乃生生不息。"复其见天地之心乎"，"复以自始"，别人也帮不上忙。"自始"的意境太深了！阴阳不合德，就不始、不生了，因为"孤阴不生，独阳不长"。

复以自知、复以自始。明乃"终始"，复是"自始"。没有复之德，就没有"自始"之生命力！

恒，以一德。

造次、颠沛、患难、富贵，皆必于是，都一样。"恒"，才能"一"这个德,"杂而不厌"。不"一"这个德,就没有这个德,开始像样,过几天就变了。

"有始有卒者,其唯圣人乎"(《论语·子张》),持之以恒的才叫德。用什么来"有始有卒"?得用"恒"。

损,以远(yuǎn)害。

"为学日益,为道日损",为学,开卷就有益。一个活人不能叫死东西看着,要去掉好东西的毛病。只要见了东西必拿,即贪;拿得不太干净,即污。

"损益,盛衰之始也。"(《杂卦传》)日有所损,时有所益,损了欲,便生了德。

懂得"损"的人,才能"远害",否则乃是自投罗网,"人皆曰予知,驱而纳诸罟擭陷阱之中,而莫之知辟也"(《中庸》)。

所以要修身,去嗜好。"天作孽,犹可违;自作孽,不可活",养成了习惯,就一直跟着你。损欲,在"远害",不犯瘾。

人生不是讲文章,损我们的好名、好强、自夸、自显。"柔克"就是损,"刚克"便是益。

《尚书·洪范》称:"三德:一曰正直,二曰刚克,三曰柔克。"沉潜刚克,高明柔克,所以制天下之人,使无过不及之差也。沉潜者,柔克之征,宜以刚治之;高明者,刚克之征,宜以柔治之。刚柔并济,其事乃可成。

我告诉牟宗三:"不要老庄(装)嘛!"他身旁一定要有人扶,走路已成问题了。

本想找郎静山（1892—1995）写字，"奉元书院"四字还没写，真是没福！百龄老人多好！

许多事，每个人各有其想法。郎为人有个长处，就是不说"不"，有修养、有耐力，一辈子不说"不"，结果送了命。他的大女儿已经八十几岁了，一家人都长寿。不能"损"，所以被害。他所照的相，真是到了化境。

郎静山自幼喜爱中国书画，十二岁从上海南洋中学图画老师李靖兰处习得摄影原理、冲洗与晒印技术。以西方摄影技术为工具而表现中国画的精神旨趣。他曾言："我主张在技巧上，应吸收西方科学文明，使照相不再是件难事；但要谈到艺术视界，无论取景或色调，我都认为应多研究国画中蕴含的旨趣。"

1951年郎静山发表《烟波摇艇》，以安徽黄山、香港摇艇、台湾芦苇为材料，综合三地风景构筑心目中的中国山河，这也成为其日后的创作模式。作品大致可分为写实摄影、纸底作品、集锦作品、人像摄影、女性裸体作品及现代摄影作品六大类。

老年人在开春最不易过，要懂得养生，多吃些什么，不要吃太干，应吃些软的。薏仁、红豆熬粥喝，不加其他东西。

益，以兴利。

为道日损，为学日益。损，益其德；能损欲，就能益道。"益"，是利他的，"能以美利利天下，不言所利，大矣哉！"

困，以寡怨。

"伯夷叔齐怨乎？""求仁而得仁，又何怨！"（《论语·述而》）好好看困卦。

受困了，知困之苦，就少怨。不怨人，也叫人不怨我们。少添人家麻烦，人家就不怨我们。

我逃难时要过饭，以葱叶蘸酱，一生就吃这么一次最香的饭。"连狗蛋都没有"的环境，还发什么脾气？必受过困了，才知"寡怨"。

有些人一有了饭吃，就忘了当年吃地瓜、光脚走路的日子，真不该！你们太忘本，将来回头，可能连地瓜都没得吃了！不念旧，旧就来，因果！你们这代就赶上"环境之变"，想不到的。

井，以辨义。

井，"德之地"，讽来都可用；"居其所而迁"，日日新，井井有条，"井之德"之义，真义。

人生最要，即"光"与"水"，否则不能活。

巽，以行权。

行权的态度。能把持"巽以行权"四字，绝不败！

"可与适道，未可与权"，如何行权？说易行难，识时、择时特别难。什么是"时"？行权，若不知什么是"时"，又如何行权？之所以要行权，便是因为"时"不对了。为何要行权？为了合道？"时"不对了，那为何要行权？"礼以时为上"，权了，"君子而时中"(《中庸》)。礼以"时"为上，权亦以"时"为上。

现在的事说了，一小时后便不合时了，况明天乎？现在所论的，过一个小时后，可能就完全不能用了。故要识时，"与时偕行"。

"可与适道，未可与权"，适道，不是标准，是要以"权"来达到标准，此标准便是"时"。但"时"最难以把握了，恰到好处为难！

最难的便是择时，太落伍！太不合时了！要看环境，到哪里有用。不识时，更不识权，可见"行权"之不易！

看以何种态度来行权？"巽，以行权"，要以"巽"的态度来行权。"巽"，代表态度，还不代表时。

孔子不厌其详，将九德讲了三遍，此乃"除患"之不二法门。

现在皆遭患！懂就得会用，遇事就有法度、分寸。人称你有风度，就不是野人了！

我凡是讲过的书，看两三遍就记住了。

第八章

《易》之为书也不可远（yuǎn），为道也屡迁，变动不居，周流六虚，上下无常，刚柔相易，不可为典要，唯变所适。

"《易》之为书也不可远"，生生之谓易，生为性，"率性之谓道"，不远离人性，易就是人性的事。"五十以学《易》，可以无大过"，不有害于人，不做违背人性的事。《易》为悔吝之书，连吝都没有了，岂有大过？有损于人的为大过。人真没有过，即为至圣，"从心所欲不逾矩"。

一般人走在街上，必东看西看，且多看两眼，即有爱慕之心。老和尚看了，因觉有吝，乃闭眼念佛。一细看，有吝、有慕之心。不刺眼，就多看两眼。

"为道也屡迁，变动不居，周流六虚"，"六虚"，上天下地，东西南北。"上下无常"，周流于六虚，大化流行，变动不已，"唯变所适"，要变所适。要适环境，因为要生存。动物为了生存，也要变化以适应环境的变迁。人的智慧也不能一成不变，否则会被时代所淘汰。

"不可为典要，唯变所适"，多美啊！何以要"行权"？唯权所适，唯时所适，不合适、不合时的便不是权，故"不可为典要"。"穷上反下"（《序卦传》），物极必反，一阳生，又生生不息了。哪有末日？"否极泰来"，中国的思想，不悲秋，总有一线希望存在。

"不可与适道"，此"道"与"率性之谓道"的"道"，有所区别。"可与适道"，行道；"未可与权"，通权达变。

《易》之为书也不可远，为道也屡迁，变动不居"，"居"，就不是易了，易才是"变动不居"。

《易》之"为书也"，何以不可远？"为道也"，却何以屡迁？讲"《易》之为书"了，已经成书了。"为道也屡迁"，此完全讲人事。人事（世）就是变，没有不变的。

"五十以学《易》，可以无大过"，故《易》乃悔过之书、悔吝之书，连吝也没有。连吝都能悔，这人太完整了！不是悔过，而是连吝都悔了，此种书能远离吗？连吝都没有，完全"无大过"啊！

有损于人的便是"大过"。人不可能无过，真没过是"至圣"了，"从心所欲不逾矩"了。

我们走在街上，看到东西还要多看两眼，这便是有爱慕之心。看到好东西，感到倒霉，马上闭眼，此乃"悔吝"。若多看一眼，便是"过"了。不管欲不欲，看到不刺眼的，多看两眼，就"过"了。

别先检讨别人，先检讨自己才能生智慧。这便是"养正"的功夫。

"为道也屡迁"，故"可与适道，未可与权"，"不可为典要，唯变所适"。

主流派与非主流派斗，各有所指。争权，就得想办法。看其做法，可知有智慧否。

"百工居肆"，"肆"即环境。君子居肆，以成其志。

打蛇要打在七寸。打常山之蛇，打其中间，则首尾相应。如欲置对方于死地，必打其七寸。此实学，真智慧。如打在"一尺二"，即没识"肆"。

有应世，就有对方。两人一同散步，就有前后。心里得有数，何以他走到前面了？在社会上要有智慧应世，"不可为典要"，要如常山之蛇，打首、打尾、打中都能有反应，没反应就完了！

要实际，懂得怎么用世。理论不能解决问题。

用实际印证，看人家做什么，看得失，用什么方法做。

其出入以度，外内使知惧。又明于忧患与故，无有师保，如临父母。

"出入"，两个动作。不是出，就是入。必得出入，说话也得有出入。

"出入有度"，"出入"，八个人就八个样。"度"，有分际，绝不随便，三寸即度，过与不及皆非度。度量衡，有准。"出入以度"，出入有一定的度。有度，就有守了，"范围天地之化而不过"。八个人就八个样。言语，吉凶之枢机。话不谨，招祸了。

度量衡，有个地方叫"准"，放于四海之内，以此为准，便"出入有度，内外知惧"。"知惧"了，便知忧患之所以。

"出入、外内"，包含了整个环境。不是使惧，而是"使知惧"。要用什么方法，使人"出入以度，外内使知惧"？"惧"，惧什么？一般人讲"有所戒惧"，反过来说即是"惧戒"，佛家有所戒，儒家也有所戒。知道"戒"是什么，才知"惧"之所指。佛家有五戒，就不可犯五戒，如吾人得诚实，不诚实便犯戒了。

"又明于忧患与故"，又明白忧患之所以。要知道何以忧患，和忧患之所以。此非空谈，乃是讲政术。因为"贵除天下之患"，所以要知天下所以致患，才能除天下之患。

"无有师保"，"师、保"，两个地位。太子有太师、太保、少保。谁教导你？"无有师保"，没有"师"，也没有"保"。没有人教导你，也没有人在旁护卫你。师保便在自己身上，"自在"，就在你这儿。"夫子焉不学，而又何常师之有？"（《论语·子张》）夫子自师己性。

"如临父母"，就像面对父母，要像面对父母那样地敬慎。中国人称父亲为"家严"，即家之所敬，家中最敬的人。"事父母曰严"，即曰敬，得像面对父母那样的敬慎。"如临父母"，便是如临自己的性，是与生俱来的，性生万法，不是靠谁教的，否则能学得自在？

如每个人都能懂得面对父母，那就不得了！不必朝山拜佛，到处访名师，就在自己的身上，"天上地下，唯我独尊"。父母是自己的本，此独尊乃是父母给的。天天琢磨，抱着《易》睡觉，就成功了。

初率（顺）其辞，而（能）揆其方，既有典常，苟非其人，道不虚行。

每天抄这句、那句，便是"率其辞"。

"率其辞，能揆其方"，我们的"方"，乃是从"辞"来的，顺其辞，而得其方。

"辞"代表什么？一、诚，"修辞立其诚"；诚者，性也，"诚者，天之道；诚之者，人之道"。二、情，"圣人之情见乎辞"。

知其辞、知其性，才能"揆其方"。"方"，便是自辞、情来的。情，乃是与生俱来的，要能"通德类情"。一"率辞"，就"揆其方"了，方，便是从性情来的。

何以说"性生万法"，便从这儿来的。要能通德类情，人是情的动物。真是政术，得细琢磨。

《尚书》伊始即"二典"：《尧典》《舜典》。称"帝尧""帝舜"，以后皆称"某帝"，帝放在后面，意义便差太多了！

"既有典常"，就有了典常，有伦序、礼法、制度了。但不是每个人都能用，故成为书呆子。有典常，也得是那种人。同一本书，人家读了震动天下，成了诸葛亮、刘伯温；我们读了，只能买馒头！"苟非其人，道不虚行"，"苟非至德，至道不凝焉"。

读书，得读成立体——八面十方，才能读活。何以有的名动天下，而有的只能卖馒头？"待文王而兴者，凡民也。"

《易》之为书也，原始要终，以为质也。六爻相杂，唯其
时物也。

何谓"原始要终"？"原始要终"乃是功夫，得有这步功夫。

"原始"，原这个始；"要终"，要这个终。终而复始，生生不
息。"生生之谓易"，所以，易之道是"原始要终"，要知生之道，
就得原这个始、要这个终，才知"生生不息"之道。生之道，就
是死之道，"终始"，死了生，生了死，生生死死，不息。

"原始要终"的功夫太厉害了，便是要行。"以为质"，以这
个为质，"元以为质"，"大哉乾元，万物资始"，万物以乾元为质。
人有质，就可尽性。非明白事理就完了，要深悟，尽己之性。

"六爻相杂，唯其时物也"，"物"，包含人、物、事。能懂"时
物"了，就无废人、废物、废事，才能"放诸四海而皆准"。废事，
乃没能"时物"也。打蛇打在七寸，便是"时物"也。

"见贤思齐"既是个准，则"放诸四海而皆准"，黑人、白人皆以此为准，这才是道，即性，"率性之谓道"，故曰"大同"。

落后民族天天战争，什么宗教也没有用，可见明理不难，知所以用理为难。要怎么把理用上了，才能使战争没了？真有高智慧的民族很少彼此相残。"人能弘道，非道弘人"（《论语·卫灵公》）。

中国强了，此乃是时。必要懂得乘这个时，要"时乘六龙以御天"，抓住时不要放。对方松了，我们得乘这个时紧起来，将中国人整理好了，就是世界的五分之一。知道中国人之可怕，必得用智慧。人必要有胸襟！加紧行，必要能动，不是在嘴上。

要"攻其不备"，总有胜算的把握，如讲出来就失败了，因为你一说出，人家就有备了。能保密、攻其不备，便有"胜算"的把握。

明理不难，知所以用理为难。如真明理，那天下早就太平了！

其初难知，其上易知，本末也。初辞拟之，卒成之终。

"未知生，焉知死"，故"其初难知"，其上亦未必易知。不知生的来处，又如何知死的去处？宗教皆自欺欺人。

"西方"，以谁作标准？我们说西方，也许是人家的东方。东西、美丑、善恶，是个境界，这便是"两端"。

"元"的两端，即乾元、坤元，既非终始，也非始终，不是两头，而是一个东西的两面，一个乾面、一个坤面，叫"两仪"。

舜的"两端"是什么？便是善恶两面，他要"遏恶扬善"，故"执其两端，用中于民"。

其初难知，其上也不易知，知之难，行之也不易，本末也。

这不是讲大本，乃是讲"用"。"万事起头难"，便是"其初难知"。"好的开始，是成功的一半"，本末也，根要扎好。

"不知生之所来，焉知死之所去？"宗教迷最笨，自欺欺人。

"初辞拟之，卒成之终"，圣人之情见乎辞。"拟之"，不同"似之"，是"稍似"，不可言传，只能意会。公文批"如拟、拟如拟"。初辞，乃是"拟之"，还不是"似之"。不论如何画、如何写、如何说，也比不上真东西的美，故只能"拟之"。

《爱莲说》的文章真美！

> 水陆草木之花，可爱者甚蕃。
>
> 晋陶渊明独爱菊；自李唐来，世人盛爱牡丹；予独爱莲之出淤泥而不染，濯清涟而不妖，中通外直，不蔓不枝，香远益清，亭亭净植，可远观而不可亵玩焉。予谓菊，花之隐逸者也；牡丹，花之富贵者也；莲，花之君子者也。
>
> 噫！菊之爱，陶后鲜有闻；莲之爱，同予者何人；牡丹之爱，宜乎众矣。

但是没看过莲花的不知，瞎子读其文，焉知莲花之美？必要真见过莲花了，才知其文之美。写莲，拟之。画荷，逼真，似之。"拟"与"似"，两个境界不同。

"卒成之终"，得了结论。"卒"，卒业，郎静山"卒了"！"成之终"，成终，有了结果。《易·归妹》"永终知敝"。

读书要有好奇心，才会有进步。

若夫杂物撰德，辨是与非，则非其中爻不备。

"杂物"，"物相杂"，人、物、事皆在内，包含太多。

圣人画卦，是为了"通德类情"，因为如此，就得"杂物撰德，辨是与非"。"物与德，是与非"，社会不论怎么复杂，皆不出此。没有"杂物"，又如何类情？要想类情，就得杂物。通德，才能"撰德"。人世，就是"是是非非非非是"，到没"非"了，不就"是"了？

没能通德，才助人为恶。助人为恶的人，有时一言就可毁半个世纪，如李鸿章。何以助人为恶？就因为不能"辨是与非"。

"中爻"，一卦之二爻至五爻。二、三、四爻、三、四、五爻，构成"中爻卦"，也称互卦。断卦，至少要看三卦：本卦、之卦（表示动爻后的卦象）、中爻卦（互卦）。不卜而已矣。"不恒其德，或承之羞"，卜是小事。

"非其中爻不备"，"中爻"就是变；不知"中爻"之义，则不能"辨是与非"之德。没有"杂物"之智，就谈不到"类情"；没能"通德"，怎么"撰德"？必多下功夫，才能"备乎此"。

现在人类"性"的变太可怕了，举世皆然。讲没有用，已经没劲了。放火小孩才十七岁！人性与人的尊严没了！人性何以毁灭？父母死，人性都表现不出。到底是谁的责任？

如何防止日本放毒事件在台发生？不是方法问题，"听讼，吾犹人也，必也使无讼乎"（《论语·颜渊》）。就是助人为恶者太多了，使他更坏，靠他，就为了生存。要自根上来。不是讲，而是要动。

"万物皆备于我"，什么也不缺，何以不能在如此有利的条件下，做些有利于人的事？却用来造孽！何以这么缺德？人很有智能，如今天"传真机"的发明，那么远，一传就真了！发明家对人类很有贡献。

何以拿"万物皆备于我"的资本来造孽，却犹不知惭愧？应懂得面对事实，此即"杂物"的功夫。做事要去私心，三个臭皮匠胜过一个诸葛亮。养容人之量，培群德。

《易》为智海，无一标准，就见仁、见智、见妖。因为"广大悉备"，什么都可以用上，是生智慧的东西。以好奇心读《易》，读上几个月，就着迷了。

写文章，标题用得好，可以拍上。"有始有卒者，其唯圣人乎"，拍之为圣人，拍到心坎里了。焉知不是说"剩人"？但就生效了。当做则做，不在乎他看不看，就为己之所当为。他们对我们不满，就如同我们对他们不满。做事，必要有步骤、层次。

物，包含物、事、人。圣人画卦，是为了通德类情，得"杂物撰德"，想类情，得杂物。放火，撰德；证严，撰德；助人为恶，也是撰德。

如果你们天天净是无病呻吟，就不发挥力量，那我连讲书的力量也都没了！

人活着，要无忝所生。光宗耀祖办不到，至少要无忝所生。

明"辨是与非"，才能继续"杂物撰德"。懂此，会无忝所生。

不是官大了，人家就认为你伟大。不知耻，就不能具备"杂物撰德，辨是与非"之德。

噫！亦要（总举之辞）**存亡吉凶，则居可知矣。知**（智）**者观其象辞，则思过半矣！**

"噫"，叹中爻之妙！我喜此，玩其辞。玩，口中含块糖，使之自化。小孙子犹不懂得玩味。

"噫！亦要存亡吉凶"，多么兑现啊！"则居可知矣"，足不出户，则可知矣，多发人深省！不用动、不用出门，也不糊涂。

"知者观其象辞，则思过半矣"，"象辞"，就是"卦辞"，断一卦的。看一卦的卦辞，就了悟这卦一半了。

圣人多慈悲！闲着没事，玩一玩辞，如不能用己所知，就不是真学问。将所知的皆用上了，就是真学问。

读书要有好奇心，才能进步。我随身携带小本《易经》，随时玩其辞，熟就能生巧。

二与四，同功而异位，其善不同。二多誉，四多惧，近也。柔之为道，不利远者，其要无咎，其用柔中也。

"二与四"，都阴居阴位，但"二多誉"，"见龙在田，利见大人"，利见君；"四多惧"，近君，伴龙如伴虎。一"利见君"，一"近君"，同功异位，其善不同。

卫国，大家"同功"，位不同。何谓"同功异位"？全民运动也。革命是全民的，位不同，却可能"同功"。不可忽略了"异位同功"，全民革命，及其成功，一也。

四爻，近五爻，故"多惧"。

近了、多惧，有问题会想到你。

"柔之为道，不利远者"，柔，用于左近可，但"不利远者"，因不易控制远方，"其要无咎"，其要是"无咎"；"其用柔中"，但用在"柔中"，用柔得恰到好处，"君子而时中"。

三与五，同功而异位，三多凶，五多功，贵贱之等也。其柔危，其刚胜邪？

"三与五"，都阳居阳位，同功异位："三多凶"，"终日干干"，"因其时而惕"；"五多功"，"飞龙在天"，"云从龙，风从虎"。

"贵贱之等"，五是君位，以君居阳，中正，当位；三为臣位，以臣居阳，不当位。"其柔危"，在阳位的，在阳刚时，如是柔就危了！"其刚胜"，居刚就得用刚，以刚胜。但还不能过刚，否则成"亢龙有悔"。要"刚中"，具"刚中之德"，才能成事。

《易》的"贵贱"指何而言？当位，则贵；不当位，则贱。何谓当位？何谓不当位？教书的能在教书上发挥最高作用，便是当位，贵；未发挥作用，不当位，便是贱。

何谓吉凶？吉凶，即自"当位"与否来的，应死就死便是吉。看历史上吉的人是如何得来的？就是"当位"，置生死于度外。文天祥和史可法倒是吉或是凶了？文天祥死时，太太哭，以为凶；后来看，是吉。

跟着权势的人，虽享受荣华富贵，后来却是凶，甚至骂名千载。"当位"了，就受表扬；尸位素餐的，就"不当位"。人要是不知耻，那就没有办法了！

做事是为了成功，不可以急功，要会摆棋子。天时、地利、人和凑起来，就成功了。否则乱凑人，就关门了。

必要有胆，才能做事。要有量，不可以学无量之人，无量之人用人绝不超过自己的水平。

我好动，不怕死，以为等死，莫不如被人弄死还痛快。

你们必须学习解决问题。好好除掉私心，三个臭皮匠胜过一个诸葛亮。

我教五十年书，什么人都有，就没有领袖人才。

我替你们担心，你们除了有欲外，根本没有智慧。有就争，愈争愈丑。

要善用环境，"天时不如地利，地利不如人和"，"圣人不能生时，时至而不失之"，"与时偕行"，"君子能时中"，什么时候都不能离"中"。不是天天念咒。

你们做事迂阔而莫为，懂得当实事来做？每天必须面对事实。昨天说的，与今天便不同，因为已经不是一个时。做，就不晚。哪天开始做，都不晚。

《易》之为书也，广大悉备。有天道焉，有人道焉，有地道焉，兼三才而两之，故六。六者，非他也，三才之道也。

母亲来信，写"知悉"；儿子写"敬悉"。"悉"，不是皆，意义很深。

赞《易》"广大悉备"，既广又大，既悉又备。

"杂物撰德，辨是与非"，八个字多么传神，所以"广大悉备"。

天、地、人，乃"三才"之道。《易》三画，代表整个宇宙。"兼三才而两之"，重之，"故六"，三画变六画。

"六者，非他也"，不用大惊小怪，不用怕，是"三才之道"而已。"三才之道"，是"生生"，"生生之谓易"，即终始之道。"太极生两仪"，就自己生生了。

重之，六画即生生、终始，故曰"时乘六龙以御天"。"六"，不是六个，而是代表一切的变。不论画多少，都代表终始、生生。

中国人四面、八方、六合，均代表自然界之整体。

康熙重视科技，其子孙却视科技为妖物，可见领导人固然重要，承者更为重要。时，没有大智者领导，非垮不可。

道有变动，故曰爻。爻有等，故曰物。物相杂，故曰文。文不当，故吉凶生焉。

"变动"，是有继承，有传承，故曰"爻"。爻，变也，效也，"效天下之动也"。道有变动，故必得"因"。"因"者，效也。何谓六爻？就是六效，因为有所因，有所继承。

孙子学爷爷，儿子学父亲，乃是承。中国人真有智慧，儿子对父亲叫"续"，"续莫大焉"。父先子而死，孙子承爷爷，叫"承重"，即责任不轻；爷爷死时叫"承重孙"。此即中国人的智慧，不可以忽略，要知道祖宗的智慧，才知道如何用智慧。

"爻有等，故曰物"，爻，有初、二、三、四、五、上，便是"物"，人、事、物皆包括在内。"物"，包含人、事、物。"杂"，杂而不厌。"物相杂"，六爻相杂，或阴居阳位，或阳居阴位，"故曰文"。宇宙间万物丛生，乃文之体。自然之文，天地之文。

必下"类"的功夫，类万物之情，亦即经纬天地。"杂物撰德"，就叫经纬，文也，此即文之用。"以人文化成天下"，即人文也。所以学"经纬天地之道"，亦即"学文"，也是治天下之道。"行有余力，则以学文"，此"文"，非指文章。

孔门四科"文学：子游、子夏"。"文"和"文学"有所区别。写文章，子游、子夏；学文，则是政治家。"行有余力"，即高德行，才可以做政治家。

"文不当"，"文"处理不当，经纬不当，才生"吉凶"，天天热闹。

我现在真有福，连喝茶都听京戏。我喜听程派。

将文持之以当，则成金科玉律，自人性立文化，"观乎人文，以化成天下"（《易经·贲卦》）。文成金科玉律，既无条文，也不必修改，人人都行，以此为成规，即"文化"。一国有一国之文化，必按民族文化来治理天下。

做事，必等尘埃落定后再做，稳扎稳打，要有通盘计划。如其感到无办法，则会狗急跳墙。必要有人品、学品，讲学必要有根据。

韬光养晦，有所作为。任何事都有一定的步骤，不可以乱了阵脚。要用环境锻炼应世的智慧。兵不血刃，智不屈人。

入门要训练智慧，遇事必追根究底。事的好坏，皆是人为的，事在人为。许多事必自根上了悟，看何以至此？任何一事发生了，必要学会用脑。问自己：一天有几件事是过智慧的生活？说话不在多少，是要说入心坎。善用脑子，不要人云亦云。

古人头脑之致密，说"物相杂曰文"，文之体。宇宙间，万物丛生。自然之文，天地之文，必下"类"的功夫，类万物之情，亦即经纬天地，此即文之用。"以人文化成天下"，即人文也。所以学"经纬天地之道"，亦即"学文"，也是治天下之道。

文以载道，宇宙间即"物相杂"，"民吾同胞物吾与也"，皆一奶同胞兄弟。相杂不当，就有好坏、吉凶、善恶生焉。人与事、物运用不当，是非就生。

智慧是自深悟"物相杂"来。尽己之性→尽人之性→尽物之性，深悟"物相杂"之为用，"方以类聚，物以群分"。

社会一切组织结构，就在人、事、物；定位了，即为"章"，故曰"大块文章"。"大块"，天地、宇宙之间。大块文章，"大块假我以文章"，"大块"，即宇宙；"文章"，即万物生生不息。

何谓"文章"？文化，有序不乱。文明，一点不糊涂。三年弄不了一部《四书》，何时完？什么劲也使不上。不用功，什么老师教都没用。

《四书》要弄通，基础打好，再进一步。智慧够的，整理法家。看是否与上下合文。

现在对学术有划时代的任务。不诚无物，即"一"。

生在今天，不能如昔日老儒抱书整理。熊十力是第一个扛大旗者，可受其启示，再正视问题。人的智慧、时间有限，贪功不可能。

夏学，是中国思想之结晶皆在内。可成立"国际夏学学会"。学农的何以不研究农家？可以《农政全书》作为入手处。

《农政全书》，明徐光启撰。作者以几十年的精力，潜心探究农业科学，总结中国历代农学的著作和当时农业生产的经验，吸收西方之科学技术而编撰成书。全书共六十卷，七十余万字。内容分农本、田制、农事、水利、农器、树艺、蚕桑、蚕桑类广、种植、牧养、制造、荒政十二门，为一完整的农学著作。经陈子龙等整理，于崇祯十二年刊行。

中国要入手的东西太多了，不必尽挤窄门。

我在屋中坐五十年，下棋、打牌也会，但就读书而已，慢慢琢磨，承认古人有其时代背景。好好正视中国的东西，不要有功利境界，好名者必作伪。人就是自我陶醉！乾隆号"十全老人"，但不明白清亡是自他开始的。

"绘事后素"，"绘事"再怎么美，没画到白纸上就坏。底子不正，不是"绘事后素"。画得怎么美，也必画在纸上。

棉纸可以保存千年，宣纸则千年、八百年，但台湾地区的宣纸不行。

我的《王阳明字》，岸信介当日本首相时，曾出价三千万元。

现在你们非关"认字"的问题，而是要深入。对事情想透彻最不易，非会讲就完。事情发生，有经验了，著书。真文章，非指小说。真深入问题，才能解决问题。

昔日通语言，才能通事。通事不易，"仁者见仁，智者见智"，皆自以为是。清得天下，没用军事，是白捡的，就因有国奸（吴三桂）、内奸（范文程）。明得天下，朱元璋有刘伯温。陈友谅与朱本在伯仲之间，何以最后陈败了？陈的军师以为陈一定成功，是见仁见智的问题。

自知本身错，就不错。关键之处，"物相杂，故曰文"。

林毓生（殷海光、哈耶克、希尔斯等人的学生。曾任威斯康星大学教授），费正清（John King Fairbank，1907—1991，美国汉学家、历史学家，哈佛大学教授，哈佛大学东亚研究中心创始人）的大弟子，写纪念殷海光的文章。

何炳棣（1917—2012，中国社会史研究重要学者。1948年前往加拿大英属哥伦比亚大学任教，1963年转往美国芝加哥大学。1966年获选为"中研院"院士，1979年获选为美国艺文及科学院院士），我认识他因他盗卖古玩。前几天，他发表对钱穆的言论。

中国人必要随西方起舞吗？上面几个都随西方起舞。今天的责任要树立一切，随"良知"起舞。

中国学术立点之处、思想之立本，应好好认识。

说我像"僵尸"，很有风格。梅兰芳造成唱戏的有饭吃，其多彩多姿即"物相杂"至够标准。在任何事上皆相杂至恰到好处，即梅兰芳。我认为自己标准，是中国人。了解的层次、修养、境界不同。因为他会那么想，才会那么活。

打蛇打在七寸。无入而不自得，无所不用其极。路必通，才能达到目的。如路有障碍，必先除掉障碍，否则达不到目的。第一要义除掉障碍。做事要这样做，必有反对者。有反对者就骂，愚。两口子亲密，先生提出，太太很少同意的，还说都听够了。如曲还想唱下去，必要打起精神。

事未做前，预防，假设几个反对的类型，准备好才可以做事，在自己估计内都要除掉，才能多彩多姿。想做事都有障碍，做事要达目的，必先除掉障碍。有万全准备了，还有无虞之灾，必有机动部队之智慧消灭之，否则不必自寻烦恼。做之前，如无设想有哪类障碍、如何除掉，必定失败。

小孩碰壁哭，没法设想，代表幼稚。有许多人八十岁了还幼稚，可见不在年龄的大小，而是年龄的境界。

人的智慧，"物相杂"，故形形色色，成功即多彩多姿。形形色色指一般而言，睁眼即见。从"形形色色"到"多彩多姿"，得使用多少智慧、手段。遇事必先设想，做买卖先考虑的是赔钱，而非赚钱。如此玩票，即可大胆做，方寸不乱，则成功大。反应与否不重要，心理最重要。

我这些年不靠东也不靠西，孤舟独航，绝无是非。你对我没用，我也不用你。告诉你们，不要以为接触就好。如是纯学人，不必借力，则不树敌。敌人是自己树的，一有观念一定有敌人。骂敌人没用，必要有除敌之策。

做事，有人反对是必然的，能渡关与否，视己有无尽人之性、尽物之性。此外还要"六位时成"，有了成果即叫"章"。从"形形色色"到"多彩多姿"，必有臭味相投者，不要强求，"二人同心，其利断金"。

社会上永远有"仁"与"不仁"，真是大仁者，则"不仁者远矣"，远离不仁之事。番婆子瞪你一眼，就不吃饭了？必常把恨变爱，在这社会才能活。阿Q一时，最后必算总账。

你左近不忠于你的奸贼最应防备，有时第一个败你的就是你老婆。老婆非机要秘书，职位必分清。

法家谁都不相信。中国人搞政治，伪君子，皆"阳儒阴法"。胜者王侯败者贼，还在乎真伪？

一睁眼，即"物相杂"。人与猫狗不同，吃睡各有礼法。"物相杂"，必有界说、表现。中国人用筷子，简单又卫生。用刀叉，次级。最糟的，用手抓。各有文化，必要"入邦随俗"。

政治家如韩非，推演"物相杂"。

《易经》即"六爻之变"，变完，即"时乘六龙以御天"，非空的。

"物相杂"，详审左近人的一举一动。见贤不能举，举而不能用。

我此处绝不养坏人做温床。对一人没有认清，千万不可将之纳入核心，否则成败事之源。

外国人在中国，同中国人，"入中国则中国之"。华夏精神，非看皮肤，而是看干的是什么。卖国，即国奸。

没脑，怎么领导团体？许多事本身不清楚即责难人。想不想，会不会用？何以遇事如此糊涂？男女同学脑子都不清楚。许多事必细想。想成功，必要有万全的准备。

你的老婆不一定拥护你，成就事业特别不易。上下一体绝对发挥作用，如十个人一百个心，绝不生作用。

无谓之事、浪费时间之事不做。游说，就是养奸；拉过来的，非你的助力，而是阻力。志同道合，一拍即合，就发挥作用。拉的可以作外围，当个点缀品则可，不可以作核心。对与不对，都是主观的。是看有无死党，而不在人多少。

第十一章

《易》之兴也，其当殷之末世，周之盛德邪？当文王与纣之事邪？

《易》作于何时不管，但可见中国人很早就用脑。

"邪"，问号，设词。以此两件事作设词："其当殷之末世，周之盛德邪？当文王与纣之事邪？"纣与文王，相敌相仇，在此一环境下如何做事？是观望，等着投机？那谁来管事？

是故，其辞危，危者使平，易者使倾，其道甚大，百物不废，惧以终始，其要无咎，此之谓《易》之道也。

"是故"，因为这样，所以。

此段着重的是哪一个字？"危"，"人心惟危"。"其辞危"，环境危，故辞亦危。宇宙在"危"中，必要有智慧处理。

一个"平"字，两个阶段：平天下→天下平，终极目的是天下平，得先平天下。

平天下，如水之德，"盈科而后进"（《孟子·离娄下》），能平天下之不平，是第一步，霸者的行为，必有一套功夫，是主观的，如水将坑填平，那坑未必拜托它。天下平，平了，则无寡，因为"不患寡而患不均"；均了，就没有寡，均平也。

环境在"危、易"中，"危者使平"，天下将宁；"易者使倾"，天下将亡。"安不忘危，存而不忘亡"。"其道甚大"，这不是一般人办得到的，非常时期必用非常之才，不世出之才。

我们不是要造就总统，而是要造就领袖，书院的掌门即领袖。总统未必是领袖，领袖未必当总统。

如何使"百物不废"？"惧以终始"，所惧在它终而无始，就什么都废掉了。就因为有"终始"了，才生生不息，多有生命力！所有的人、事、物就不废了。

"惧以终始"，善始诚终，戒惧谨慎于这个"终始"，百事就不废了。百废待兴，非才莫举。

"惧以终始"多美！此为有生命的话。学文学，真得好好学《易经》。但几千年来净是抄书，有许多已不成话了！

"此之谓《易》之道也"，此即所得的结论。每次下此结论，皆有深意，要将有此句的皆串在一起。

《易》之道，危者使平，易者使倾，其道甚大，百物不废。惧以终始，其要无咎"，试以一语概括之，即"生生之谓易"。

所以，《系辞传》读完，"十翼"都好好读完了，再一卦一卦研究其深意。《易经》即是表达智慧。

朱高正讲《易经》，多热闹！怎么讲都行，就表达你的智慧。

第十二章

夫乾，天下之至健也；德行恒易以知险。夫坤，天下之至顺也；德行恒简以知阻。

此申《系辞上传》第一章。

"至"与"恒"二字重要！天行健，犹不足，"至健"。"至健"，"恒易"，"知险"。做事如懂得"知险"，就成功了！"至顺"，"恒简"，"知阻"。知险阻，知危险、障碍之所在，是何等人物！

"至健"，刚克；"至顺"，柔克。"知险"，看脸色行事，你刚克，我就柔克，以笑脸赢你，清明一起祭黄陵。若"至健"而不"知险"，则是"人皆曰予智，驱而纳诸罟擭陷阱之中，而莫之知避也"。

"恒易""恒简"，易简之理得，而成位乎其中矣。修成如镜，无物不照，迎而不将，此即易简、无私的修养。

"知险""知阻"，才能成功。卜，最末也。人生中无险阻、无障碍，当然成功。

险阻在前，如何解决？突破险阻，才能成功。遇事，得行了才能解决，但行得真知。真知险阻，知其所以然。困难重重，有破险阻之能？破其险阻，得易简之理，中间包含知险阻。易简，即乾坤，"天下易简之理得，而成位乎其中矣"，"和顺于道德而理于义，穷理尽性以至于命"（《说卦传》）。尽性，《孟子·尽心上》曰："尽其心者，知其性也。知其性，则知天矣。存其心，养其性，所以事天也。夭寿不贰，修身以俟之，所以立命也。"各正性命。

不能，没破险阻，乃缺原筮功夫。"原筮"，才能"元永贞"（《易经·比卦》）。《易经》分几个筮。以"原筮"为再筮，有违《易》的本义。"再筮，则不告"，何能"元永贞"？

遇险阻，到处碰壁能成功？要训练自己会用脑。"好事能找到我？"他至少有小舅子，得分析，真有好事还找上你？对方没有小舅子，你也当不上他的小舅子。好事找上门，还要分析分析，何况坏事乎？利用你，看你是否知篱笆、陷阱。谁都不相信，连老婆离婚都比敌人可怕。有可信之人，得绝对高明。

你们根本没有看书的能力。知险，不陷险；知阻，没障碍。求其所以然。今天多需要有脑子的人。

韩信如知险，就不会死于妇人之手。不能知险，就有阻。

是思想，要串在一起。好好读《易经》，读上几个月，就着迷了。讲之前，要多看几遍，讲时容易被接受。讲完，用点心想一想，通了，再加以玩味，才知要如何用。

《金刚经》确有智慧，冷静读几遍，会着迷。《金刚经》一如

《易经》，不易明白，真明白，就着迷了。明白"应无所住而生其心"，则连成佛也不想了；六祖就是听了这句话，受到启示，就成了。天天念"阿弥陀佛"，乃是要成佛。

《易》为智海，无一标准，见仁、见智、见妖，因为它"广大悉备"，这不是假话，卜卦、针灸皆用得上，什么都可以用上。现在好的医生真得读《易经》，是生智慧的东西，智慧万能。要以好奇心读，不可用名利心读。

我喝茶时，一定听京剧，天天听，不耽误想。对政局也得好奇，今天谁都可以有意见。要写，提供意见，看不看是他的事，写不写是我们的事。如看了，就有效。

溥仪六十二岁时，因患肾癌，有一说患膀胱癌而去世。火葬后，骨灰安放于北京八宝山革命公墓侧室，时任总理周恩来指示移放于正室，后又移葬华龙皇家陵园。

历史的事，自古就传下来，"火龙入八宝山"。当年送回徽、钦二宗的骨灰，不知是狗骨或猪骨？我以为最后一个皇帝，也不能使之无去处，应送兴京、盛京或是北京。事过四年，今年给下葬了。

溥仪六十二岁时，因患肾癌，有一说患膀胱癌而去世。火葬后，骨灰安放于北京八宝山革命公墓侧室，时任总理周恩来指示移放于正室，后又移葬华龙皇家陵园。

清明时，在北京的去念经了，同学说："老师，真灵了！"在自己责任之所在就做，不在乎他看不看。第二步骤不说。埋上，就可以就地生财，不能再挖出了。不管他们怎样，当做则做。

期待别人做，何不自己先做？成败都是必然的，不是偶然的。你要做，没人敢反对。成功，碰了时。

背文容易，能用难！读多少遍，做事仍不知险阻。渡难关，要"知险"与"知阻"。社会事不是逃避，即是颠覆。"易简之理得，而成位乎其中矣"，成功必特别把"易简之理"得了。得，定、静、安、虑、得，得奖了。

我后悔都来不及了！自十三岁起，一天福也没享过，却一事无成。

有识不易，胆、量、识缺一不可。没有智，遇事反应特别慢，不知人家在考验你，主观判断错误。年轻人每天都在人的考验中。考验合格了，就有用，需要而有用，"如有所用，必有所试；若有所试，必有所悟"。你看人人都没有用，正是你自己没有用。人必要有识，人家是用你的才。今天是非常之时，必用非常之才。

能悦诸心，能研诸虑，定天下之吉凶，成（成就）**天下之亹亹**（无穷无尽）**者。**

"能悦诸心，能研诸虑"，"诸"，语词，"悦心研虑"。做事先考虑好，再去做。能"知险、知阻"，做事才能"悦于心、研于虑"。

"研诸虑"，即求天时之节于吾行，发明家即知天时之节。如研究草，就不知要花费多少时间，要研究多久。

万物皆备于我，体万物而不可遗也。百姓享受人家的既成利益，日用而不知。动物都知道自己该吃什么，绝不会错乱，我们如不了解这些，那就连牛羊都不如了。不知险、不知阻，"人皆曰予智，驱而纳诸罟擭陷阱之中，而莫之知避也"。

"易简"，即无私无我。无私，一定都客观，才能定天下之吉凶。一般人要成淑世之功，"成天下之亹亹者"，"亹亹"，一切的一切，无穷无尽。皆淑世之功，至此，做事就成功了！等你们功夫到了，就觉昨非而今是。

每天看到理发店外挂一个玩意儿，那便是淑世之功，所有理发厅都纪念他。

传统理发店门口，总会挂一个红、白、蓝三色的旋转灯柱，这个"三色标志"源自英国，来自放血疗法。放血疗法早在古埃及时期就已采用，举凡天花、中风、精神病、感染都有人用放血来治疗，而且病情越严重放血越多。中世纪时，放血更加盛行，几乎所有疾病的标准疗法就是放血。当时，医疗工作主要由修道院的修士执行；理发师因持有各式刀具，除了修面、剪发，也协助修士做伤口包扎、拔牙及外科手术等工作。

1163 年，教宗亚历山大三世下令修士不得从事带血的医疗工作。此后，病人先让修士看诊，经诊断需要放血或做外科手术时，便推荐给理发师处理。1540 年，英格兰国王批准成立"理发师、外科医师联合会"，理发师正式打出"外科医师"的牌子，并以红、白、蓝三色为标志：红色代表动脉、蓝色代表静脉、白色代表纱布。随着医学的进步，外科医师与理发师的专业差别越来越大。

1745 年，英国国王乔治二世下令成立"皇家外科医学会"，从此理发师与外科医师正式分家，但理发店门口的三色柱却一直沿用下来。18 世纪之后，英国的国力强大，势力扩展至全世界，各国的理发店都仿效英国采用三色柱为标志。

那时，我们住在租界，出门穿马靴，拿马鞭，以此作为装饰。那时人都穿马靴，不会骑马也穿，腰上也挂两把枪，这是那时代的花花公子。那时聊天，都聊什么牌子的枪。我讲这一段，便是因为我们适逢其会。

我们要成淑世之功，得有超人的见解。世俗的见解，就到处捡便宜。人要早点死，就没有这么多的感慨。要将我的话好好记在脑中，就知道要如何运用。

同学不可像贵公子他们，落得一场空，不能"成天下之亹亹者"。但此谈何容易，我从十三岁至今，一天福也没享过，却仍一无所成。人能有所成特别不易，我失败的经验特别多。

有人既没量也没智，遇事反应特别慢。有些人说话是在试验你、考验你，你却不知，以主观见解将好事断了，就错了。

有一位同学在北京有一房，我说以后我去北京便可住那儿，又可作为同学的联络处，向他要了电话。结果，他给个假电话。这人多幼稚啊！他没想到我是在试验他的量。年轻人每天皆在人家的考验中，考验合格了，才表示你有用。

我能找一个行尸走肉的人来做事？若有所用，必有所试。没有伯乐，便要试试，才能识千里马。

人家本来想用你，不试则可，没想到一试，便完了！你看人人都没有用，那正是你自己没有用。

前些日子，有同学从北京回来，给我买张新"北京地图"。其实，我对北京最熟了，年轻时专钻北京胡同。

人必须要有识、有智慧，人家用你，乃是用你的才。老鼠是喂猫的，一只猫便可降许多老鼠。

今日得用非常人才才能应事。理发厅那小筒子便可成淑世之功。

"悦诸心"，"心"，本心，即"明明德"。"在明明德，在新民。""在天曰命，在人曰性，在身曰心。""研诸虑"，做事，考虑好，再去做。

"定天下之吉凶"，成天下之无穷无尽！"易简之理得，而成位乎其中"，如何得"易简之理"？得理，则放诸四海而皆准。《易经》确为智慧之宝，故曰"智海"。

现在小孩上学所背的书包，无一件有智慧的东西。教育不同，智慧就不同。国子监讲帝王之术，但上此学者少。秀才会填空格，没有脑子。

什么叫易？"生生之谓易。"懂得什么是易了，才能用易。

说诸葛亮"未出山，即知三分天下有其一"，是泄他的底，刘备请他是要"恢复汉室"，即统一。他也不过弄三分之一，《易经》通了？

我天天和书算账，为解决问题，不必定采他人说法，绝对从头至尾算账。看过四百多种的《易》注，皆杂毛老道。

要将所学在脑中想一想，可以得启示。如何得知险、知阻的智慧？

生之谓性，生生之谓易。"易"与"性"有何区别？"天命之谓性"，亦即生。"率性之谓道"，即顺着良知去做，不在人知否，心里很舒服，即合乎人性。心不清，无法保持头脑清楚。看什么，皆一笑置之。

《易》讲"通德类情"，不是形而上的。第一个生为性，又生为情，所以得类情。没有情，怎么生？"太极生两仪"，就睡觉去。类生生的一切。不用学，容易得很。必要追根究底。

"奉元"，从根上整个翻版。提示要点，聪明者知如何入手。

形形色色，都是神明之德，苍蝇、蚂蚁都不同。桂林一女教授，一个跳蚤搞一辈子，这就是"类情"。

欲将中国学说"类情"，得有智慧，为人类得发掘中国文化。没达到境界是自欺。现在人智高，但外务多。何不一步一步往前走？

我坐在屋里琢磨，没出声，孙子就敲门问。他心里隐藏一很重要的观念，此一细心，就值得注意。

何以天天将脑子用在与你无关的事？你们意志不集中，太懒，懒得连饭都不吃，"买个面包算了！"在我家中，"算了"不容易。我不在外面吃饭，连罐头也不吃，就吃青菜、豆腐。

养心特别重要，"养心，莫善于寡欲"，以寡欲养心。不是没有欲，而是"可欲之谓善"，"可"，当其可。"可欲"，当其可之欲。公文批"可"，"可"就是善。注错了，变成"只要我喜欢，有什么不可"，多可怕！

证严、圣严才像个和尚。真有极乐世界，应是好人去，上庙的不一定是好人。

"通万物之德（行为）"，才能"类情"。不可以钻尖取巧。

刘师培家传《左传》，非简单人家。六代传一经，至今尚未得结论。现在人著作等身！

中国这套东西，将来绝对为世界准。孔子之后，多半是混饭吃的，与当政者挂钩，必为御用，当然谈不到境界了。中国文化确有系统。

现在的小姐出门，挟本英文书，穿高跟鞋，装饰也。年轻人多盲从。

全世界无若《周官》组织之严密，但不伦不类，被改得多。自由自由，多少罪恶假汝之名以行？

朱子假《四书》讲理学，故曰"理学"。戴震骂他"以理学杀人"！其实义理之学，应是"和顺于道德而理于义"。

"彖者，言乎象者也。爻者，言乎变者也"，何以不是说"言乎卦者也"？

《易》即生生之象，所以说"《易》与天地准"。准，释齐？不对，何不高些？天地，也是从"生生"来的，象乾坤、男女、父母。天地是象，易也是象，没有分高低。要去掉传统的毒！

《说卦传》"乾，天也，故称乎父。坤，地也，故称乎母。震一索而得男，故谓之长男。巽一索而得女，故谓之长女。坎再索而得男，故谓之中男。离再索而得女，故谓之中女。艮三索而得男，故谓之少男。兑三索而得女，故谓之少女。"求子求孙自此来。要突破旧观念，非要索隐行怪。"民吾同胞，物吾与也"，明道之士、之言。都一个地方来的，所以要了解每一物的作用，即通德。

中国东西不但有系统，而且致密得不得了。

得读通旧注了，才不要旧注，此"得鱼忘筌"也。

层次分明，以数学换算《易经》都合。可以从自己懂的入手。

我是自文字入手，不是《说文》。

《系辞传》没读，则《易经》没法读。

"思之思之，鬼神通之。"我散步、坐着想，知道过人也不知什么人，回家就写。

找讲性善之处，看中国何以讲性善，"继之者善也，成之者性也"，不够。好名者必作书，作完书未必看。

几个观念打通了，《易经》就通。

是故，变化云为，吉事有祥，象事知器，占事知来。

"是故"以下，必下功夫。

"变、化、云、为"，四个动作。"云"，说的话；"为"，做的事。"变化"指什么？一刹那一刹那，都在变化中。"云为"指什么？人每天的所作所为，好坏皆在其中。"变、化、云、为"，便包含一切。

"吉事有祥"，有二解：一、来子以"吉"作"言"，言事有祥。二、吉事必有祥之兆。

"象事知器"，此"器"，为"器量"之"器"、"君子不器"之"器"。

"占事知来"，占所事事，就知未来，还卜什么？不卜而已矣，不是为人卜卦，就可以知未来。《系辞传》真是好到极点！

"占"与"卜"，两件事。卖卦的说"占卜"，来卜者定非好事，看其人的行为举止，即占知了一半；再一卜，与所占的两相对照之下，即可为之解说。故曰"不占而已矣。不恒其德，或承之羞"。

有些人之迷信，有点经验者，看他一来，就占事了。

天地设位，圣人成能；人谋鬼谋，百姓与（yù）能。

《系辞传》不是成于一人之手。

"天地设位，圣人成能"，这几句话像古人说的吗？他们有如此完整的智慧吗？

天地是"设位"，何以宇宙间如此完美？"天地设位"，圣人成了这个能。"能"是什么？天地之大能。我们所看到的东西，有形的东西，皆是天地之大能，皆是自然之能。"万物皆备于我"，即大自然的大能备于我。谁给你？那便是自己的大能，使其备于我的。

"致中和，天地位焉，万物育焉"，天地设位，万物皆备于我，都叫他有用，各尽其性，这便是"圣人成能"，圣人叫他有伟大的能。谁能成物，谁便是圣人，在中国就叫"祖师"。祖师庙，是在崇功报德。

致中和，"天地位焉"，宇宙乃大天地；"万物育焉"，人乃小天地。"圣人成能"，"天地之道位于吾心，万物役于吾行"，"万物皆备于我"，圣人成就了自然界的万能，彰显出自然界的伟大，"与天地参矣"，"与天地合其德"。《中庸》与《大易》相表里。

说"天地设位"，说得好。在地球里，设了天地之位。"设"，是暂时的，过去就完了，是变的。不同于"定位"，定位是永远不变的。作《易》的是设位，不是肯定。"天尊地卑，乾坤定矣"，"定"则不变。

"人谋鬼谋"，发明脚踏车也是谋，脚踏车至今变多少？此即进步，乃"人谋"也。"人谋"，与有关的人商量。天天人谋，社会进步，"人谋"是接着"鬼谋"来的。人死曰"鬼"，"鬼谋"，祖师爷时代的谋。学古圣先贤而得启示，作为参考，即为"鬼谋"。

宇宙是进步的，是跑接力，"鬼谋"加上"人谋"。

"百姓与能"，百姓日用而不知，不懂得原理，但是能够用其实。"百姓与能"，计算机、手机的原理不知，但是会用。不知所以，但能"与能"。微微几字，给人甚大的启示。贵乎实用，才能使人"与能"。空论如何"与能"？

中国人几千年前即有如此缜密的智慧，中国人一醒了，全世界就拿他没有办法。人生就是跑接力，大家如肯用功，接着熊十力先生，那下半个世纪中国思想绝对能有影响，不必跟着黑格尔、康德跑，他们的思想没有理由和中国思想相提并论。绝不能如同今之学人。

陈寅恪（1890—1969）有学问，非今人所能及，但一般人听不懂。现在强调"贵乎有用"。老一代老讲学，但总没提怎么用。

康南海（1858—1927）倡孔教会，"复辟"失败后到青岛，讲学如同大和尚念经，听完拜师者站一边，弟子甚多，为天游弟子。以前拜门必有束脩。我亦列在其门下，但是不懂其学，没能成其学，不讲。

他在民国十六年（1927）3月29日参加同乡宴，那天吃完饭后，洗完澡等死。

廖平（1852—1932）继皮鹿门（1850—1908），南海实承之。章太炎（1869—1936）之流，亦是平行人物。梁卓如（1873—1929）如今阮芝生之类，不能独当一面，在清华研究院教书。这些学者皆望尘莫及。等到以后才谈熊十力，他的名气比梁漱溟（1893—1988）高。今天这些人都盖棺论定了，就剩下熊先生一人。这些人过后，成学的可说没有。

我不敢讲南海之学，其虽有建树，但我不真明白。熊先生的弟子亦无讲熊十力之学者，熊十力的东西其弟子亦看不懂。

"十二因缘"可看出多么空！

"十二因缘"，佛教重要理论之一，是释迦牟尼佛陀自修自证得到的真理，指从"无明"到"老死"这一过程的十二个环节，因缘相随，三世相续而无间断，使人流转于生死轮回大海，而不能得以出离。

学术，是实际的东西，非用嘴吹。这些大师都不谈实用。今天的学术，空疏！

我年轻时，在"救亡图存"的环境下，几无宁日，如何读书？你们今天有环境，时不同，应脚踏实地地努力。

研究胡适，找不到几本书，怎么研究？但今天能找到陈寅恪的书。脚踏实地必费工夫，今天教书的连"胡闹"也比不上。求真知太难了，豪杰之士不待文王犹兴。了解多少，必能用多少。有了生活环境，但未必有学术环境，两岸皆然。今天，真有点中国东西的至少得八十几岁。

"与能"，亦得有"与能"的知识。智、仁、勇是什么？怎么用？智者不惑于欲，此欲包含太多，名利之欲、好之欲……没有明白名利之真，即是惑于欲。文天祥懂，所以可以传之千古。历代多少人多惑于名利之欲。

惑于欲，是泛论，虽喊，但见铜板掉在地上就动心，其实最多不过五十元，但也是利。动心岂能不惑？有时忽略了价值，光知是铜板。

知人则哲，知人者智，此实际。知人者智，哲学即智学。中国古时，"哲"即"智"。中国人非讲爱智，而是用智，皆实学。所以要知人。学哲学，应是学知人之学。智者即知人。父母最近，但也得知人。何以对父母还要知人？"事父母几谏。见志不从，又敬不违，劳而不怨"（《论语·里仁》），连家人都得知，父母以外更得知，一奶同胞、你生的。真知人了，家庭就没有问题；能够调和，就可以齐家。每天都得用智，非理论。读书，不止在改变自己的气质而已，更在改变家人的气质，彼此知人，毛病就少。《论语》难读，因为皆结论。

上下都缺知人之智，则相互欺骗，有天暴露了，就不堪收拾。知人才能善任，否则棋子摆错了，怎能发挥作用？好活动，总为达目的，而不择手段，"剩人"就批评。

"剩人"还没说假话，脸都红了，废才！还等入圣庙？社会就是"需要而有用"，要摆对棋子。外交官说假话被揭穿了，脸都不红，才能入联合国。

什么都不怕，流氓话，早晚吃亏。就怕，"莫见乎隐，莫显乎微，故君子必慎其独也"（《中庸》），才不会吃亏。

你的所长，是今日所不需的，所以没用。知人，不是选人入圣庙，有时是选大把守，不是找文质彬彬的。想在这个时代有用，必知道这时代究竟需要什么。

康有为曾倡"孔教会"，用不上，那今天应该怎么做？一倡孔教会，一用孔家做皇帝（章太炎）。虽知"革命"，但不知当日之所需是什么。最时髦的人物，只说不做，背时而驰。头脑不清楚，知要革命，但并不识时，不知时之所需。口调没有用，作秀而已，得知"时之所需"，才能反败为胜。

谁捧你，与你观念同就用，不是知人，是找殉葬的。智者，"舜其大智也矣，舜好问而好察迩言"，"遏恶扬善，执其两端，用中于民"。好问：问己之所不知，还是问己之所疑？

"子入太庙，每事问"（《论语·八佾》），别人误解，以为孔子不知；孔子是问其所疑。问，还得看对象。"是礼也？"你们干的事我不懂，才问。孔子"德侔天地"，因那帮均非智者，均自以为知礼。要了解社会事，就不生气。证明孔子是问其所疑，别人以为孔子有所不知，差之毫厘，谬以千里。

"好察迩言"，必得察舆论的反映，注重之。要"遏恶扬善"，而有些人则是"扬恶遏善"。

"执其两端"，"两端"，不是始终、两头，而是善恶、是非、黑白、俊丑。"用中于民"，"喜怒哀乐之未发谓之中"，即赤子之心。

讲出要点之所在，突破，才知何以重视"元"。

"有事弟子服其劳，有酒食先生馔，曾是以为孝乎"（《论语·为政》），孝，不是空话，口秀。不这么做，能成智者？"人皆曰予知（智），驱而纳诸罟擭陷阱之中，而莫之知避也"，智者懂得避祸、避凶。证明会写书，但不是智者，如商君、韩非。

用世（事）时，智者不惑、知人、好问、察迩言、遏恶扬善、用中、避祸。

《易》为智海，《易》讲吉凶悔吝，要避凶趋吉，故曰"智海"。怎么避凶以达吉？悔吝都无，哪会有凶？因为是"慎独"者。《中庸》与《大易》相表里，"不恒其德，或承之羞"。

依经解经，串在一起，活学问、实学。《易》为义海。

何以学《易经》？《易》为去悔、去吝之书。连悔、吝都没有了，当然去凶，当然吉；要恒己德。离此讲《易》，都是《火珠林》之类。

《易》每一爻，都教人如何躲开凶。"复自道"（《易经·小畜卦》），先畜己道。离开了，即"复自道"。要切断吝，当然没有悔。"复自道"，为切断一切"吝"之入手处。许多人在刀尖上跳舞，犹不自知。

不知、疑，两个方程式，发展不同。

人要好好养成群德，三个臭皮匠胜过一个诸葛亮。你们的欲太多，不会分辨，就散了，见利忘义。我真替你们悲哀，将来何以自救？你们最缺群德了。

八卦以象告，爻象以情言，刚柔杂居，而吉凶可见矣。

"八卦以象告"，易为象，一卦一象，一爻一象，象者，像也。"爻象以情言"，一爻一世界，一爻一情境，圣人之情见乎辞，有"彖辞""爻辞"。

要特别注意《易经》的"情"字。喜怒哀乐必得发，即是"情"；"发而皆中节"，若合符节，恰到好处，性即情，情即性。"情"字特别重要！

圣人画卦，在通神明之德，在类万物之情。神，妙万物；明，终始万物。神明，为万物之主。万物有情，要类情。

我大半生的"定"，皆自《易》来的。虽没出息，但至少没有闲语，就本着良知活，心地泰然，不老也不病，真是自得其乐！

五十年也应讲出许多透明至亮之智者才对。

"刚柔杂居，而吉凶可见矣"，刚柔一杂居，就见吉凶，社会有两性杂居，就表现出形形色色，就有吉有凶，好与不好、美与丑、高贵与下贱。同一东西，就有这么多的分别，好坏都有。

"物相杂，谓之文"，"刚柔杂居"，而"文"可见。文，经纬天地。"文"的作用是什么？有吉而无凶，即文之用。

趋吉避凶，就得叫刚柔不可杂居。《尚书》所谓"刚克柔克"，即是用中。"刚柔杂居"，不是口说的，乃是功夫之所在，即是"用中"。

闲暇时，玩味一两句，一句通了，全经皆通。我一生偏好《大易》与《春秋》。中国东西必要串起来看，才能了解。每天要琢磨，不要认为是在读书，而是要当作"求智慧"，就是一两句话，即可以玩味无穷。

变动以（因）利言，吉凶以情迁。是故，爱恶相攻而吉凶生，远近相取而悔吝生，情伪相感而利害生。

"变动以利言"，是真实的，不是理论，以此一逻辑衡量天下事。

稍有变动，就要提高警觉，马上研究，找出利之所在，才能动脑子。你有所变动，必有所利，要以你的角度研究利之所在，由此可见一民族的智慧。另有所利，必得研究。

何谓"变动"？变动因利言。美国常说"合乎美国的利益"，反之，中国人也可以说"合乎中国的利益"。

中国人现在敢说话了。当年中国弱时，见外国人，胆大的骂、胆小则作洋奴。所以"本"很重要，人的本要是能了，则什么都跟着来，本立而道生。

何以要"变动"？为了"利"。故不能看任何事老用成法，太落伍了！

一开始便"元亨利"，伊始便言利。吉凶，并不是固定的，乃是因情而迁。

有些家庭其乐融融，只有吉没有凶。如没有"吉"的境界，两个人会再见面？一家小两口，同床异梦则战，吉凶因情迁。调和，则短处可以变成情趣，家中便见其乐也融融。"调和"二字意义特别深，短处、长处调成一样了。老祖宗很冷静，才想得如此深刻。

"爱恶相攻而吉凶生"，"爱之欲其生，恶之欲其死"，吉凶由此生。当法官的应以《易》作判词。一家有三个媳妇，便"爱恶相攻而吉凶生"了。"爱、恶"便是情，读明白了，应使之有吉而无凶，不要有太多的爱、恶，"爱之欲其生，恶之欲其死。既欲其生，又欲其死，是惑也"（《论语·颜渊》），每天活在"爱、恶"中，能不惑？

"远近相取而悔吝生"，人都要借高骑驴，这便是"远近相取"。都想借环境，顺手就牵羊了。"悔吝"由此生，捡小便宜，吃了大亏。

"情伪相感而利害生"，情，真；"伪"，不真。以真情相处，就是利；以虚伪相处，就是害。"感"字多可怕！"感而利害生"。真是道尽宇宙、人生事！

凡易之情，近而不相得，则凶或害之，悔且吝。

"近而不相得，则凶或害之，悔且吝"，真是一针见血！

"凡易之情"，就平凡、平常，哪有什么大事？真是参透了人情！故"子孙虽愚，经书不可不读"。普通事最为可怕了，人一失足则成千古恨。

"易"即是平，"凡易"，平凡也。家庭生活即在平凡中。平凡的事可要留心，夫妻何以"近而不相得"？"不相得"，处不来，就"凶"，进而"或害之"，最轻也的"悔且吝"。

"则凶或害之"，真是一针见血！如相得，就益彰，相得益彰。

不管《系辞传》是谁写的，中国人在几千年前即有如此冷静的头脑，真是可怕！笨人，就自笨的功夫入手，"人一己百，人十己千。虽愚必明，虽柔必强"（《中庸》）。

谁都靠不住，就是父母亦然。我父亲说："这么有守，你可以过五十代。"老年人的期许，但我不动心。一定要养成自己能做事。我自己烧水。水开了，开盖，再烧五分钟，泡茶才泡得香。煮水也得有修养，修养与年龄有关。

熏，是煮熟后再熏，在吃其味。老"同庆楼"在老市议会，以熏菜著名。熏，是功夫，有滋味。

为解决问题，必要下功夫。培智，非要口秀。要有耐力，培养群德。不必先存有主观，要顺势而为，强求则有多的牺牲。

将叛者其辞惭，中心疑者其辞枝，吉人之辞寡，躁人之辞多，诬善之人其辞游，失其守者其辞屈。

看《易》对人情的研究，真是透彻！一切皆"诚于中，形于外"，骗不了人。

说"将叛者，其辞惭"，"不直失节"，惭！"中心疑者，其辞枝"，言辞不定，不知所从。

"吉人之辞寡，躁人之辞多"，人的吉、躁由此判。贵人说话迟，谨言慎行。人无言便是德，言多必失。你要他不多话，他以为长才被埋没了。这些人到哪儿都是小丑，到哪儿都是为人逗乐子。小丑就靠着逗乐子。

"诬善之人，其辞游"，那人很善，却蓄意毁谤他，所说皆游离之辞，无所本，没方守。

"失其守者，其辞屈"，人无所守，辞就屈。有守，方足以有为！

读书的目的是在改变器质，要"身体力践"。身体了，就得力践；不力践，就不能有所得。

读书、作文，都不是拉架子。读书，要随时读；写文章，要有集锦的功夫。写小卡片，想起来就写，不对的再去掉。随时写，有想必有所得，有所得便要写下来。最懒也要一周整理一次，要分类。人的灵机一动，便可以想很多。要随时想，想完就写，就是在报纸上面也可以写，养成随时动笔的习惯，可以得到很多真东西。

平路写《中山先生和宋庆龄》，想得不错，绘声绘影，平实。

平路，本名路平，知名小说家、专栏作家，生于高雄市，祖籍山东诸城。以文化和社会评论系列文章闻名。

任何书都要看，有价值的便多看一点。要重视其理路与思路，看是否合理。《红楼梦》替很多人出气。理路与思路够，则人人接受，成为畅销书。

偏僻，乃索隐行怪！自命非凡的哲学家，别人都看不懂，又何必写？我的年龄，看东西少被牵着走。因为外行人写书，内行人一看就知了。一本书能让各行各业的都接受了，便是一本好书。林清玄之所以能被接受，因为可作为消气丸，今人气都不顺。

理路与思路，不是一件事，但都重要。如"天地设位，圣人成能。人谋鬼谋，百姓与能"，便是想得很完整。

韵文有比《系辞传》好吗？"积善之家，必有余庆；积不善之家，必有余殃"，是白话，还写得那么美，成了金科玉律。

韩愈的文章，比《尚书》还难读，便是"堆字"。

理路和思路结合在一起，谁看都懂。读李密《陈情表》而不流泪者，必是不孝之人。欧阳修的《泷冈阡表》也不错。

诸葛亮的《出师表》前后矛盾，失去思路、理路，尤其《后出师表》。孔明提"三分天下有其一"，其实是最大的骗局，他骗了刘备。刘备是汉室之后，他想要恢复汉室江山。

坐着好好琢磨，可以生智慧，因为放诸四海而皆准。智者乐水，要顺势。水之德，最大在于顺势，随方就圆，形变了，但是水性没有变。必得是圆，要是不圆，那损失就大了。不怕变形，就怕性变了，拿外国籍的悲惨在此。

要拿《易》当智慧的东西研究，日久天长就有用。历史上有成就者，没有一个不是长于《易》的。孔明"借东风"，是骗不懂的人。今天照演"借东风"的太多了。对外可以骗人，真的却不拿出。

清朝时幕府盛行，养食客为他出谋划策。不知研究问题，如何能用上策？读书要有智慧分析、判断。以《大易》与《春秋》为本经。做事要有步骤，不可以单会吹牛，"真假"自己还能不知？你说的，我不喜欢听；就如我说的，你不喜听。抓住时机，倚老卖老。上帝都喜欢，怎能死？

当年，我的前门被贴讣文，后门被写上"王八"。你不合理，我绝不拿你当人。善用智慧，我生在乱世，活到今九十几。要用智，不要用力，以力者霸，不能成事。成事者，得有智。

一个表，每个零件都同一重要。观念必弄清，有容乃大。做事，必得有企划，先造成许多的零件，然后可以成器。

我 1947 年来台，当时台湾犹甚为荒芜，我深入"出草"（原住民猎人头习俗的别称）之地，创办山地学校，在山上吃六年的甘薯。我在台，晚上教书是正业，而有今天。今全台每个乡都有学生。

到任何地方做事，要先有企划，然后做事，才能变成主动，主动就得滴水不漏。一切要有准备，今天已迫在眉睫了，要斗智，史上有"完璧归赵"。

《史记·廉颇蔺相如列传》记"完璧归赵"：（相如）谓秦王曰："秦自缪公以来二十余君，未尝有坚明约束者也。臣诚恐见欺于王而负赵，故令人持璧归，间至赵矣。且秦强而赵弱，大王遣一介之使至赵，赵立奉璧来。今以秦之强而先割十五都予赵，赵岂敢留璧而得罪于大王乎？臣知欺大王之罪当诛，臣请就汤镬，唯大王与群臣孰计议之。"秦王与群臣相视而嘻。左右或欲引相如去，秦王因曰："今杀相如，终不能得璧也，而绝秦赵之欢，不如因而厚遇之，使归赵，赵王岂以一璧之故欺秦邪！"卒廷见相如，毕礼而归。相如既归，赵王以为贤大夫，使不辱于诸侯，拜相如为上大夫。秦亦不以城予赵，赵亦终不予秦璧。

此一"蔺相如智斗秦王，和氏璧有惊无伤"之剧目。事实上，秦昭王才是真正的赢家，因为他通过赵国的反应，已经巧妙地测试出赵国对于秦国的态度。他已能充分断定，赵国内心对于秦国充满了恐惧，没有了赵武灵王的赵国已经是纸老虎。

训练头脑，勤能补拙，一勤天下无难事。成功，完全是自己奋斗来的。书要细心读。每个人在其智慧境界，都会"人之视己，如见其肺肝然"。我则老谋深算。不懂自己的人最可怜！

你们年轻何不想想自己要做什么？必要知自己要做什么，要部署。先问自己能干什么。社会就是需要而有用，鸡鸣狗盗亦有用。你们无学智慧，那到我这儿来干什么？书有古今，智慧无古今。是你自己要做什么，而不是别人要你做什么。

不可以把妄想当成志，士尚志，"志，心之所主"，要脚踏实地做。想做事，就忘了本身的苦。如连自己的人生都安排不好，还能做什么？就怕肉身健全，却是心残，什么事也不能做。

人就是要"细心"，什么事都不要假手他人，他绝没你的智慧。我的皮衣保存至今毛都不掉，任何事都要用智。如任何事有所失了，即是无用智。

自一家的厨房可以看出女主人有无"妇德"。家如都没能理好，还能谈治国平天下？有人有钱，但亦不懂得怎么生活，人必得有德分。我不到外面买饭吃，要活不要饭，有守才足以有为。在家，绝不买外面的饭吃，那是伤品败德。

没有战争，但绝对有斗争。你们有斗争之智？培智为第一要义。

奉元，遇事要追本溯源，"知所先后，则近道矣"。必要静，才能深入，读书并非易事。就是碰到好老师了，亦必有三五年的功夫。

学生有名了，但皆无所得。"求仁得仁，又何怨"（《论语·述而》），求一，得一。讲中国文化的，不会入外国籍。真"牧猪奴之不若也"！

人要为自己活，不是为别人活。不要"欲"字当头，应先考虑要不要再做。看结果，知过来之不易，要守身如玉。时，太可怕了，必要识时。我有今天，即识时。没有格，什么都完了，人的价值就在格。

一乾一坤之谓元。《易》之成书，经过好几个时代，一时代有一时代的词。思想有层次：一、"一阴一阳之谓道"，"继之者，善也；成之者，性也"。二、乾知大始，坤作成物。三、如何得易简之理？懂易简之理了，则一切都成功。

圣人不能生时，时至而不失之。不失时，故曰"圣之时者"。好时、坏时，皆时至。到乱世，我不谈政。

许多事非做梦就可以干。每个节骨眼都是斗智。美国才三百多年的历史，还想统领世界？必要以文化，而不是战争。时至了，想拒绝也拒绝不了。要应时。

我什么都怕，不像有的人什么都不怕。人要真有智，都用得上。好好重视历史，是常识。得有智慧才能胜利。士尚志，是人，也可以干，但要有一套办法。

一个人必须有智，连畜生都有征服心，连蚂蚁都斗，就是要占地盘。必要深思。不怕敌人强，就怕自己的脑子弱。好发脾气的，乃愚人也。"智者不怒"，是要成功，不是要做烈士。时来了，得应时。脚踏实地，绝不可以自欺，人跷脚又能走几步？

我用脚尖走一小时，此乃健康的秘诀。在河边有水的地方走最好。

做事，恒，"天行健，君子以自强不息"，行健不息。好好培养，做事必要有所为，是目的、好处。

"变动以利言"，利之所趋；"吉凶因情迁"，情定不住，不可以乱发，或泛用情。感情用事，把持不住，凶就来了。"借东风"，一举两凶。自己要趋吉，还在乎别人凶不凶。今天就"吉凶"两个字。

得识时，应冷静，以不变应万变，以静制动时，静以观变。你愈是乱，愈使对方有可乘之机。

好好企划，怎么自求多福。求之有道，得之有术，然后得的东西才不丢。未来怎么变，谁知？多说话，难成大事。诬善之人，王婆，其辞游。

怎么定天下之吉凶？"能悦诸心，能研诸虑"。大智者一夜即能成功。书，乃是治世之成方子。何以遇事，不是哭就是乱？乱了方寸，那岂不是中计了？我没看过所谓"双赢"，无论如何赢的只有一个。好好用"心机"。惊慌，必失策；必静，才能"研诸虑"。有策，都失策了，况无策乎？

中国强了，我很乐。我民国十三年（1924）到日本，在日本做人质。活得长，看到结果。

一个人如不知为何而活，最是可怜！合群，一群臭皮匠胜过一个诸葛亮。嫉妒心重，不合群，则易受敌人利用，见利绝对忘义。

人应有先见之明，要早点干。事愈乱，得愈静，不可以鼓动情绪。万般不与政事同。

懂这些，就懂怎么处方，说好说坏，都有目的。年轻没经验，乃成"烈士"。必要老谋深算，念兹在兹，时时谋划，能研诸虑。

我心中有许多隐痛，无一可"言为世法、行为世表"。

韩愈被贬至潮州，虽只待了几个月，便回长安了，但是当地人一直把他当成圣人。在韩愈离开潮州二百七十年后，北宋元祐七年（1092），潮州人要给韩愈立庙，特意请苏轼题写《潮州韩文公庙碑》。

那时，苏轼已经55岁，在扬州当官，几经人生的挫折与屈辱。苏轼跟韩愈都是经常被朝廷排斥的人物，他们虽是"匹夫"，却决定了天下的文化与文脉。正因为有这一层经历和感悟，所以苏轼在文章开头写道："匹夫而为百世师，一言而为天下法。"既是对韩愈文化地位的定论，也是对自己的期许：没有高的身份，并不等于没有高的使命。

一个人必要能挽救更多的人，使社会没有战争。老祖宗留下许多智慧，应以此向外输出。

虽没有真的智慧，但是懂得想了，就知道走的方向。名利，不过是过眼的云烟，唯有德长存。为子孙谋，必得冲锋陷阵。人活着必得有用，做。尸位素餐兮，怎对不起良知？

乱世最是难处，我这辈子尽处乱世！乱世，一念之差，就断送终身。人家乱，你不乱，就有可乘之机。活用，必要有急智。得有办法，要"时乘六龙以御天"。时常练习写。真理只有一个，何以一点反应都没有？做事必要谋定而后动，谋，并非一个人，而是所有人应有个方向，有对付之策。

人自知最难了，如能自知就成功了。什么都是嗜欲，超过了就坏，应是随遇而安，要"不着相"。嗜欲虽是高雅，但过度亦有毛病，君子食不求饱。子食不求肥美，居不求豪奢。富如石崇，又如何？

做事，第一步最难。要养锐，否则锐自何来？有锐气，则什么都可以打通。得达到目的才是英雄，得有大智慧，要随机应变，无所不用其极。项羽是世家子，有格有框，不易超出，失败在此。

经过一个世纪了，觉得无比中国人再有智慧的。必要整理一遍，得叫每个人都能接受。"夏学社"1986年印的黄皮本来知德《周易集注》，是根据《四库全书》校订的，是"天德黉舍用书"。

《易》为智海，《春秋》行之以宜。《大易》与《春秋》互为表里。《大易》与《春秋》乃是中国人不传之秘的智慧，必要叫人人懂了才有用。写给外人看，看其是否懂。

我对《大易》《春秋》烂熟在胸。许多人讲《易》，但不懂"易则易知，简则易从"，乾、坤两卦为《易》之门。会背则可以取之不尽、用之不竭。你们的基础太浅，很难了解中国东西，高深的尤其不易。

学问绝不能躐等，必要按层次来。我从黉舍开始，即要造就"士"。古时称黉宫，后演为书院。我在屋中教五十年书，因为认为台湾地区最缺文化，希望同学能为台湾地区谋福，讲学书院即希望造就专才。讲学的目的是在造就活神仙，能为万民谋福利，放于四海而皆准，故要"唯变所适"。奉元书院的学生都会做，而不是会讲。

传承很重要。知行合一，体用合一，即"中行"。孔子"不得中行而与之，必也狂狷乎"，退而求其次，"狂者进取，狷者有所不为"（《论语·子路》），得具备此二条件，必"有所不为，而后有所为"。曾文正门下勉强就一个李鸿章，乃将责任交给李，由湘军而变成淮军，结果造成民国的军阀割据。

学《易》，必得会用脑，怎么想都可以，"不可为典要，唯变所适"，结论"放诸四海而皆准"，故曰"易之道，冒天下之道而已矣"。我讲《易》，每天都不一样，但都有根据。讲学，仍要有根据，才能够深入。人想的，就不能离开人性。不管《易经》是谁作的，可以看出中国人在开始建设思想时是如何致密。为文章，是文丐，不是文人。读书要培养器质，士尚志。《论语》不明白，则连"人"的格都没有。

现在社会复杂，讲《易》应多符合时代些。社会事见仁见智，百姓日用而不知，乃因了解少，但行君子之道者不一定少。我们特别强调行事，奉元行事。

台湾地区宗教盛行，无一真正走到宗教精神。等着上极乐世界，不可靠！我并非反对宗教，而是反对迷信。哪个民族不是从"神话"开始的？人有信仰是最高超的，叫什么都没有关系。要点抓住了，可以发生很多思想，不可迷信太过。我成立"人祖羲皇庙"，在使百姓认识"夏教"。

中国东西都是触类旁通的，并不是独立的，而是横的串在一起，故孔子曰"吾道一以贯之"。孟子、荀子均为儒家，但两人所讲却截然不同。同学将来所讲的，亦可能截然不同。孔、孟随时而异，所讲不同，"不可为典要，唯变所适"。思想境界是何等的宽阔，才能放诸四海而皆准。汉儒说中国思想博大精深，其实即"刚健中正纯粹精"。

研究政治，要好好地自《尚书》入手，其为政治哲学；研究社会，要好好地读《周官》，看想得多么仔细！不要抓住外国的尾巴不放。一个人对事不懂得疑，证明他没有智慧，因为愈疑才会愈进步。

我讲得这么慢，你们应该会背了，书读百遍自通，随时都可以想。听完要成为"鬼灵精"才行。你们训练得太慢了！我从小就受训练，家中天天以此为业。你们对实际事格格不入。求学问要踏实，真知、有用，不谈空的。应合作研究实际的东西，看学过的东西要如何应用。

天给我们的性，不使之受损，要好好地发挥作用，必要下"保合太和"的功夫，才利于正道，"保合太和，乃利贞"。《孟子》说"我善养吾浩然之气"，"其为气也，至大至刚，以直养而无害，则塞于天地之间"，"直养而无害"太宝贵了！休息，是为了走更远的路。"保合、太和"，是存养；"中和"，则能用。"中也者，天下之大本也；和也者，天下之达道也"，无一特殊的。达到中节的功夫即"致"，"致中和"，体用兼备，"天地位焉，万物育焉"，则与天地参矣！

《易经》只谈"保合太和",而《中庸》则谈"中和之为用",表现出为"中行"。

"各正性命",是下"尽"的功夫,则生"役物"之术。生术,就能役物。道一点也不神秘,"天命之谓性,率性之谓道","之谓",肯定的语气。顺着人性去做事就是道,但是有先觉、后觉之分。"修道之谓教",如修学分,按前人去学,"道也者,不可须臾离也","道不远人,人之为道而远人"。

今后想融为一体,必要懂得"率性"。"先王有至德要道,以顺天下",能顺水推舟,则快得很。"顺",是功夫。"顺者,驯也",此解低,是人之为道的讲法。

懂得人性了,哪有纷争?自求知的功夫生术,即可以对应。天天尽,则时事可以了如指掌。国事如同下棋,至少要看出三五步,棋圣则必要看出十步以上。宇宙如一盘棋。虽是讲古书,但要"时习之"。

我讲《人物志》有目的,在知人、任人。讲《孙子》,在用智慧。成功在于能任人。曾文正会琢磨,善用"求"字,其书房名"求阙斋",自己不够聪明,必有所阙,要天天想方设法弥补自己的不足、找自己的缺点。

"所求乎上,所成乎中",你们根本未入流!应好好拿出一套"实用之学"给人看。自一本书入手,任何一句话都当作指南针,就不迷了。

千万不要呆头呆脑地,写的东西形同祭文能有用?写的东西,必使任何人看了热血沸腾,马上生作用。化民,必要使百姓都看懂才有用。如年轻时未能培养正知正见,又如何能拨乱反正?光

"化民"不行，重要在"成俗"，必要使人每天能有所得。一旦成俗了，则智慧在生活中、生活在智慧中。

必要知精华之所在，拿出时必要是"易简"。"天下易简之理得，而成位乎其中"，可非一日之功，但得下功夫，使之通俗化。

序卦传

《序卦传》为"十翼"中的一篇，说六十四卦的次序。熊十力特别赞美《序卦传》，"以为序卦非圣人不能作"（《读经示要·易经提要》）！而钱穆说"孔子没赞过《易》"（钱穆《论十翼非孔子作》，见《古史辨》第三册）。各有见地。

　　钱穆于1928年写《论十翼非孔子作》，推翻了"孔子作十翼"的观点，揭开民国初期关于《易》经传问题的讨论。1973年，湖南长沙马王堆汉墓出土的《帛书易》，与《周易》文字有所出入，引起学界广泛讨论，将"经传分离"的观点发挥得淋漓尽致。

　　熊十力自乾坤二《象传》衍之，作《乾坤衍》，以义理解释《大易》。该书起草于1959年，完成于1961年春，是熊十力先生后期思想的代表作。全书分为"辨伪"和"广义"两部分，"自序"称："昔者，孔子托于伏羲氏六十四卦而作《周易》，尝曰：'乾坤，其《易》之缊耶。'又曰：'乾坤，其《易》之门耶？'孔子自述其述作之本怀如此。可见易道在乾坤，学易者必通乾坤，而后《易经》全部可通也。衍者，推演开扩之谓，引伸而长之，是谓衍。余学《易》而识乾坤，用功在于衍也，故以名吾书。"熊先生在临终前的《存斋随笔》中说："余之学自是归本《大易》，详在《乾坤衍》等书。"

　　此随卦看，于讲经时讲。熊十力有关解释可以参考（见熊十力《读经示要·易经提要》序卦节释）。

上篇

　　有天地，然后万物生焉。盈天地之间者，唯万物，故受之以屯。屯者，盈也；屯者，物之始生也。物生必蒙，故受之以蒙。蒙者，蒙也，物之稚也；物稚不可不养也，故受之以需。需者，饮食之道也；饮食必有讼，故受之以讼。

　　讼必有众起，故受之以师。师者，众也。众必有所比，故受之以比。比者，比也。比必有所畜，故受之以小畜。物畜然后有礼，故受之以履。履而泰，然后安，故受之以泰。泰者，通也。物不可以终通，故受之以否。

　　物不可以终否，故受之以同人。与人同者，物必归焉，故受之以大有。有大者，不可以盈，故受之以谦。有大而能谦，必豫，故受之以豫。豫必有随，故受之以随。以喜随人者，必有事，故受之以蛊。

　　蛊者，事也。有事而后可大，故受之以临。临者，大也。物大然后可观，故受之以观。可观而后有所合，故受之以噬嗑。

嗑者，合也。物不可以苟合而已，故受之以贲。贲者，饰也。致饰然后亨，则尽矣；故受之以剥。

剥者，剥也。物不可以终尽，剥穷上反下，故受之以复。复则不妄矣，故受之以无妄。有无妄然后可畜，故受之以大畜。物畜然后可养，故受之以颐。颐者，养也。不养则不可动，故受之以大过。物不可以终过，故受之以坎。坎者，陷也。陷必有所丽，故受之以离。离者，丽也。

下篇

　　有天地，然后有万物。有万物，然后有男女。有男女，然后有夫妇。有夫妇，然后有父子。有父子然后有君臣。有君臣，然后有上下。有上下，然后礼义有所错。

　　夫妇之道，不可以不久也，故受之以恒。恒者，久也。物不可以久居其所，故受之以遁。遁者，退也。物不可终遁，故受之以大壮。物不可以终壮，故受之以晋。晋者，进也。进必有所伤，故受之以明夷。

　　夷者，伤也。伤于外者，必反其家，故受之以家人。家道穷必乖，故受之以睽。睽者，乖也。乖必有难，故受之以蹇。蹇者，难也。物不可终难，故受之以解。解者，缓也。缓必有所失，故受之以损。

　　损而不已必益，故受之以益。益而不已必决，故受之以夬。夬者，决也。决必有所遇，故受之以姤。姤者，遇也。物相遇而后聚，故受之以萃。萃者，聚也。聚而上者谓之升，故受之以升。升而不已必困，故受之以困。

困乎上者必反下，故受之以井。井道不可不革，故受之以革。革物者莫若鼎，故受之以鼎。主器者，莫若长子，故受之以震。震者，动也。物不可以终动。止之，故受之以艮。艮者，止也。物不可以终止，故受之以渐。渐者，进也。进必有所归，故受之以归妹。得其所归者必大，故受之以丰。丰者，大也。穷大者，必失其居，故受之以旅。

旅而无所容，故受之以巽。巽者，入也。入而后说之，故受之以兑。兑者，说也。说而后散之，故受之以涣。涣者，离也。物不可以终离，故受之以节。节而信之，故受之以中孚。有其信者必行之，故受之以小过。有过物者必济，故受之既济。物不可穷也，故受之以未济终焉。

《易经》六十四卦，自第一爻起，整个连着。天地，即乾坤两卦，为父母卦。《易》始于乾坤，自强不息、厚德载物；终于未济，豫解无穷、生生不息，"强德未济"。终而复始，"复其见天地之心乎"，一阳生，元始，"复奉元统"。

"一"与"元"，我为了"一"，始终注意《老子》，才知由"一"到"元"。孔子问学于老子后，得一了；后来，改一为元。到了作《春秋》，变一为元。

中国思想即"属一系元，拨乱反正"。内圣，造就自己有无尽的智慧；外王，"见群龙无首，吉"，华夏，大同。下如此深的内圣功夫，即要拨乱反正。此为中国人对宇宙的责任，对一切生都有责任。祖冲之研究宇宙的现象，提出了圆周率。董子说"唯圣人能属万物于一，而系之元"，与《易经》有什么关系？

想"拨乱"得如何？必要懂得什么是"乱"，才能拨乱。自哪儿下手？哪家都发生问题，此即乱。"人心惟危，道心惟微"，得先认识人心与道心之"危"与"微"，即乱源之所在。人心为用，道心为体。在大学中有无好好研究基本问题？"人心惟危，道心惟微"为社会的基本问题。小两口吵架，有没有研究问题之所在？乱，就自"体""用"之"微""危"来的。将"乱"拨了，就返回"正"，回正。

一中之道："天命之谓性，率性之谓道"，先觉者；"修道之谓教"，后觉者。"道也者，不可须臾离也；可离，非道也"，得的结论，亦即定理。"人之为道而远人，不可以为道。"（《中庸》）

"大学之道，在明明德，在新民，在止于至善"，由内圣，而外王，到止于元，"元者，善之长也"。明德，终而复始，"继之者，善也；成之者，性也"。人"得一"，为"大"，"大学者，学大也"。"通神明之德"，即"系元"。"神"，造物主；"明"，生生不息。"类万物之情"，"属一"也。一部《尚书》，"人心惟危，道心惟微；惟精惟一，允执厥中"，即"大哉乾乎！刚健中正，纯粹精"的功夫。

《大易》与《春秋》即讲"属一系元，拨乱反正"此八个字。知此，小至家家可过得其乐也融融，实学也。

《易》为体，《尚书》是用。《尚书》是中国最古的政治学。

回正以后，即一中之道。人类中再无此完整管理人类的事。先建一个"点"，做好了，有了这个"点"，由此往外影响，最后能"容天下"，因这个"点"就能化天下。《周官》自邻里开始。

王莽、王安石都想以《周官》治天下，但是败在德不足。证严有信德，所以得人心。《礼记·礼运大同篇》将天下事说得仔细。但是说得再美，也不如行得好。说千言万语，在提醒你们要吸收中国人的智慧，自家中做起。

得吸收知识于宇宙中，"乡土化"是埋葬自己。人无远虑，必有近忧，必要有远智。你们无应世之才能，应检讨自己：短于什么，就求什么；缺什么，就添什么货。负起祖宗交付的责任："舟车所至，人力所通，天之所覆，地之所载，日月所照，霜露所队（坠），凡有血气者，莫不尊亲"，多富人性美！人性爱！

奉元，才能天下平。怎么达天下平？登高必自卑，行远必自迩，第一步即卑、迩的功夫，"人人亲其亲、君子笃恭而天下平"，"人人皆有士君子之行"，"人人皆可为尧舜"，则"首出庶物，万国咸宁"，元首出自众人，万国皆宁。

第一步要"人人亲其亲"，在家能亲其亲，什么话也不必说；天天如此学，家人就会跟你学。最亲的莫过于父母了，有几人能尽到责任了？台湾太小，风气传染快，一旦袭卷毁得快。有的知识分子就是败家子！

重视思维，不是背书。中国思想太丰富了。注解早就作好了，还用你再作注？比手画脚，要有智慧。要真下功夫，百年能成大事业。识时，到什么时候干什么。一个人最低的修养，绝不能助人为恶。有脑子的人绝不能害民。

《系辞传》说"太极生两仪"，但乾、坤两卦并无此一观念，是说"大哉乾元，万物资始，乃统天""至哉坤元，万物资生，乃顺承天"。要你们练习思维，此一问题即在"资"上。

我这些年能活这么健康，因有无穷的梦，不知老之将至云尔。人活着，就要有梦。自始即有许多想法，现在更有资格做梦。

"以夏学奥质，寻拯世真文"，人人亲其亲，天下平→"首出庶物，万国咸宁"。

"资生堂"的名字取得好。何以不用生，而用资？必得有所资，乾元坤元，资始资生。但何以不写元？留一笔，高深之处。资始、资生的境界，在"生两仪"之上。既有所资取，前必有个东西，空位。由生至资，其思想境界差多少？如念《大悲咒》，则无用。

《易》非一时代、一人之作品。资，"继之者，善也；成之者，性也"，有作用，必得有性，"成性存存，道义之门"。看此一思想的转变，何等活泼！董子明白，故曰"唯圣人能属万物于一，而系之元也"。

何以说"成性存存"，不说"成性养养"？何以能够资生资始、继之成之？

"含弘光大，品物咸亨"，何以称"品物"，不说"万物"？境界又不同，因大道不能以数字计。"品物"，包含一切。此不可忽视之处。

一个"含"字，内含、含章，所含的是无量的大能。含，必得"弘光大"，才"品物咸亨"。此非写笔记、会背就明白。

读书得自己发生问题，去思维。

谈"资"，不点出"元"，不说"有生于无"，因说"无"，就是"有"了。高明在绝不说，留下，你说什么都可以，说出就有。

资那个"含"，"含"是个大能，连猪瘟的瘟都"含"。猪公往庙一摆，还挂那么多金牌，因发挥其"含"。"含"，是个无尽的宝藏。有"含"，都有光。不能发挥自己的"含"，就是个废物。"尽在不言中"，言，就落了际相。无边无际之大能，即"含"。"含弘光大"，四德。

记笔记，作小文，使人了解，必要开路子。经我一讲，再看注，根本无法看。好好悟，非三言两语就能明白。

孔子说"不器"，"无"也是个器，"元"也是器。不是器，就不能说它是什么。"系之以元"，含有两个性：乾元、坤元。

《战国策》易读！由"生"到"资"，是个境界，脑子不同，无形、无名、无相、无际，不说，是借一个东西——生、始，不说出资什么生、资什么始。

好好正视祖宗留下的东西，不必定是谁说的。程朱不知所云，一个《程传》，可误人上千年。《诚斋易传》谁都传。应将《易》翻版，好好看《乾坤衍》，我接着又进一步。好好用思想，你们生在盛世，若无成就，太可怜了！我生在乱世，一辈子流窜。不要说"迷信"的话，一定要说"悟"的话。说不出，不必抄袭，浪费纸。好自为之，你们来日方长。学术要接着，为人类谋点幸福。

《周官》邻里制度之严密，头脑之致密！最重要的是人人都得实惠，什么名词都不重要。我自小懂得"不养儿，不知父母恩"这句话，加倍孝顺父母。思想由"生"到"资"。今人光知道孝儿女，忘了自己是父母生的。今天哪个父母受了实惠？"至于犬马皆能有养，不敬，何以别乎？"（《论语·为政》）是"养（yàng）父母"，与养（yǎng）犬马有别。这是中国文化。"文理密察，足以有别也"（《中庸》），读书要这么读，这么做，知行合一。今天子女，能给父母实惠，就不错了！

说卦传

昔者圣人之作《易》也，幽赞于神明而生蓍，参天两地而倚数。观变于阴阳而立卦，发挥于刚柔而生爻。

"蓍"与"卜"，不同，一用草，一用龟。

参天两地，乾的三分之二，即坤。乾分三段，两段即坤。乾三连，乾为天，三个加在一起即天。

阳是九，$3 \times 3 = 9$。阴是六，$2 \times 3 = 6$。

要立个数，"倚"字用得最妙！"参天两地而倚数"。

"观变于阴阳而立卦，发挥于刚柔而生爻"，把物都变成两性。最重要的思想，即阴与阳。

和顺于道德而理于义，穷理尽性以至于命。

"义理之学"自此来。理于义（宜）；义理了，即事情办成了。

讲义理之学，应是实用之学，而不是讲考据、训诂。是书写错误百出，才要训诂、考据。

"和顺于道"，即"率性之谓道"，行与道合即"德"，行为宜于道。

实用之学，实用于世，其原则必以"性"认识。

"和顺于道德而理于义"，即是尽性，所以说"穷理尽性以至于命"，因为"道也者，不可须臾离也；可离，非道也"。

"穷理尽性以至于命"，即"与天地参"，亦即《中庸》所谓"配天"，"舟车所至，人力所通，天之所覆，地之所载，日月所照，霜露所坠。凡有血气者，莫不尊亲"，亦即"道冠古今，德侔天地""天地位焉，万物育焉"。从"希圣希贤"到"配天"了，乃达天人的境界。

罗汉、菩萨、佛。哪有"极乐世界"？胡扯！根本无法自圆其说。

"未知生，焉知死？""未能事人，焉能事鬼？"没有比中国人再聪明的了。《心经》说"心无挂碍，无挂碍故无有恐怖，远离颠倒梦想，究竟涅槃"，我喜《心经》在此。

陈布雷，当年享有盛名，而且实权在握，而今天年轻人又有几个认识他？民国以来幕僚无出其右者。

谁也不可靠，应为己之所当为。如把得失看得太重了，就会痛苦，应为己之所当为，这块土必要有自己生存的条件。做官的只知道"光宗耀祖"，能不为名、不为利？就只为其儿孙计。今天，越是红的越是患得患失，有挂碍就有恐怖。完全是胡闹，念万声佛又有何好处？

"穷理尽性以至于命"的"穷"字，不可以等闲视之，即"文，穷而后工"之"穷"，此"穷"，乃是罄其所有，并非贫穷之穷。
把劲用足了，倾其所有到罄其所有助人。"罄"，乃是穷理的第一
步，穷事物之理，将"理"研究到极点了，才能穷其理事之能，
故曰"和顺于道德而理于义"。

对许多事甚难下"穷"的功夫，乃因没有能穷尽其理，如此
处事，焉能穷尽理事之能？处事要周到，没有纰漏、滴水不漏。
如果处事尽用第一感，当然笑话百出。事后就是怎么弥补、解释
也没有用。要穷理、体悟之，才知道要怎么用。

《易·系辞传》，实为韵文中最美者。论文章则《史记》与《孟
子》。文，乃是经纬天地，得穷理到"极"的境界了，才能"天
工人代"。"天工"，是自然界，犹有所不足；"人代"，人可以弥补
天工之不足，即人工可以代天工之不足，使更为足。

穷极其理，穷其理事之能，代天工之不足，而后工。"希望
工程"，即"文穷而后工"之"工"。

尽性，乃是一点都不保留。尽己之性，就能尽人之性；尽人
之性，就能尽物之性。社会称"你、我、他"，即"人、己、物"。

处事要没有纰漏。我事情都还没说完，你就急着去办，怎能
不出纰漏？

"以至于命"，"命"，即生命的本源，"在天曰命"，命、性、心，
三位一体，三合一。"天人合一"，时也、命也。

"理于义"，办得恰到好处，因为经过"穷理、尽性、至于命"
三部曲了。

没有下"和顺"的功夫，尽强迫就得反抗。必先下"穷理尽
性以至于命"的功夫，再下"和顺于道德而理于义"的功夫。

"和顺于道德而理于义"即"放诸四海而皆准"。何谓"放诸四海而皆准"？即没有一个不是如此。

净说坏话，有没有人可以旋乾转坤？此必要有大担当、大智慧者才能做。必须有人解决。如有一个"四海皆准"的东西摆着，岂不就解决了？准，并非准确，而是大家都以此为准。见贤思齐，"贤"即为准，四海皆准。

学活的学问，就都用得上。从古至今怎么用这个准？尧以什么为准？天，尧则天。没有一个人不以天为准，即放诸四海而皆准。

"大人者，与天地合其德"，"天地之大德好生"，"万物皆备于我"。连野蛮民族都知"敬天"，什么日子猫狗交配。中国人得出了"二十四节气"。

"日月无私照"，此即"文化"的出发，一般人并无至此境界。刚懂得"见贤思齐"了，看到前辈怎么做就怎么做，此即"文化"的由来。比自己高明者，即贤。

小孩天天学习，尽学家中的大人，所以大人的行为很重要，乃身教所在。独生子有出息者少，因为在家尽受宠。人的天性，要见贤思齐。文化是从自然来的，不可以造假。"观乎天文，以察时变；观乎人文，以化成天下"（《易经·贲卦》），此即"文化"的由来，法自然。

遇事能不马虎，即可以"穷理"。什么都不怕，没有头脑！有为者什么都怕，故曰"必慎己独"。慎独了，就可以"穷理尽性以至于命"。

尧的则天，是自然的，以天的运转有一定，自然律。有智慧者看《尚书·尧典》，即可知中国造历法是多么不容易，到尧时已经完整了，称"夏历"。

文化，是慢慢地演变的，愈变愈加致密。小孩子天天接受文化，刚开始什么也不懂，懂得挑剔了，就是文化，是有步骤的。小事应注意，日久，就懂得怎么树立文化。

知识分子的责任是什么？是吹牛、骂人？批评东、批评西？穷理、尽性，以至于命。我何以时常骂东骂西？在"拨乱反正"，因为要"遏恶扬善"。哪个地方乱，必要除掉，使之反正。第一步要"遏恶扬善"，终极目的则在"拨乱反正"。

对任何事情如都不清楚，又怎么处理事情？人活着，要有真智慧，而不是整天空谈。如知道自己不懂，将来就有希望。

则天，则大人、圣人、君子。小孩不知其所以，会则先人，但不知道为什么。

我每天为孙子讲一段文化，是种子，自他们可以看出。

人的智慧，自懂事就懂得美，男女孩各有其审美观，要利用机会教育。小孙子穿红，感觉别扭，告诉他："男孩也穿红的，电视上即如此。"

文化有层次，今天唬得住，但明天未必唬得住。要看对象唬，有层次地唬，才能唬得完整无缺。并不是一套就能唬遍天下人。

"唯上知（智）与下愚不移"（《论语·阳货》），中等人就难以对付，往往见异即思迁。对付孙子与孙女，也完全不一样。弄明白了，就能处世。穷理，并不是空的。对三年级生，不能说四年级生的话。

我到乡下，绝对到庙里喝茶，听听他们谈天说话。神棍见人就讲鬼话，根本未穷理，我就不信有鬼。见什么对象，怎么处理，杀鸡焉用牛刀？穷了理，就会用最高的方法办此事。

道德，是标准，达此，必用"和顺"的功夫，而不是诈骗。

第二章

昔者圣人之作《易》也，将以顺性命之理。

"将以"，将用《大易》之道。"理"，"顺性命之理"，穷理、尽性以至于命。

人的智慧都差不多，必要有"宁静以致远"的功夫。宁静，是自"定"来的，即自"知止"来的。知止，而后有定、静、安、虑、得。淡泊，"淡泊以明志，宁静而致远"。得，皆自得也，不是外来的。观自在，自得、独得，即性得。

是以立天之道，曰阴与阳；立地之道，曰柔与刚；立人之道，曰仁与义。

"阴阳"，性；"刚"柔，性之德；"仁义"，行之德。

阴阳、公母、男女，代表两个不同的东西。天天喊"华夏"（全人类），达此的步骤如何？要经过多少阶段？

学术思想是彼此相互影响的，公羊家讲三世：据乱、升平、太平；所见、所闻、所传闻。今天要达"华夏"（大同），要用几个步骤？要如何能达到"远近大小若一"？

兼三才而两之，故易六画而成卦。分阴分阳，迭用柔刚，故易六位而成章。

"两"，中国文化最重要之处。舜，"执两用中"。

"三才不两之"，三画，即"始终"，一次就结束了；"三才而两之"，六画，即"终始"，终而复始。"六画而成卦"，六画，始壮究、始究壮，终始之道，终而复始，生生不息。

《大易》之道即"生生"，"生生之谓易"。没有"两"，怎会有男女、好坏、善恶、美丑？舜"执两用中"，执住两，再用中，就把持得住，即是大智者。是用中，非用和。用"未发之中"，即不失赤子之心，"大人者，不失其赤子之心"。

何以生生不息？阴阳，为生机。

迭用性之德——柔刚，故"易六位而成章"，六爻，六位。"章"的境界如何？何以要"成章"？"六位而成章"。"不成章，不达"，可见成章就达了。

"文"，乃经纬天地之术；"章"，即文的成绩。不成章，就不能达文之用。将人事处理得当，即成文。六位而成章，"六位时成，时乘六龙以御天"。

非讲文章，遇事都不出这几个步骤。遇事，主事者为人，必借物之力，三者缺一不可。运用得当，即"文"；成其法而不变，即"章"。

讲完，回去要玩味，才能用得上。要当作智慧读，不是当文章。智海，是无穷、无量的，就看自己能够吸收多少，"仁者见仁，智者见智"。"百姓日用而不知"，不知其所以，故科学之道鲜矣！"传真"，真是奥妙，一传就真。

求其所以，即"穷理"，就知道要怎么办事。

有穷理的功夫了，事情才能办成，"思之思之，鬼神通之"，属智慧。要锻炼智慧。广钦也不知自己吃什么，因为他什么都不想。很多年轻人每天如行尸走肉，许多事似与他都无关。

坐屋里想，成不了事；善于想，想一辈子仍成不了事。人必须走正路，绝不可以走邪路，终会身败名裂。

必要动，我走路迈方步，不急，养气。坐亦禅，动亦禅。六祖天天动，其禅是自动里来。不多事，自己都管不了，还管别人。

人人都有一家之言，言人人殊，但真理只有一个。在这块土不要妄想。

我不押宝，不信宗教，是为我父母信。交代：死后，勿用僧道。要实际，不要天天扯闲。

第三章

天地定位。

"天地定位"，人亦定位，均有规范。"范围天地之化而不过"，"无规矩不能成方圆"，猫狗亦有其习性。

天地的本能即"化"，生生化化。人干什么？连天地之化都有个范围，不能超过。

我好投篮，专练自中线投篮，1973 年还行，后来恐于心脏有所影响，不投了。其次，好打网球，当时限制踢足球，以其野蛮。

人都要练个特技，即"范围环境之术"。投变化球，结果来个"爆头"，白打个球。

术，得是别人看，不是自以为。骂人是"猪"，就是你心里有猪，自己低能。佛看众生皆有佛性。

"定位"，定在时间与空间里。天地之间，有空间与时间，中间变化太大，可以包括一切。人上有人，天上有天。时间经过，即"化"，亦即"生生"。

《孟子》说"万物皆备于我"，有良心。谁来控制天地变化？"范围天地之化而不过"。没有定位，就没有定名。既有定位，所立的东西就应有用。

人能役物，如役于物就糟，喝酒非喝某牌酒不可。大家都得吃饭，但非某某不吃，即役于物。

吃熏物，在吃其味。溥二爷喜吃，"逸华斋"是他写的字。老板一死，小的不行，味变，就垮了。

当年在台北永康街附近的逸华斋，有着古色古香的装潢，所贩卖熏鸡、卤味味美，是同仁堂中医师卢逸尘的私房菜。卢逸尘中医师所调配出的卤汁深获好评。

奉元，如成"奉圆"，就垮了。

今人没有"德"的观念。北京"王致和臭豆腐"的咸菜，正味。

"王致和臭豆腐"是老北京的汉族传统小吃，属于豆腐乳的一种，颜色呈青色，闻起来臭，吃起来香。发明人是安徽人王致和，流传至今已有三百多年。传说王致和原本是个穷光棍，靠给人打工苦度岁月，平日粗茶淡饭，小菜吃得最多的就是咸菜、豆腐，既省钱也省事。

因忙着干活，王致和无意中造出了新奇可口的"臭豆腐"，传遍了北京城，连紫禁城里的皇帝也想尝尝。王致和的名号越来越响，生意越来越好，"王致和臭豆腐"成了京城百姓生活中不可或缺的内容。

要保持正味，如超过，最后就无味。

有了"定位"，就有空间与时间。光有"定位"还不行，还要有作用。不要轻忽自己，也不要轻忽别人。打篮球，球场即"范围"，在此练个技术。

社会事都没能弄清，那你们读书做什么？缺少实际功夫，乃一无所得。皆实学也。必要"深造之以道"，欲自得也。

今天如此，明天不一定如此，此即"化"。

"定位"之后，问题就包含一切。在"定位"之中，就必要做"位"之事，要素其位而行，不务乎其外。不必索隐行怪、标新立异。孔夫子愈老愈香，愈磨愈光。

伏羲，一画开天，文化之始。但今之八卦，相信非其八卦。

孔子当委吏，是哪一年不重要，此一经验很重要。"吾少也贱，故多能鄙事"（《论语·子罕》），好汉不怕出身低，贵贱不分，得启示最重要，什么时候不管。

我倡"夏学"，只要中国的学问皆接收。有多少智慧，就吸收多少。

山泽通气。雷风相薄 (bó，同"迫"，接近)。

异性东西相动，即"薄"。两眼相视，一刹那间，表情不一，即"薄"。

水火不相射。

此句不知何义。自己悟。

八卦相错，数（shǔ）往者顺（历史），知来者逆（逆料未来），是故，《易》逆数也。

"相错"，阴阳相对。

"数往"，过去的，一年一年往下顺数，即历史。

"知来"，料想的为"逆"，指未来说。

读《易》，必得能"逆数"，预卜未来，知怎么应付未来。刘伯温、诸葛亮通《易》，要逆数未来。所以学《易》，要懂逆数，故而满街卖卜者。

逆数时局，但准确的只有一个，因为结果只有一个，没有双赢。

一个人常以己见左右全局，错。团体份子复杂，时间变，其间变量之大。

温习《中庸》，看如何"善，必先知之"。暑假，多吸收中国人的智慧，要客观地多读书。

先时、治时（当时）、因时（马后课）、违时。"因时制宜"并不是最高的。知此四时了，才知如何应世。

每人都想要"福寿康宁"，不可以因为自己的一己之私利而出卖这块土。

读《易》，必要有真耐力，要经常玩味，小本书随身携带，熟能生巧。

第
四
章

雷以动之，风以散之，雨以润之，日以晅之，艮以止之，兑以说之，乾以君之，坤以藏之。

雷、风、雨、日、艮（山）、兑（泽）、乾（天）、坤（地），是大自然的八个符号。

"乾以君之"，何以不说"乾以帝之"？君者，群也。君者，群之首也。无所不施，故曰群。

"坤以藏之"，归藏，万物莫不归藏于其中。《归藏易》以坤为首，孔子说"吾得坤乾焉"。乾施坤受，因坤受，故曰"藏"。

第
五
章

帝出乎震。

　　"帝"，主宰义；主宰出自震。"震，动也"，主宰是自"动"中生的。"震"，为长子。宗法社会长子的地位很尊，长子主器。

　　讲易理的公式。此即中国建树思想的系统。《尚书》二典(《尧典》《舜典》)，以之为经典、典范，帝尧、帝舜，主宰尧、主宰舜。其后则称为某帝，如康熙帝。思想的区分太重要。

　　读中国东西，别有风味。对孙子说："给爷吃一口。"要尝一尝怪味。人生不是以一人之味衡量天下味。

齐乎巽。

　　见贤思齐，"齐"自"巽"来，"齐乎巽"。齐家，"巽，德之制也"，"巽，称也"，称物平施，"巽以行权"。齐家以德，治国以法。

相见乎离。

"离",日,火,代表光明,与"暗""隐"相对。人相见时,要光明磊落。

致役乎坤。

役物,"万物育焉"。一般人是"役于物",食求饱美,睡要名床,皆役于物,应"食无求饱,居无求安"。不求,小则随遇而安,大则造次、颠沛皆必于是。随所遇而安于仁,造次不离于仁,在监狱中照样传道。甘地想休息没有时间,坐牢刚好是最好的休息。

"坤以藏之",坤藏一切,得"致役之",才无废物,使之有用。"致中和,天地位焉,万物育焉","天地之道位于吾心,万物役于吾行",役万物、支配万物,科学家、祖师爷。中国县以上均有"祖师庙",是报德崇功,非在求福求寿。

"致役乎坤",是要为百姓谋幸福,还是自己享受?既是谋众人的幸福,那每个人都有责任,教书的必要把学生教明白。

每天得"致役乎……"别人说,笑笑!燕雀安知鸿鹄志?你以为"是",旁边必有人以为"非",皆自以为是。别人说你非,"知人也"。

陈鼓应、张尚德,是我教不了的两个。陈带来殷送我的一本书,写有"殷海光持赠"。我对殷说:"看你书,才知你不懂中国文化。"

是人,就要做人的事,才是善人、贤人、圣人、大人。有遗德在民，就成为"神"。祭神，崇德报功，因其对人类的贡献大。百姓日用而不知其所以。发明家忙着发明，没有时间享受。"原子"本身没有坏，是用的人太坏。

告诉小孩："一定要做有用的人。"小孙子会写文章了，但不鼓励他当文人，就骗吃骗喝，做高级消费者，有用的太少。

中国永不把活着的人称神，到"大人"了，仍是人。读书明白者少，读不明白，乃私心特重。志与妄想，是两回事。

"致役乎坤"之一点，就发明了"传真"。有几个"致役乎嘴"者，留德给人类？

说（悦）言乎兑。

兑，悦也。"刚中而柔外，悦以利贞"（《易经·兑卦》）。

活着，必要懂得怎么活，光彩没有多少。

你们必须提起精神，要自谋，千万别假手他人。近代因为中国软弱，"日俄战争"在中国境内打。

民国时的大环境，男女都为国家奋斗。我和师母俩白天一起出门，晚上都没想到能一块回来。我们在此一环境下活着。此即人生。夫妇以义合，没有原谅自己，说不容易。失于义，没有理由解释。

中国人必须有中国人的思想。人伦，一个"伦"字，给人带来很多的幸福。超此，即乱伦。一定要把家弄得完整无缺，才是幸福。

战乎乾。

终日乾乾、健而又健，第一步要刚，无欲乃刚。

小狗遇到欲，就停住，闻一闻。必要战胜欲，否则没法乾、健。见异思迁就失德，见异就有欲。人要坏，四十开外，守分的乃真圣人也。中国许多话有深意！中途停止，就因私。不是官大就成功，可能还是败事之源。

中国这一百年的软弱，最大的毛病是对自己没有了信心。一个民族必须有信心，才能抬起头来。弄得不知自己是否"中国人"，乃最大的失败。

劳乎坎。成言乎艮。

"坎，下也"（《杂卦》），"劳"，休养，慰劳。"说以先民，民忘其劳。"（《易经·兑卦》）

"艮，止也"（《杂卦》），"知止，而后有定、静、安、虑、得"（《大学》），皆自得也。人各有所止，干什么、止于什么。先"止于人"，先做人，要像个人。"与朋友交，止于信"，不信，还会有第二次往来？

中国百年前净受气，今天能站起来，绝不再受气了。

别人怎么做，不重要；要有自己的看法、做法。功满全期一般同，成功，一也。

万物出乎震；震，东方也。

"震"，生也，其用为动，其机为生，震为生之主，故曰"万物出乎震"。

"震，东方也"，东方，日出一方，生方。

"帝出乎震"，领袖自动成其为领袖。

齐乎巽；巽，东南也。齐也者，言万物之洁齐也。

人最难的即"洁"，自洁。中国讲齐家，非治家，齐家以礼。"妻者，齐也"，与夫齐，说中国男女不平等，是出身不高的，其实造字的本义即平等。

时要来，谁也挡不住。你们要懂得"应变"。

《易》之体为元，"大哉乾元，万物资始"。《易》为元之用，"生生之谓易"，元之用为生生。

奉元，绝非空的，始、生得永远生。熊十力跑第一棒，以中国文化精神谈中国文化；第二棒不必检讨第一棒跑得如何，而是自己要率先得冠军。

六爻成卦，终始之谓。元，始与生，是元的两面。真正了解元是什么，此为理论基础。汪中（1745—1794），有《述学》一书。应作《元学》，自根发掘。《大易》与《春秋》相表里。往前走，不要老是依傍别人，并非索隐行怪，而是要依经解经。

元学，大学，"唯天为大"，故要讲《大学》，学大。既是中国，就必要知"中"之用。学大、用中，将中华了，得的结果，即"华夏"，大同世，大一统。自要点，将前人说的凑在一起。孔子是集前人之大成，故"述而不作"。集大成者，乃《孟子》所谓"金声而玉振"。

自己解释，画蛇添足，白扯！

善，"可欲之谓善"，适可而止，当其可。儒讲"可欲"，当其可之欲。"乐而不淫，哀而不伤"，是生人之性。吵架了，多等两天，可能有转机，不必急着自杀。

离也者，明也。万物皆相见，南方之卦也。圣人南面而听天下，向明而治，盖取诸此也。

昔日大小官府皆南面，即"向明而治"。

坤也者，地也。万物皆致养焉，故曰"致役乎坤"。

地生长万物，"万物致养焉"，"致役乎坤"。役物，万物役于吾行，天地之道位于吾心。合理，怎么想都可以。"天下之动，贞夫一者也。"

兑，正秋也。万物之所说（悦）也，故曰"说（悦）言乎兑"。战乎乾；乾，西北之卦也，言阴阳相薄也。

"阴阳相薄"，异性相薄，乃自然之事，天地就泰。

"因不失其亲"，"亲"为"新"，对什么都有所因，但得"因而不失其新"，夏、商、周，此通三统。"苟日新，日日新，又日新"，"在亲民"即"在新民"。《尚书》"亲"亦当"新"。"不失其新"，此中国的思想精神，谁都不可以作为金科玉律，"不可为典要，唯变所适"，适新、适时。时，刹刹生新。

经书，并非一眼即看得懂，但是"一法通，百法通"。朱子讲《四书》，太"意、必、固、我"了！人的智慧，真是不可限量。

人没有修养，成不了事。

坎者，水也，正北方之卦也，劳卦也，万物之所归也，故

曰"劳乎坎"。艮，东北之卦也，万物之所成终而所成始也，故曰"成言乎艮"。

"艮"，止，知止，止于至善。知止，而后有定、静、安、虑、得五步功夫，皆自得也。

孔子弟子有三千人，我来个平方。脑子要活活泼泼。

第六章

神也者，妙万物而为言者也。

"神，妙万物而为言者也"："妙"，形容词当动词；"言"，然也，如此，这样。"造物"比不上"妙物"，惟妙惟肖，看虫子之妙！"妙万物"，妙得恰到好处，即神。人一定可以妙得更好，可是人自己辜负了。

看先秦诸子写得多妙！读子书，倍感亲切，那个时代还没有纸，更没有计算机，又如何想得那么多？看古人之才智，真是今人所不及。《墨子》写得浅白，《墨辩》恐为墨子本人所作，写得妙，但今人已难知其妙之所以然。

《墨辩》是指《墨子》书中《经上》《经下》《经说上》《经说下》《大取》及《小取》六篇，是《墨经》逻辑的基本推理程序。

梁卓如讲《墨辩》，真是"莫辩"！能讲，但不懂得目的。有做学问的目的，但并不真正在叫别人懂。

写《老残游记》的刘鹗（1857—1909），因贪污而坐牢。一坐牢，非败家不可，其收藏的甲骨文乃为罗振玉所得。

刘鹗著名的文学作品为《老残游记》，是晚清四大谴责小说之一，对当时不少时弊都有深刻描述，但有人认为后半部有伪作成分。其描写技术备受胡适盛赞。

刘鹗向故国子监祭酒王懿荣家族购买了大量殷商甲骨，作《铁云藏龟》一书，是第一部甲骨文集录，奠定了后来甲骨文研究的基础。

动（鼓）万物者，莫疾乎雷；挠（散）万物者，莫疾乎风；燥（干）万物者，莫燥乎火；说（悦）万物者，莫说乎泽；润万物者，莫润乎水；终万物始万物者，莫盛乎艮。故水火相逮（及），雷风不相悖，山泽通气，然后能变化，既（尽）成（生成）万物也。

要按层次，一点一点地解释。从《易经》，看中国人怎么想得那么致密！

我完全没有写书的观念，常想几段，作打油诗，兴之所至，但气不死李、杜，写完即扔掉。练习熊十力的思维、文笔，其功力高。

马一浮的复性书院在杭州，现在光剩对联，手稿已没了，六间小楼而已，现在静园（位于新店）的四分之一大，但风景美。杭州的"藕粉加桂花"，别有风味，可说天下第一。

北京的酱，就有几十种。到北京吃鱼，那是土包子，要吃豆汁儿、酱、咸菜。

你们不懂得求，成不了事。做什么，要当作趣味。

第七章

乾，健也。坤，顺也。震，动也。巽，入也。坎，陷也。离，丽也。艮，止也。兑，说也。

此说八卦之情性。"……也"，是肯定词。

"……也"，是肯定词。"乾，健也"，乾是健，永不变，没有讨价还价的余地。

乾为马，坤为牛，震为龙，巽为鸡，坎为豕，离为雉，艮为狗，兑为羊。

说得合理，就可用"为……"所谓想象、臆说皆是，是假设的。"乾为马"，即是"可为此，亦可为彼"。

第九章

乾为首，坤为腹，震为足，巽为股，坎为耳，离为目，艮为手，兑为口。

乾，天也，故称乎父。坤，地也，故称乎母。震一索而得男，故谓之长男。巽一索而得女，故谓之长女。坎再索而得男，故谓之中男。离再索而得女，故谓之中女。艮三索而得男，故谓之少男。兑三索而得女，故谓之少女。

香港犹存中国的旧规矩，男女结婚的帖子写"乾宅、坤宅"，但亦受"夷风"影响。

乾为天，为圆、为君、为父、为玉、为金、为寒、为冰、为大赤、为良马、为老马、为瘠马、为驳马、为木果。

坤为地，为母、为布、为釜、为吝啬、为均、为子母牛、为大舆、为女、为众、为柄。其于地也，为黑。

震为雷，为龙、为玄黄、为旉（fū）、为大涂、为长子、为决躁、为苍筤（láng）竹、为萑（huán）苇。其于马也，为善鸣、为馵（zhù）足、为作足、为的颡（sǎng）。其于稼也为反生。其究为健、为蕃鲜。

巽为木，为风、为长女、为绳直、为工、为白、为长、为高、为进退、为不果、为臭。其于人也为寡发、为广颡、为多白眼、为近利市三倍。其究为躁卦。

坎为水，为沟渎、为隐伏、为矫輮、为弓轮。其于人也，为加忧、为心病、为耳痛、为血卦、为赤。其于马也，为美者、为亟心、为下首、为薄蹄、为曳。其于舆也，为多眚、为通、为月、为盗。其于木也，为坚多心。

离为火，为日、为电、为中女、为甲胄、为戈兵。其于人也，为大腹。为乾卦、为鳖、为蟹、为蠃（luǒ）、为蚌、为龟。其于木也，为科上槁。

艮为山，为径路、为小石、为门阙、为果蓏（luǒ）、为阍（hūn）寺、为指、为狗、为鼠、为黔喙之属。其于木也，为坚多节。

兑为泽，为少女、为巫、为口舌、为毁折、为附决。其于地也，为刚卤。为妾、为羊。

《说卦传》说一卦，用其"……也"，因"为……"

乾，性健；其用不一，可为天、为马、为首……

坤，其于地也，为黑……

杂卦传

乾刚坤柔。比乐师忧。临观之义，或与或求。屯见（xiàn）而不失其居（守），蒙杂而著。震，起也；艮，止也。损益，盛衰之始也。大畜，时也；无妄，灾也。萃聚，而升不来也。谦轻，而豫怠也。噬嗑，食也；贲，无色也。兑见，而巽伏也。随，无故也；蛊则饬也。剥，烂也；复，反也。晋，昼也；明夷，行诛也。井通，而困相遇也。咸，速也；恒，久也。涣，离也；节，止也。解，缓也；蹇，难也。睽，外也；家人，内也。否泰，反其类也。

"否泰，反其类也"，此句话值得深究。

画八卦，以通神明之德，以类万物之情。通其类多难！通其类了，才能类情。

大壮则止，遁则退也。大有，众也；同人，亲也。革，去故也；鼎，取新也。小过，过也；中孚，信也。丰，多故也；亲寡，旅也。离上，而坎下也。小畜，寡也；履，不处也。需，不进也；讼，不亲也。大过，颠也；颐，养正也。既济，定也；未济，男之穷也。归妹，女之终也；渐，女归待男行也。姤，遇也，柔遇刚也。夬，决也，刚决柔也。君子道长，小人道忧也。

《杂卦传》，又称《杂卦》，"十翼"之一，说六十四卦，最难，

杂卦传

325

不知所云。真知其所以然，不易！写得太简，自哪个角度推算都可以。

读《易》是功夫，功夫不到不行。

说"白受采"，废话，作文章！"黑受金"，金用得好，可出五彩，有深浅厚薄。

西安皇陵多，中国成立"碑林博物馆"。

西安碑林改名为"西安碑林博物馆"。它既是我国古代书法艺术的宝库，又汇集了古代的文献典籍和石刻图案，记述了我国文化发展的部分成就，反映了中外文化交流的史实，因而驰名中外。西安碑林是在保存唐代石经的基础上发展起来的。馆中收藏汉代到民国的碑志、石刻共一千多块，包括《三藏圣教序碑》《大秦景教流行中国碑》等珍贵碑刻。颜真卿、柳公权及于右任等书法家的真迹，也可在此一览无余。著名的"昭陵六骏"就有四骏藏于此馆。

有功夫，是要随时随地，有空就想，不受约束地想东西，才能成其智。无治事经验，就无法了解"术"。作《易》者恓恓惶惶，所以经验足。

看《尧典》创历法，经过多少层次。生而体知，天天看，日久成定论。尧最大的成就，即"黎民於变时雍"，使百姓懂得"用时"了，与时相合。

古代大儒是由体知而立说，今天皆由不知而立说，书呆子的领悟，不能用世。找地标，要找固定的、不显眼的，不能找易毁的，电线杆比树好。《易》非心领神会不可，不可由言语表达。

"冬至大过年"，旧社会过冬至比过年重要。我"到处敛财"，但绝不存钱。不造孽，死后不用僧道。

　　我的《王阳明字》，是世上最大的。还有唐朝王勃、明朝唐寅的字。所带来台的，皆是在南京寓所摆样的。我一分钱也没有给亲孙子。祖宗的东西都还给祖宗，传子孙绝对糟蹋。

　　溥仪的《八骏图》印一千张，用以修复"启运书院"。太祖高皇帝在兴京（赫图阿拉）就有启运书院。

　　后金时期，努尔哈赤在精通蒙、汉文化的基础上，充分认识到文化教育的重要性，设堂聘请浙江绍兴人龚正陆及其他汉人教师方孝忠、陈国用、陈忠等教其子侄读书，后取名兴京启运书院。清太宗皇太极、摄政王多尔衮及明末清初诸多军事家、政治家都曾在启运书院读书。

　　《宣统写八骏图》，送北京故宫，是辛丑（1931）冬至，那时宣统二十四岁。"亡国"后，本应盖蓝印，但此幅乃是"满洲国"成立前五个月所画，故盖红印。溥仪于"亡国"后写简体字，以示区别。

　　《王阳明字》《陈白沙字》，送台北故宫博物院。《王勃字》，至今两千二百多年了。

　　我的《罗汉图》，丹青水墨画。清亡以后，我的画均不着色。

　　中国东西由于战乱，损失太多了。中国不侵略别人，都是被入侵，内奸引来外敌。

　　我每天都上台湾地区的大学，比你们了解得更多。你们应按你们了解的做事。我再多也不过十年，郎静山一百零四岁。

荣辱、生死不重要，子孙的福利最为重要。宣统多么惨！比不上王永庆母亲。王母福寿全归，真福！

历史谁也改变不了，日本讲天皇万世一系，其实是假的。中国唯有孔子一系相传，有始有卒，任何人不可断了中国的光荣传统，不要做民族的罪人。压迫得愈厉害，研究得愈认真。

"圣人和番"，争名夺利的是男人，救亡图存的多半是女人，史上有昭君和番、文姬归汉。

我有十二幅《邓石如篆》。邓的篆字，乃李斯后第一人。蒋复璁对此，垂涎万里！

没有德行能保存东西？为己所当为，不要为名利改变自己的初衷。我一生赶上几次"仓皇辞庙日"。不许发表新闻，为善不欲人知，别人看完也就忘了。虚名没有用，应为己之所当为。做官就到退休，也没有成绩可言。

不要看不起自己，应接着熊十力好好做学问。熊十力活着时，也没人说他了不起，现成为新儒的教主。

印顺（1906—2005）今年九十大寿，出有选集。释舍利，可上极乐世界；释净土，真是佛教徒。21世纪绝对应是中国在文化上领军。

依经解经，必要前后都明白了，才能串在一起。要下功夫，才能有所得，要有培养的功夫。以前隐居后再出山，即在养成"沉静"的功夫与能力。刘伯温、诸葛亮都出自山中，都有段培养的功夫。曾文正在战乱之际下棋，是在养定力。

我一辈子没考过试，也没写过报告，绝对精神自由！来台失业，在家中读书，优哉游哉，看书有心得。养成沉着，头脑致密了，与一般人就不同。

你们无论怎么忙，每天一定要拿一两小时看书，练习深思熟虑，头脑是愈练会愈致密，致密是自深思熟虑来的，即"精一"的功夫。遇事不要大而化之，以看书作消遣、养神，不要有功利心，慢慢地就会有所得，皆自得也。必要培养。

"治大国若烹小鲜"，治大行小。烹小鱼，就要用许多步骤，还要有爱心、耐心，其中要费多少工夫，何等的谨慎！

"友世界以小天下"，内地这些年在世界成立这么多的"孔子学院"，就是为了"友世界"。"友"，交朋友，《论语·学而》说"有朋自远方来，不亦乐乎"，你们要以孔学好好地充实孔子学院。

孔子学院（Confucius Institute），是中国国家对外汉语教学领导小组办公室在世界各地设立的推广汉语和传播中国文化与国学的教育和文化交流机构。北京设立孔子学院总部。2004 年 6 月 15 日，外国首家孔子学院在乌兹别克斯坦塔什干成立。截至 2014 年 9 月，中国国家汉办已在全球 123 个国家合作开办了 465 所孔子学院和 713 个孔子课堂，成为汉语教学推广与中国文化传播的全球品牌和平台。

各国孔子学院的建立，正是孔子"四海之内皆兄弟""和而不同"以及"君子以文会友，以友辅仁"思想的现实实践。

你们读《四书》，懂得《孟子》所谓"登东山而小鲁，登泰山而小天下"了吗？我看所有的注解，没有一人讲明白"小鲁""小天下"。"小"，以小事大，小到一。小天下，"一天下"，《春秋》讲"大一统","天下远近大小若一"。

东汉何休在《三世义》中说:"至所见之世,著治太平,夷狄进至于爵,天下远近小大若一。"何休精研古今诸经,前后费了十七年,以巨大的忍耐力和自信心写成了《春秋公羊解诂》。他是《公羊春秋》学者,又是今文经学的集大成者。

与何休同时代的著名学者郑玄,在读何休的《公羊墨守》《穀梁废疾》《左氏膏肓》后,起而攻之,写《发墨守》《针膏肓》《起废疾》。何休看了,感叹说:"康成(郑玄字)入吾室,操吾戈,以伐我乎!"郑玄毁今文学,而近于古文学,此后今文学微矣!直至清中叶,今文学才又复兴。

因为他们不懂《春秋》。所以,要仔细讲《易经》与《春秋》,这两部书是奉元书院的本经。中国东西完全是一贯道,"吾道一以贯之",称"一贯道"。

《学庸》两部小书太重要了,而最重要的是两个首章:"在明明德,在新民,在止于至善","天命之谓性,率性之谓道,修道之谓教"。"率性"就是道,何以乱七八糟?就因为没有人性了。所以我比不上马一浮,他在抗战时就已经提倡"复性书院"了。

"不可为典要,唯变所适",胡适自取字"适之",胡适之?往哪儿跑?《易经》六十四卦中,有三十一卦专讲"时",就是要适时,因为"不可为典要,唯变所适",什么时?讲《易经》,要讲"不可为典要,唯变所适",不可以乱扯,唯有变所适之时。

"治大国若烹小鲜,友世界以小天下",就是为了适这个时。

这两句话，每句都可以写上三部书，因为今天治国之要道皆在于此。

今天，在全世界成立两百多所孔子学院，就是要"友天下"，那就看谁有智慧、怎么来友天下了。要用"神武"以止戈，"胜残去杀"，人类皆"同元共生"，要共生共荣，天下一家。

孟子说："居天下之广居，立天下之正位，行天下之大道。得志，与民由之；不得志，独行其道。富贵不能淫，贫贱不能移，威武不能屈，此之谓大丈夫。"（《孟子·滕文公下》）《中庸》谓"舟车所至，人力所通，天之所覆，地之所载，日月所照，霜露所队（坠，降也），凡有血气者，莫不尊（尊之）亲（亲之）"，因为"奉元神以慰苍"，天地各位其位，而万物育焉，此即"中国"，是人性之国，"入中国则中国之"，是文化的中国、人性的中国，也是大一统、天下一家的境界。

一

乾知大始，坤作成物。乾以易知，坤以简能；易则易知，简则易从；易知则有亲，易从则有功。有亲则可久，有功则可大；可久则贤人之德，可大则贤人之业。易简而天下之理得矣！天下之理得而成位乎其中矣！

二

《易》与天地准，故能弥纶天下之道。仰以观于天文，俯以察于地理，是故，知幽明之故；原始反终，故知死生之说；精气为物，游魂为变，是故知鬼神之情状；与天地相似，故不违；知周乎万物，而道济天下，故不过；旁行而不流，乐天知命，故不忧；安土敦乎仁，故能爱；范围天地之化而不过，曲成万物而不遗，通乎昼夜之道而知，故神无方而易无体。

三

子曰:"夫《易》何为者也?"夫《易》开物成务,冒天下之道,如斯而已者也。是故,圣人以通天下之志,以定天下之业,以断天下之疑。是故著之德圆而神,卦之德方以知,六爻之义易以贡,圣人以此洗心退藏于密,吉凶与民同患。乾(神)以知来,坤(知)以藏往,其孰能与于此哉!古之聪明睿智神武而不杀者夫!是以明于天之道,而察于民之故,是兴神物以前民用;圣人以此斋戒,以神明其德夫。

四

是故,阖户谓之坤,辟户谓之乾,一阖一辟谓之变,往来不穷谓之通,见乃谓之象,形乃谓之器,制而用之谓之法,利用出入民咸用之谓之神。

五

是故,《易》有太极,是生两仪,两仪生四象,四象生八卦,八卦定吉凶,吉凶生大业。

六

是故,法象莫大乎天地,变通莫大乎四时,悬象著明莫大乎日月,崇高莫大乎富贵;备物致用,立成器以为天下利,莫大乎圣人;探赜索隐,钩深致远,以定天下之吉凶,成天下之亹亹者,莫大乎蓍龟。是故,天生神物,圣人则之;天地变化,圣人效之;天垂象,见吉凶,圣人象之;河出图,洛出书,圣人则之。《易》有四象,所以示也;系辞焉,所以告也;定之以吉凶,所以断也。

夫《易》广矣大矣!以言乎远则不御,以言乎迩则静而正,以言乎天地之间则备矣!

七

夫乾，其静也专，其动也直，是以大生焉！夫坤，其静也翕，其动也辟，是以广生焉！广大配天地，变通配四时，阴阳之义配日月，易简之善配至德。

八

子曰："《易》其至矣乎！"夫《易》，圣人所以崇德而广业也。知崇礼卑，崇效天，卑法地；天地设位，而易行乎其中矣。

九

成性存存，道义之门。一阴一阳之谓道，继之者善也，成之者性也。仁者见之谓之仁，知者见之谓之知，百姓日用而不知，故君子之道鲜矣！显诸仁，藏诸用，鼓万物而不与圣人同忧。

十

盛德大业至矣哉！富有之谓大业，日新之谓盛德。

十一

生生之谓《易》，成象之谓乾，效法之谓坤，极数知来之谓占，通变之谓事，阴阳不测之谓神。

十二

《易》有圣人之道四焉：以言者尚其辞，以动者尚其变，以制器者尚其象，以卜筮者尚其占。

十三

是以君子将有为也，将有行也，问焉而以言，其受命也如向，无有远近幽深，遂知来物，非天下之至精其孰能与于此？参伍以变，错综其数，通其变遂成天地之文，极其数遂定天下之象，非天下之至神其孰能与于此？

十四

易，无思也，无为也，寂然不动，感而遂通天下之故，非天下之至神其孰能与于此？

十五

夫《易》，圣人之所以极深而研几也。唯深也，故能通天下之志；唯几也，故能成天下之务；唯神也，故不疾而速，不行而至。子曰"《易》有圣人之道四焉者"，此之谓也。

十六

圣人设卦观象，系辞焉而明吉凶，刚柔相推而生变化。是故，吉凶者，失得之象也；悔吝者，忧虞之象也；变化者，进退之象也；刚柔者，昼夜之象也；六爻之动，三极之道也。

十七

是故，君子所居而安者，《易》之序也；所乐而玩者，爻之辞也。是故，君子居则观其象而玩其辞，动则观其变而玩其占，是以自天佑之，吉无不利。

十八

象者，言乎象者也；爻者，言乎变者也；吉凶者，言乎其失得也；悔吝者，言乎其善补过也。

十九

是故，列贵贱者存乎位，齐大小者存乎卦，辨吉凶者存乎辞，忧悔吝者存乎介，震无咎者存乎悔。是故，卦有大小，辞有险易；辞也者，各指其所之。

二十

圣人有以见天下之赜，而拟诸其形容，象其物宜，是故谓之象。圣人有以见天下之动，而观其会通，以行其典礼，系辞焉以断其吉凶，是故谓之爻。言天下之至赜而不可恶也，言天下之至动而不可乱也。拟之而后言，议之而后动；拟议以成其变化。

二十一

"鸣鹤在荫，其子和之；我有好爵，吾与尔靡之。"子曰："君子居其室，出其言善，则千里之外应之，况其迩者乎？居其室，出其言不善，则千里之外违之，况其迩者乎？言出乎身，加乎民；行发乎迩，见乎远：言行，君子之枢机；枢机之发，荣辱之主也。言行，君子之所以动天地也，可不慎乎？"

二十二

"同人，先号咷而后笑。"子曰："君子之道，或出或处，或默或语；二人同心，其利断金；同心之言，其臭如兰。"

二十三

"初六，藉用白茅，无咎。"子曰："苟错诸地而可矣，藉之用茅，何咎之有？慎之至也。夫茅之为物薄，而用可重也，慎斯术也以往，其无所失矣。"

二十四

"劳谦，君子有终，吉。"子曰："劳而不伐，有功而不德，厚之至也；语以其功下人者也。德言盛，礼言恭；谦也者，致恭以存其位者也。"

二十五

"亢龙有悔。"子曰："贵而无位，高而无民，贤人在下位而无辅，是以动而有悔也。"

二十六

"不出户庭，无咎。"子曰："乱之所生也，则言语以为阶。君不密则失臣，臣不密则失身，几事不密则害成。是以君子慎密而不出也。"

二十七

子曰："作《易》者，其知盗乎！《易》曰：'负且乘，致寇至。'负也者，小人之事也；乘也者，君子之器也。小人而乘君子之器，盗思夺之矣。上慢下暴，盗思伐之矣。慢藏诲盗，冶容诲淫。《易》曰：'负且乘，致寇至。'盗之招也。"

二十八

子曰："乾、坤，其《易》之门邪？"乾，阳物也；坤，阴物也。阴阳合德，而刚柔有体，以体天地之撰，以通神明之德。其称名也，杂而不越，于稽其类，其衰（应为"创"）世之意邪？

二十九

夫《易》，彰往而察来，而微显阐幽，开而当名辨物，正言断辞，则备矣。其称名也小，其取类也大；其旨远，其辞文；其言曲而中，其事肆而隐。因贰以济民行，以明失得之报。

三十

《易》之兴也，其于中古乎！作《易》者，其有忧患乎！是故：履，德之基也；谦，德之柄也；复，德之本也；恒，德之固也；损，德之修也；益，德之裕也；困，德之辨也；井，德之地也；巽，德之制也。

三十一

履和而至，谦尊而光，复小而辨于物，恒杂而不厌，损先难而后易，益长裕而不设，困穷而通，井居其所而迁，巽称而隐。

三十二

履以和行，谦以制礼，复以自知，恒以一德，损以远害，益以兴利，困以寡怨，井以辨义，巽以行权。

三十三

《易》之为书也，不可远；为道也，屡迁；变动不居，周流六虚，上下无常，刚柔相易；不可为典要，唯变所适。其出入以度，外内使知惧，又明于忧患与故，无有师保，如临父母。初率其辞而揆其方，既有典常；苟非其人，道不虚行。

三十四

《易》之为书也，原始要终，以为质也。六爻相杂，唯其时物也；其初难知，其上易知，本末也。初辞拟之，卒成之终。若夫杂物撰德，辨是与非，则非其中爻不备。噫！亦要存亡吉凶，则居可知矣！知者观其彖辞，则思过半矣。

三十五

二与四，同功而异位，其善不同。二多誉，四多惧，近也。柔之为道，不利远者，其要无咎，其用柔中也。

三与五，同功而异位，三多凶，五多功，贵贱之等也。其柔危，其刚胜邪！

三十六

《易》之为书也，广大悉备，有天道焉，有人道焉，有地道焉；兼三才而两之，故六；六者，非它也，三才之道也。道有变动，故曰爻；爻有等，故曰物；物相杂，故曰文；文不当，故吉凶生焉。

三十七

《易》之兴也，其当殷之末世，周之盛德邪？当文王与纣之事邪？是故其辞危，危者使平，易者使倾。其道甚大，百物不废；惧以终始，其要无咎。此之谓易之道也。

三十八

夫乾，天下之至健也，德行恒易以知险；夫坤，天下之至顺也，德行恒简以知阻。能说诸心，能研诸虑，定天下之吉凶，成天下之亹亹者。是故，变化云为，吉事有祥，象事知器，占事知来。天地设位，圣人成能；人谋鬼谋，百姓与能。

三十九

八卦以象告，爻彖以情言，刚柔杂居，而吉凶可见矣。变动以利言，吉凶以情迁，是故，爱恶相攻而吉凶生，远近相取而悔吝生，情伪相感而利害生。

四十

凡易之情，近而不相得则凶，或害之，悔且吝。将叛者其辞惭，中心疑者其辞枝；吉人之辞寡，躁人之辞多；诬善之人其辞游，失其守者其辞屈。

· 读懂中华文化　构建中国心灵 ·

—————— 道善书院国学新经典丛书 ——————

毓老师说论语（修订版）	爱新觉罗·毓鋆　讲述
毓老师说中庸	爱新觉罗·毓鋆　讲述
毓老师说庄子	爱新觉罗·毓鋆　讲述
毓老师说大学	爱新觉罗·毓鋆　讲述
毓老师说老子	爱新觉罗·毓鋆　讲述
毓老师说易经（全三卷）	爱新觉罗·毓鋆　讲述
毓老师说（礼元录）	爱新觉罗·毓鋆　讲述
毓老师说吴起太公兵法	爱新觉罗·毓鋆　讲述
毓老师说公羊	爱新觉罗·毓鋆　讲述
毓老师说春秋繁露（上、下册）	爱新觉罗·毓鋆　讲述
毓老师说管子	爱新觉罗·毓鋆　讲述
毓老师说孙子兵法（修订版）	爱新觉罗·毓鋆　讲述
毓老师说易传（修订版）	爱新觉罗·毓鋆　讲述
毓老师说人物志（修订版）	爱新觉罗·毓鋆　讲述
忧患：刘君祖讲易经忧患九卦	刘君祖
乾坤：刘君祖讲乾坤大智慧	刘君祖
新解论语（上、下册）	刘君祖
刘君祖完全破解易经密码（全六册）	刘君祖
四书的第一堂课	刘君祖
易经的第一堂课（全新修订版）	刘君祖
新解冰鉴	刘君祖
新解黄帝阴符经	刘君祖
一代大儒爱新觉罗·毓鋆	许仁图
说孟子	许仁图
哲人孔子传	许仁图
毓老师讲学记	许仁图
子曰论语（上下册）	许仁图
百年家族的秘密—林乾讲曾国藩家训	林　乾

购书渠道：道善书院微信　　　　**手机淘宝**

· 化成整体生命智慧 ·

———— 道善学苑·国学音视频精品课程 ————

已上线课程：

《详解易经六十四卦》   刘君祖

《孙子兵法：走出思维的迷局》   严定暹

《史记 100 讲》   王令樾

《曾国藩家训 18 讲》   林　乾

《醉美古诗词》   欧丽娟

《唐宋词的情感世界》   刘少雄

即将上线课程：

《解读孙子兵法》   刘君祖

《解读心经》   刘君祖

《论语精讲》   林义正

《中庸精讲》   黄忠天

《韩非子精讲》   高柏园

规划中课程：

《详解大学》   黄忠天

《详解庄子》   敬请期待

《公羊春秋要义》   敬请期待

《春秋繁露精讲》   敬请期待

《详解易经系辞传》   敬请期待

更多名家音视频课程，敬请关注我们的公众号

在这里，彻底学懂中国传统文化